RELIGIOUS
TOLERANCE
OF CONFUCIANS
IN MID-19TH CENTURY

為甚麼
我在包容基督徒

十九世紀中葉儒者的
宗教寬容

孔德維
Hung Tak Wai

著

推薦序

　　清季基督新教在華傳播史雖始於1807年（嘉慶十二年）馬禮遜（Robert Morrison）來華，惟其得以在沿海五口（廣州、廈門、福州、寧波及上海）及內陸各地開展傳教工作，卻要晚至1842年（道光二十二年）及1860年（咸豐十年）以後。關於基督新教傳播史，中外學者多較重視馬禮遜等先鋒人物的開荒工作及北京條約開放後的情況。相對而言，1842至1860年間這段居間狀態，則較受到忽視。

　　查1842至1860年間這段歷史的意義，在於基督教首次在五口取得合法地位，成為中國社會既成事實。這也是基督宗教與中國社會文化開始全面接觸的時期，對來華傳教士而言，經過了「等待中國」的時代，中國之門終於打開，他們滿懷期望地部署傳教工作。據統計，1858年（咸豐八年），來華傳教士的數目為81人，分屬20個不同的歐美宣教組織。就中國社會的反應而言，學者較關注民間對西教的回應。那麼，草創期國人對西洋宗教的反應如何？1855年（咸豐五年），每週參與主日禮拜的平均人數為304人，街頭佈道的聽眾平均人數則為1840至1965人。[1]毋庸置疑，西教早期流佈，也引起民間各種反教言行。西力東漸既是中國無法迴避的千年變局，清國朝野有識之士如何思考及應對西教

---

[1]　以上統計，參Kenneth S. Latourette, *A History of Christian Missions in China* (Taipei: Ch'eng Wen Pub. Co., 1975), 405. 另衛三畏（Samuel Wells Williams）著，史其志譯：〈基督教會在中國傳教活動的統計〉，北京太平天國史研究會編：《太平天國史譯叢》，輯2（北京：中華書局，1983），頁146至147。

傳播，誠然是饒具意義卻仍處空白的研究課題。

　　孔德維博士的《為甚麼我在包容基督徒？——十九世紀中葉儒者的宗教寬容》一書，可說是針對上述研究空白而作的嘗試與努力。本書的研究範圍，正是以鴉片戰爭以降清季儒者對基督教的思考為中心。作者選取了梁廷枏、姚瑩及魏源三人作個案，探討這些非奉教的儒者，如何以儒學傳統為本位，並因應客觀時局而作寬容基督教的主張。置於中國傳統的政教脈絡下，這種宗教寬容論到底有何特色？這不僅是清史研究值得關注的課題，也對當下二十一世紀延繼清帝國遺緒的新帝國政教關係，帶來新的視野及思考。

　　德維是香港中文大學宗教研究的本科畢業生。雖然宗教在華人社會及生活中一直扮演重要角色，但宗教研究卻依然難以擺脫其「非主流」的位置，位處大學人文學科中較冷門的末流。記得德維在本科時修讀本人開設的科目時，已表現出對宗教研究較濃厚的興趣。畢業後他繼續深造哲學碩士，由於選擇了清季儒者的基督教觀為範圍，本人奉學部指派擔任其指導老師。回顧自己的碩士論文，也是以晚清中國基督徒為研究方向；惟近二十年間的研究旨趣，早已轉至1949年後的中國基督教與政教關係。因著指導德維關係，讓我再次觸及早年曾廣泛涉獵的領域，勾起三十多年前進入研究中國基督教史時的不少回憶。

　　德維完成碩士論文後，更堅定底走上宗教研究的學術道路，並在碩士論文基礎上，一方面將研究時段上延至雍正年間，另方面擴展至探討儒者對伊斯蘭教的看法，修畢香港大學的哲學博士課程。今得悉其碩士論文在修訂後有機會出版，這不僅是作為論文指導老師的喜悅，更重要的，是見證到一位香港本土年輕學者呈獻初熟之果時的激動與興奮。

　　回想本人三十年前的碩士論文，正是在1989年春夏之交完

成，處理的雖是晚清基督徒的身份問題，但卻牽引了我往後的思考與實踐。德維這篇文章，也是孕育在2014後的香港，二百多年前儒者提出對異己的「寬容」，在今天又有何迴響？其實，歷史研究不僅有助於疏理過去，也是在各種拉扯與張力之中，與當下處境的對話。

　　學術研究從來就是孤單之路，在當下愈趨扭曲的高等教育環境下的香港尤甚……祝願德維莫忘初衷，為本土華人宗教研究作出更多貢獻。

　　是為序。

邢福增

香港

香港中文大學文化及宗教研究系教授

崇基學院神學院院長

2019年2月1日

推薦序

　　記得當年大學讀書時，有一位老師名叫Jonathan Spence，中文名字在漢學界享負盛名，即史景遷教授。他的專長是近代明清中國史，獨特之處是擅長說故事，特別是平民百姓、基層官僚等小人物的故事，由下而上、以小見大，去講述整個社會的結構性問題，和傳統中國史家的筆觸、重點、方法論，可謂完全相反。這種治學風格，和筆者熟悉的國際關係也是背道而馳，我們一般講求框架、結構，然後再用實例舉證，但史景遷的框架往往在最後關頭才圖窮匕現，而且有一定模糊性，讓讀者始終保留一絲解讀的懸念。某程度上，史景遷也是一位公共知識分子，頗懂得吸眼球，在海峽兩岸也有不少粉絲，但他不會公開評論當代中國，以維持歷史學家的身份；然而與此同時，遇到任何當代社會議題，幾乎任何立場的讀者，都可以從史景遷的故事找到對號入座的訊號。一代大師橫空出世，自非偶然。

　　閱讀孔德維的文章，無論是這本由碩士論文改編的著作，還是平常他在臉書的點滴分享，乃至和他的日常對話，一直都有一種感覺，就像在讀史景遷的déjà vu。對清末民初的一切、種種冷僻史料，他知之甚詳，然而從不會像一般學究那樣談甚麼學派、典籍、師承，乃至種種自欺欺人治國平天下的宏大理想，只會把一個個小故事用最落地、入世的語言娓娓道來，弦外之音讓人自行領會。宗教研究哪怕是歷史，在今天也可以觸及種種雷區，他卻能巧妙地利用宗教研究為分析中國社會深層結構、官僚上下層級互動、民間各自表述智慧的切入點，不但不會被現實政治污染，反而製成一把別出心裁的保護傘。一般在圖書館度過無數寒

暑的學者，往往都有一定程度的社交障礙，但德維有異常入世的一面，沒有學術研究的醬缸酸味，也不刻意成為學術明星，卻已經在九十後圈子大放異彩，成為同齡最有個人風格的博士。偶或遇上個人困惑，似乎他的移情中介也和我一樣，名叫叮噹，不是多啦A夢。

面向未來，我們面對的是一個極速變幻的大時代。Uberization 的去中介化趨勢，令傳統大學首當其衝，從前種種學習、研究模式，有了大數據、人工智能、機械學習，已經變得不合時宜；在網絡世界以decontextualized方式閱讀歷史的風潮，也顛覆了從前對歷史研究的定義。當政府以120歲為未來的壽命基準，各行各業的保障越來越小，slasher生活已成王道，無論在大學工作的職級如何，即使是真・史景遷回到25歲，在今天的香港大學拿到教席，或德維的先祖孔丘復生來當一個院長，也不可能以收入確保退休。昔日香港在國際關係有獨特角色，在中西文化之間，有近乎獨一無二的學術傳承，但日子有功，這些優勢今天所剩有無幾，賢愚共知。喜見年輕學界有德維這樣的新生代勇於探索自己的路，令人發現只要有慧根，讀史比讀報確能知我輩之未來，否則即使在研究當下最熱門的話題，下一刻就會淪為無人願意研究的歷史。

沈旭暉

香港
香港大學政治與公共行政學系客座副教授
Glocal Learning Offices 創辦人
2019年2月1日

推薦序

　　基督宗教的宣教史充滿著衝突與融合的精彩交錯，但如此細膩的過程卻往往呈現簡要的化約論述，且多半套用著無比單調卻實在方便的二元對立論，許多關於十九世紀的東亞敘事亦是如此。以單調形容或許重了些，畢竟宣教士在異域中宣揚基督信仰的故事，倘若化約為「救世福音」衝撞民智未開的「黑暗枷鎖」，這樣的角度是比較容易理解的。許多如少年漫畫般的熱血見證，除了激勵信徒投身或支持宣教行列之外，也確有不少人因此感動而受洗成為耶穌的門徒。

　　但人生畢竟不是少年漫畫，如果一個人不能簡單分成「好人」與「壞人」，那麼對基督信仰的接受與否亦非僅有「封閉」與「開放」兩種視角。孔德維博士的大著《爲甚麼我在包容基督徒？──十九世紀中葉儒者的宗教寬容》即著眼於此，將所謂「接納」、「包容」「拒絕」或「排斥」置於更立體的處境與脈絡，以多重向度的討論跳脫二元對立的面向。例如經過史料與文本的爬梳、分析與比較，同樣身為「儒者」的姚瑩、魏源和梁廷枏，其對基督教論述的差異實反映了世界觀或個人經歷之不同，亦展現了他們身處的政治環境、個人好惡與價值觀。一如孔博士在文末所言，十九世紀中葉的儒者並不是單純以自身的信仰批判基督宗教，亦非純粹站在帝國官員的角度，從管制與外交原則來應對異國的宗教，因為每位發言者都有其獨特的思想背景與發言目的。而這些知識分子的價值觀又可以逆向投射出其認為何謂「國家」？什麼又是「國家」其應負之「道德責任」？這不僅呼應了本書在開頭即拋出的問題，也提醒我們應當思考「道德」與

「公權力」之間的從屬關係，因為這個社會已經有太多高舉公義大旗，卻往往是以己身抽象規尺丈量他人的無謂壓迫，這些問題都能在孔博士的大作中有更深層次的思索。

我與孔博士相識於第八屆「基督教與中國社會文化─國際年青學者研討會」，並有幸與其同台發表論文，那是在2016年末的香港中文大學，當時他還是香港大學的博士候選人。會議上的男性學者若不是全套西裝，起碼身上也是件襯衫，唯有孔君穿著一件正面印有「小叮噹」（後來知道港譯為叮噹）圖案的T-shirt登台，與其精彩論文共同驚豔全場，令我印象十分深刻。會議後彼此依舊保持聯絡，儘管我年紀稍長，但每每與孔博士交流皆感佩其深厚的學術功力，把酒言歡之餘亦見賢思齊。榮幸在其大作出版前搶先拜讀，略舒所感，並誠摯為之推薦，是為序。

鄭睦群

臺灣

淡江大學歷史系兼任助理教授

臺灣基督長老教會聖望教會執事

2019年1月15日於三芝拾翠山莊

自序
從「螺螄粉」到有關「多元」與「包容」的思考

　　任何人都可以成為小眾。無論種族、宗教、性傾向，抑或喜歡的音樂與娛樂形式，都可以成為在社會被欺負的理由。在一個層面屬於主流社會，也可以在另一個層面被視為怪異。圖靈（Alan Turing）和王爾德（Oscar Willde）的慘劇可以發生在任何人身上；如果孔融生在現代，相信會成為一個成功的YouTuber，「跌蕩於言」（《後漢書‧鄭孔荀列傳第六十》）就是致富的關鍵而不是殺身之由。但即使在現代，與主流社會相異的行為與觀念，又何嘗不會惹禍呢？當主流社會被賦予國家權力時，悲劇就更容易發生。

　　排斥異己是人類的天性，而排斥往往也是充滿正當理由的。嚴重如隨機殺人、戀童癖、反社會人格固然要被主流排斥；但輕如衣裝裸露，甚至是體味濃烈，也可以是被社會否定的理由。更誇張的是，即使沒有造成具體的傷害，象徵式的事物也可以帶來暴力。在21世紀，一幅有關宗教人物漫畫仍可以引至殺身之禍，後人祭祀生前犯有重罪的亡靈更可以帶來國與國的爭端。自20世紀九十年代以降，享受全球化紅利的菁英推崇多元價值近二十年，但卻養成近年寰球的右翼抬頭。世界各地都出現本土主義的思潮，強行視為反智嘲弄，自然是無聊的行為；單單以溫情與誠懇推崇大愛，又何嘗是合理的進路？自身文化受外來族群挑戰，是一種確切的感受。對視「多元」為美事的人來說，「不同」本身就有內具價值，為了維護「多元」，社會各界都必須作出犧牲。但對不認同的人來說，「多元」就是對傳統的污染，也是外

來者對本地文化的侵略。

故老相傳，數十年前香港學生留學外地必備鹹魚，而每當鹹魚入鑊蒸煮，香（臭）氣四溢，學生宿舍的左鄰右里必爾敲門爭吵。無他，「口之於味也同焉」是騙人的。這傳說可信度或許成疑，我的女朋友在香港某大學宿舍的故事就很真實了。一位來自中國的同學在她的宿舍每幾天都會烹調廣西柳州的名物「螺螄粉」。所謂螺螄粉，即以柳州米粉，加上酸筍、木耳、花生、炸腐竹、黃花菜、青菜等配料，調入酸辣味，以螺螄湯煮成。螺螄粉的獨特氣味，被香港《蘋果日報》生動地描述為「臭過阿婆絲襪」。問題來了，同層宿友的頭腦固然明白和同情遊子離鄉向學，是需要 comfort food 的；但鼻腔就是難以忍受。以頭腦的理性否定鼻腔的感受，是為「以理殺人」。崇尚多元的菁英簡單地否定希望守護傳統價值的大眾，就像被螺螄粉薰得作嘔的鼻腔，被頭腦說教一樣。如果鼻腔有手，大概要給大腦掌一巴掌了。「為甚麼我在包容螺螄粉？」與「為甚麼我在包容同性戀？」、「為甚麼我在包容國際難民？」一樣，都不是不證自明的價值。

如果任何差異都可能帶來衝突，而「包容多元」又不是一個為普世認同而具內具價值的概念，那「包容」就需要理由了。這本小書的原稿是我2014年在香港中文大學文化及宗教研究學系哲學碩士學位的畢業論文，但通篇卻在香港的旺角、金鐘等地方的咖啡店與街頭寫成，寫的時候我也不斷思考我的老師「為甚麼在包容我沒有上課？」我希望在此感謝業師邢福增院長對我的身教言教，以及對我各種奇言怪行的包容。我也需要感謝宗教系的黎志添老師、賴品超老師、楊國強老師、葉菁華老師、唐秀蓮老師、周慧賢老師、James Frankel老師、Ithamar Theodor老師、黎子鵬老師、孟一仁神父、歐亦沛博士、龔惠嫻博士、李志誠博士等對我幾年的指導。香港不同於臺灣，從來沒有政治人物需要提出

「拚經濟」的口號，因為這個城市的主流基本上都以效率與回報率作為思考的原點。入讀文學院基本上已是一種小眾的行為，而宗教研究當然更是小眾的小眾。我在宗教學系的五年讀過了《呂祖全書》和 Bhagavad Gita，參觀過江西龍虎山和敦煌石窟，也參拜過京都的比叡山和大小寺社與香港不同宗教的墳場。這一種獨特的學習經驗，令我看到了香港與世界尚有很多不同的生活方式。如此種種，無言感激。在宗教系以外，我必須提及的是在12歲那年在香港中文大學資優課程認識的張學明老師。歷史系的張老師每年在香港中文大學資優課程中將大學課程中的神話與歷史項目介紹予小學及初中生，對很多年輕學生進入人文學科的世界提供了很大的助力。這種「影響因子」計數不了的事情，其實是功德無量。

至2018年本書交付出版社時，文稿已多次修訂，並已完成在香港大學的博士課程。我也必須在此感謝我在香港大學中文學院的指導教授宋剛老師及對我照顧有加的馮錦榮老師。另外，在修讀博士期間，我曾到訪臺灣中央研究院任訪問學人一年，獲得閱讀更多原始史料的機會，也認識了不少臺灣的學者與機構。我尤其感謝王汎森老師、黃進興老師、潘光哲老師與鄭睦群老師幾位對我多作指導。賓夕法尼亞州立大學伍安祖博士、皇家亞洲學會香港（Royal Asiatic Society Hong Kong）的前主席Michael Broom先生、*The Silver Way: China, Spanish America and the Birth of Globalisation* 的作者Juan José Morales、獨立行政法人日本貿易振興機構アジア經濟研究所（Institute of Developing Economies, Japan External Trade Organization）的熊倉潤博士、費薩爾國王學術與伊斯蘭研究中心（King Faisal Center for Research and Islamic Studies）的Mohammed Al-Sudairi均曾在不同方面為這研究提供意見和協助；特別需要提及的是，由於我在撰寫碩士論文時尚未學習日文，本書不少日文資

料均係向香港中文大學日本研究系畢業生張俊軒先生代為處理，特此一併致意。

對於小眾與包容的思考，也緣於我在大學一級時輕率地與朋友開辦的義務教育機構文宣學社。這一段服務對我後來參與了各種非政府組織和研究機構的工作有不可多得的幫助。同時投身於研究工作和慈善機構的營運，肯定不是一個明智的決定。在同學吳偉新先生與很多不同的朋友共同努力下，我能夠在過去五年完成碩士與博士的畢業論文，而文宣學社的同事尚能準時支薪，絕對有莫大的運氣。在公共與慈善事務的範疇，我尤其需要感謝沈旭暉老師自我20歲以來一直的指導，Tony Yeung先生、曾家洛先生、馮智政先生、周子恩先生、盧日高先生、甘文鋒議員等等前輩，也向我分享了不少經驗，一併致謝。關於「多元」與「包容」的思考是不宜單靠閱讀獲得的。正如螺蛳粉一樣，明明我很想尊重人家的食物文化，但經歷過後就是生理上接受不了。人必須要從真實的體驗中得悉「多元」的可貴與可惡之處。在我長大的九龍城，「多元」對我來說從來都是「事實」，而不是「選項」。很幸運地，我認識的外國族群可愛的遠較可惡的多。在中、小學的年代，我在九龍城的民生書院基本上是無心向學，每天思考的是午餐吃泰菜、越南菜還是港式的大牌檔。這一個社區的「多元」當然比學校的單調生活有趣。我很感激張冬屏老師、黃錦紅老師、張寶清老師與黃子峰老師在我身上浪費的時間，讓我這種沒有學習動機，天天往街上跑的學生有了基礎的人文知識。

這本小書的核心問題，圍繞著「包容」的「紅線」是甚麼。卡爾・波普爾（Karl Popper）在《開放社會及其敵人》中認為「紅線」在於不能包容「不包容他人者」。我很同意這個觀點，但這是從哲學角度的回應，而真實的世界是更複雜的。在十八世

紀歐洲思想體系提出「政教分離」以達至「多元」共存的同時，東亞的內部也醞釀著另一套進路的政治與宗教思想，令帝國可以適應異文化的長期存在。這就像你的宿友天天在煮「螺螄粉」，或是你的兒子有正事不做，在樓價高漲的香港，靠微薄獎學金過活。有些時候，真的「包容」不了，鼻腔的真實感覺不是哲學思辯可以壓下去的。到最後要如何處理，真的有很多不同因素決定，去探究這些因素，就變了歷史學的工作了。當然，也不是每一個個案都可以解釋，正如我的父母對我的不事生產「包容」多年，或我的女朋友衛婷怡女士對我經常埋首圖書館的「包容」，都是令人難以理解，應該轉入神秘學範疇探討的。是為序。

作者書於2018年聖誕節

目次 | CONTENTS

表目次

圖目次

「通姦在香港是沒有法律責任的。」每逢我對臺灣的朋友說這句話，都換來驚訝的回應。2016年留在臺灣一年，這句話說過數十次，效果百試百靈。驚訝的原因大抵有二。第一，香港與臺灣在文化上極爲接近，也同樣是以華文爲主流的社會。臺灣朋友將自身社會的經驗推及香港，可說是合情合理。第二，對我的臺灣朋友來就，維護社會良好風俗大抵是政府的一個主要責任。他們大概難以想像香港的政府不負責任到這個地步。

但爲甚麼我會講了數十次這個話題呢？當中著實沒有不可告人的原因。這純粹是我也曾在初來臺北報到時受過同等程度的文化衝擊。在第一次與朋友談及這話題時，我也曾大惑不解的問：「我明白對大部份文化來說，婚姻以外的性行爲顯然是不合道德的。但是您們真的會願意將規範私人生活的權力賦予國家機械？」這樣的討論當然不會有甚麼結論，但卻令我重新思考了不少歷史研究的問題。「國家」究竟有沒有規範它的成員道德水平的權力呢？對我來說，答案是如鐵般肯定的：道德、宗教、文化的偏好應當屬於私人領域，「國家」作爲維持社會基礎秩序的工具，不應將它一部分成員的喜好加諸另一些成員身上。與此同時，我在臺灣的一些朋友的「義憤」也是合理的。而對不義，而公權力不作干預，只會助長了不道德的流行。我們之間的矛盾是否陰陽相剋，沒有交流的空間呢？其實又不然。對我來說，「國家」也有責任維持公衆的「秩序」，警察系統無論有多大的缺陷，也是必然之惡。反過來，我也不相信我那幾位曾熱烈參與臺灣民主運動，又曾支持臺灣同性婚姻平權的朋友在腦海中完全沒有「私領域」與「專制政府濫權」的概念。因此，我們的分歧其實只在於對以下問題的不同答案：甚麼是「國家」？「國家」究竟有甚麼責任？「國家」的干預要到甚麼地步呢？「公領域」與「私領域」的界線在哪？對會傷害社會主流價值的異見的包容要

到甚麼程度呢？

　　想到這裡，我們就會發現不同個體之間可以組合出無數不同的答案。舉例說：認為「國家」有責任推廣「道德」的朋友，可以會視蓄養奴隸為合乎或不合乎道德；支持民主政制的政客，也可以是支持自由經濟或支持福利政策的朋友。至於民族主義、基督宗教、性別平權，甚或子女需否供養父母、僱主可否不給予理由解僱員工、政府應否破壞生態解決貧窮問題等等，更加可以幻化為無數可能性。於是，我們就會發現日常所應用的「左—右」、「外來—本土」、「傳統—創新」等等二分法，其實極為粗糙。

　　回到本書的主題。我們希望在這本小書疏理十九世紀大清帝國的社會菁英是如何思考「國家」與自身的責任。在傳統儒教菁英的思維中，「教化」是國家與儒者的當然責任，這點幾乎為中國史學者所公認。然而，在十九世紀初以來，我們卻得見一些不同的聲音，聲言需要包容與中國宗教有著根本不同的族群。當中最為重要的是在帝國通境皆可得見的穆斯林。[1] 在1841年的黃河決堤中，河南的穆斯林為了堵塞開封城的水門，拆下了過百年歷史的東大寺（清真寺）救民於難。大概沒有帝國政府的成員會誤以為穆斯林的世界觀可以比附中國宗教，但道光帝（1782-1850，在位時期：1820-1850）卻親筆寫下「護國清真」的匾額，並下令重修東大寺。[2] 在滿是儒者的大清政府中，為甚麼就沒有

---

[1]　自十八世紀以來，大清帝國東部操華語的穆斯林與西部和中亞各國關係密切的突厥語系穆斯林差異甚大。東部的「漢回」與阿拉伯世界聯絡，漸次發展了一套獨特的信仰，而西部的穆斯林則與鄂圖曼帝國及阿拉伯半島保持緊密聯繫。參James D. Frankel, *Rectifying God's name: Liu Zhi's Confucian translation of monotheism and Islamic law* (Honolulu: University of Hawai'i Press, 2011), p.xviii.

[2]　王柯：《消失的「國民」：近代中國的「民族」話語與少數民族的國家認同》（香港：香港中文大學出版社，2017），頁47。

一人在這一刻提出要「以夏變夷」呢？難道儒者不會在三省吾身時受良心責備，覺得自己未盡「君子」的責任嗎？這一個問題值得我們認真看待。到1840年代以後，這一類「包容」更遍及了基督宗教。本書將要介紹的姚瑩（1785-1853）、梁廷枏（1796-1861）、魏源（1794-1857），就向政府建言，以為理當接納外國的宗教流播帝國之中。然而，更值得我們留心的是，他們三人均視基督宗教為鄙劣、低下的信仰；也不同於現代的多元文化支持者，三位儒者沒有視文化多元並存為美事。那麼，他們如何向別人（也可能要向自己）解釋他們認為政府應該放棄道德教化，包容異見的觀點呢？這一個問題，就是本書主要的思考。

為甚麼要說基督宗教？

儒教在儒者心目中「上掩百世、下掩百世」，「自己構成了一個『精神的意義世界』（universe of meaning）……儒家的基本價值觀和宇宙觀，一方面供給……日常行為和判斷的道德準繩，同時也構成一組指標系統」。[3] 這樣的準繩與系統，自然不止「教化」基督宗教。無論是穆斯林、巫覡、藏民、苗人均是儒者化育的對象。這些族群在數量、影響力等方面都不見得較基督徒為少，哪為甚麼我們要將眼光放在他們身上呢？

對晚期帝制中國（Late Imperial China）[4] 的宗教學和史學而

---

[3] 張灝：〈重訪五四：五四思想的兩歧性〉，載余英時等著：《五四新論：既非文藝復興‧亦非啟蒙運動》（臺北：聯經出版事業股份有限公司，2014），頁44。

[4] 晚期帝制中國（Late Imperial China）指晚明至清末。一些學者以為此一時期開始於「後蒙古時代」（post-Mongal）的中國，因蒙古統治令明清中國與唐宋中國有根本性的差異；另一些學者則認為其獨特性則出於明初統治者的文化與經濟政策的差異。參Paul Jakov Smith and Richard von

言，儒教與基督宗教在十九世紀中葉的交涉本來就獲得特別豐富的關懷。既由於基督宗教與政治、商務、外交事務的特殊關係，又由於備有海量的研究，我們對當時儒教官員（Confucian Bureaucrat）有關處理基督宗教事務亦由是有更深入的了解，有利於我們有關當時宗教寬容的思考。在早期，這類研究多為傳教士所貢獻，當中具有大量親身的經驗與一手史料，仍值得今人參考。[5] 當然，這些論述與今日的觀點比對當然有不少局限。不少批評以「西方中心」和「白人至上」指這類觀點為「帝國主義」

Glahn eds., *The Song-Yuan-Ming Transition in Chinese History* (Cambridge: Harvard University Asia Center, 2003)；另一對此時代的稱呼則為「早期近代中國」（early modern China），重點則置於明中葉以後白銀流入等因素導致的經濟社會環境變化，令中國進入「近代」社會。參Paul S. Ropp, *Dissent in Early Modern China: Ju-lin wai-shih and Ch'ing Social Criticism* (Ann Arbor: University of Michigan Press, 1981)及William T. Rowe, *Crimson Rain: Seven Centuries of Violence in a Chinese County* (Standford: Stanford University Press, 2007)。然而，「早期近代中國」一詞實將工業化、市場經濟、代議政府等西方現代化概念套用於中國。參William T. Rowe, *China's Last Empire: The Great Qing* (Cambridge, Massachusetts, London: The Belknap Press of Harvard University Press, 2012), pp.4-6. 本書認同Richard von Glahn等學者所言，以為明中葉政治、經濟、社會格局，延伸至有清末年，並異於中國的其他時代，故將在本書統稱為「晚期帝制中國」。

5　對上述中國基督教的研究史發展脈絡的探討，可以從十九世紀末出生的賴德烈（Kenneth Scott Latourette）展開。這位活躍於二十世紀初年的美國歷史學家以基督教信仰者和宣教者的視角敘述中國基督教史。賴德烈1929年出版的*A History of Christian Missions in China*從景教（唐代傳入中國的東方亞述教會，The Assyrian Church of the East）出發，延及1926年的現代中國基督宗教，橫跨約一千二百年的傳教史，涉及了東方亞述教會、羅馬天主教會、俄羅斯東正教會和十九世紀來華的更正教會對中國的滲透。此書可稱為中國基督宗教通史之濫觴。有關賴德烈之生平見Kenneth Scott Latourett, *Beyond the ranges: an autobiography* (Grand Rapids: Eerdmans, 1967)及Wilbur C. Harr, ed. *Frontiers of the Christian world mission since 1938; essays in honor of Kenneth Scott Latourette* (New York: Harper & Brothers, 1962)；參Kenneth Scott Latourette, *A History of Christian Missions in China* (London: Society for Promotion Christian Knowledge, 1929).

史觀。[6]但正如賴德烈（Kenneth Scott Latourette）所言，作為「西方人」（Westerner）的他很難充分關注中國人在基督宗教的角色，亦沒有能力進入中國宗教的世界。[7]

至二十世紀中葉，不同學者對這段歷史的探討開始轉向「以中國為中心」；[8]也有一些學者能留意到儒、釋、道等教門對基督宗教各有不同的理解。[9]另一方面，一些信仰基督宗教的研究者希望瞭解自身的信仰如何在歷史中與中國的信仰和文化有所交

---

[6] 這些觀點至今未沒，如聶資魯：〈百餘年來美國的基督教在華傳教史研事〉，載《近代史研究》，2000年第3期，頁255-296；王立新：〈後殖民理論與基督教在華傳教史研究〉，載《史學理論研究》，2003年第一期，頁31-37。

[7] 作者的原文為：
The writer, too, is a Westerner, and he has probably not given as much as attention to the part of the Chinese in the life of the Church as would one of their own number. Nor has he been able to enter with complete understanding into the religious experience of the Chinese. For that reason the book has been purposely named "A History of Christian Missions in China," so stressing the part of the foreigner, rather than "A History of the Christian Church in China."
——見Kenneth Scott Latourette, *A History of Christian Missions in China*, pp.vii-viii.

[8] 柯文（Paul A. Cohen）於1963年出版的*China and Christianity: The Missionary Movement and the Growth of Chinese Antiforeignism, 1860-1870*可說是為這一觀點提供了最早的系統論述。參Paul A. Cohen, *China and Christianity: The Missionary Movement and the Growth of Chinese Antiforeignism 1860-1870* (Cambridge, Mass: Harvard University Press, 1963), p.vii；更完備的觀點，可參二十年後出版的Paul A. Cohen, *Discovering History in China: American Historical Writing on the Recent Chinese Past* (New York: Columbia University Press, 1984)；至2003年，他為自己的觀點作了一個有系統的歸納，可說是對這四十年史學潮流的總結，見Paul A. Cohen, *China Unbound: Evolving Perspectives on the Chinese Past* (London; New York: RoutledgeCurzon, 2003).

[9] 典型的例子可參謝和耐（Jacques Gernet; 1921-2018）在八零年代出版的名著。參Jacques Gernet, Janet Lloyd trans., *China and the Christian Impact: A Conflicts of Cultures* (Cambridge: Cambridge University Press, 1987; originally published in French as *Chine et christianisme: action et réaction* with Editions Gallimard in 1982), pp.30-63.

流，這類史學者尤以華人的基督宗教信仰者為多。就他們而言，對歷史的瞭解於他們當下的信仰和將來的願景均有莫大的意義。另一些歷史工作者，希望藉著對十九世紀的歷史描繪解釋世界的現狀。二十世紀的政治信仰和民族情緒在很大的程度上催生了這些知識分子濃厚的史學興趣，而作為歐美文化與東亞文化交流和爭持的媒介，基督宗教在東亞的活動，遂在這股史學創作興趣中得到了不同史家和史學工作者的注視。這些中國基督宗教的研究當然沒有分為兩個絕對的陣營。在過往數十年間，也曾出現過不同的分析框架。

　　在這些討論之中，與本書關係較大的是呂實強與陶飛亞在處理「耶－儒」對立時，各自所採用的「理性－迷信」解釋。陶飛亞認為晚期帝制中國的政治時局與中國知識分子（應該主要是指儒者）反對基督宗教並沒有必然的關係，兩者本身具有深層次以至結構性的矛盾。他提出「中國文化」本具排他性，當不合乎中國文化的信仰和思想傳入時，往往受到排擠：一方面中國人（起碼是儒士）對宗教冷淡，專注於哲學思考；另一方面，基督教神學（如天堂地獄說、男女平等等等）並不符合「中國人的信仰」。[10] 故此，排擠是理性的結果。[11] 呂實強卻認為，「耶－儒」對立是受民間迷信影響，而且暴力排教本身就違反了儒教的信念，更與理性無關。對他來說，衝突並不出於文化傳統，而是因誤信了「民間迷信」與當時的政局使然。「在整個晚清時期（1860-1900）反教知識分子所發布的各種文告揭帖之中，幾乎

---

[10] 必須指出的是，作者並沒有說明甚麼是「中國人的信仰」。

[11] 陶飛亞：〈晚清知識分子非基督教傾向的文化原因〉，載《世界宗教研究》1988年第3期；修改後重刊於氏著：《衝突的解析》（桂林：廣西師範大學出版社，2011），頁93-115。這篇文章在作者2006年的論文集《衝突的解釋：基督教與近代中國政治》經修改後重刊，觀點亦無重大差異，大抵可以代表作者至今的立場。

一致都強調儒家傳統，卻不得不指出，他們常常與儒家傳統違背」。呂實強認爲，儒者誤信傳言，是出於漠視儒家講究的理性與篤實精神，而反教的手段，更是「違背仁愛忠恕之道」。作者出於自身的基督宗教信仰，深信耶儒匯通的可能，因此他希望指出排擠是不理性（迷信）的結果，亦同時暗示了只要儒者保持冷靜與理性，必然可以與基督宗教共存。[12]

本書認爲，陶飛亞與呂實強均過分理性化儒教作爲哲學理念。陶氏稱儒者（中國知識分子）的排斥基督徒由理性推論而生，呂氏則指他們因沒有跟從儒教的理性而排擠基督宗教。他們筆下的儒者無異於啟蒙運動後西方標準下的知識分子，以「理性」批判「宗教」。然而，儒者從來不曾脫離宗教，無論國家、鄉村、家庭之中，儒教和儒者都是中國宗教重要的一部分。事實上，清儒批評其他宗教時，經常以「天道」、「聖天子」等觀念爲利器，文中舉例的儒士並不完全反宗教，亦不完全拒絕基督教。本書討論的姚瑩、梁廷枏、魏源都有自身的宗教信仰，[13] 如陶飛亞所稱清儒以中國文化既有的「實用主義」[14] 來看待一切宗教，

---

[12] 呂實強：《近代中國知識分子反基督教問題論文集》（桂林：廣西師範大學出版社，2011），I-IV（本書原版見臺北：基督教宇宙光全人關懷機構出版，2006）。視「反教」爲非理性行爲的範式，在近年於作品的數量上有一定的發展。惟此類研究質素卻極爲參差，很多的研究都欠缺了必要的史料基礎，並將大量的主觀意願視爲史事，參考價值成疑。如蘇萍提出，十九世紀末的儒者因對喪失「性」權力之恐懼，立意造謠，推動教案發生，故「耶-儒」對立乃因中國性別權力以男權爲中心及儒者的「道德自卑心理」云云。參蘇萍：《謠言與近代教案》（上海：上海遠東出版社，2001）。

[13] 有關的論述見本書的第三、四、五章。

[14] 陶飛亞筆下「實用主義」的所指，與Pragmatism並無關係。文中，作者指知識分子利用宗教作政治、社會目的，視爲工具，此反而與馬克學派視宗教爲「精神鴉片」的觀點相類。參Daniel L. Pals, *Eight theories of religion* (New York: Oxford University Press, 2006), pp.118-148；有關Pragmatism的意思，參William James, *Pragmatism* (Buffalo, N.Y.: Prometheus, 1991).

用以解釋基督宗教之為知識分子所反對。本書則以為，儒教作為
一複雜的宗教體系，以定義不清的「理性」作為檢閱工具並無特
殊意義；儒者作為大清帝國的官員，思考外來宗教的問題必然會
作通盤考慮，自身的宗教身份亦不會是唯一的判斷依據。

　　必須謹記的是，十八世紀末至十九世紀中葉的大清帝國在
思想、族群、文化等層面的多元，較諸同時代的任何帝國不遑多
讓。帝國佔地最廣的「中國」部份，是一個複雜而有力的儒教中
心國家體系，當中的儒者自然就有各自獨立的思想了。

　　與此同時，（無論是否出於清政府的意願）大清帝國與外
來的文化體系與宗教信仰的交流從未斷裂。帝國政府統治之下，
亦具有不同信仰與文化習慣的族群。事實上，整個帝國二百六
十多年的壽命中，有關「內─外」、「正統─異端」等的概念
均處於動態（dynamic）之中。舉例說，當我們細讀馬戛爾尼伯
爵（George Macartney, 1st Earl Macartney; 1737-1806）訪問乾隆帝
（1711-1799，在位時期：1735-1795），十七、十八世紀之交在
準噶爾盆地與塔里木盆地的擴張、「回民」問題等事情，我們都
可以發現當時的清政府回應異國與異文化的政策，並不是單純出
於帝王或一二臣公武斷或任意（arbitrary）的決定。在幾乎不曾
間斷的對外貿易和戰爭，及地方政府的日常施政中，作為清帝國
統治者和官僚體系普遍信仰的「儒教」對這些異文化者的理解和
態度遂大大地影響了國家的政策。

　　基督宗教的信仰者與歐美國家的緊密連繫，令他們在1840年
以前與商業利潤掛勾；在1840年以後，他們代表了一系列對清戰
爭的戰勝國。相對帝國內與阿拉伯世界與鄂圖曼帝國日益疏離的
穆斯林，或是被打上「異端邪教」烙印、主要為貧苦大眾信仰
的中國民間宗教，帝國的官員對基督徒的「寬容」自然更為逼
切與實際。如上所言，不少學者更由此認為儒者與基督徒的交

涉，乃政治事務多於排斥外來宗教。有學者更提出「中國只有維護本土思想的傳統，而無排斥外來宗教的傳統」（……there was only a tradition in China of maintaining indigenous thought, which cannot be looked upon as a tradition hostile to foreign religions.）。[15] 但是，當儒者要維護自身的「道德準繩」和「指標系統」時，這裡自然有一套「正─邪」二分的判辨系統。這是幾乎是任何宗教都可以發現的現象。[16] 反過來，由於儒者不情不願地接納了有奇怪不經信仰的群體，他們乃發展出一套更完備的解說以回應一個急切的問題：爲甚麼我在包容基督徒？這不單是一個宗教交流的問題，更是一個政治上的重大問題。以下，我們要先清楚說明這本小書的主題與一些基礎的觀點。

誰是儒者？

本書的核心主題，在於將近代中國基督宗教的研究置於十九世紀的政治思想研究中，探討在全球化的早期，大清帝國的菁英如何在未受歐洲學說影響的情況下，發展出一套成熟的宗教寬容（religious tolerance）觀念。也就是說，我們希望嘗試釐清儒者對

---

[15] 王爾敏（Wang Erh-Ming）認爲，十九世紀中晚期的耶儒衝突，與反外、反帝國主義情緒有更大的關係。見Wang Erh-Ming, "Book Review of *China and Christianity: The Missionary Movement and the Growth of Chinese Antiforeignism, 1860-1870 by Paul A. Cohen*," in *Bulletin of the School of Oriental and African Studies*, University of London, Vol. 28, No. 1 (1965), pp. 184-185；這種觀點亦不乏支持者，1990年的Kenneth and Helen Ballhatchet於*The Oxford Illustrated History of Christianity*就認爲在東亞三個儒教國家（日本、韓國、中國）反對基督教都出於政治而非宗教的原因。見Kenneth and Helen Ballhatchet, "Asia," in John McManners ed., *The Oxford Illustrated History of Christianity* (Oxford; New York: Oxford University Press, 1990), p.504。

[16] 下詳。參第二章。

基督宗教的理解，並致力探討他們對這個外國宗教的政治意見。
當然，我們絕非志在完成一本「儒者關於基督宗教文獻的百科全
書」。史料彙編自有其意義，惟這顯然需要更多的人力物力。

如前所言，十八世紀末至十九世紀的儒教擁有廣闊的神學光
譜，而儒者亦遍佈東亞的不同社會階層，令他們對事物的意見和
判斷多元。而經歷乾、嘉的考證學運動後，立論往往有充分的根
據。筆者希望作出的嘗試，是藉著研究三位十九世紀中葉儒者對
基督宗教的書寫，呈現他們對這一外來宗教的理解與他們提出的
對策。進而，筆者將指出這些理解，與他們對超越世界的想像和
信仰及他們的世界觀有不可劃分的關係。由此，證明我們有必要
在敘述「中國基督宗教」的故事時，放棄簡單的二分框架，以作
為獨立個體的「儒者」取代「儒教」、「中國文化」等化約而成
的概念。

在進入正文前，我們尚需在這裡處理一些定義的問題。第一個
要處理的便是古老的「儒教問題」（the problem of Confucianism）。
關於儒教（Confucianism）是否宗教的問題早見於利瑪竇（Matteo
Ricci; 1552-1610）來華時。由於理解差異、政治需要、文化淵源
等問題，討論者各執一端，注目於教義、組織、信仰者的社會地
位等不同層面都會令人有不同的想像，而對「儒」和「宗教」
的定義，更會對審視這問題有決定性的影響。從利瑪竇辯稱儒
學為習俗，康有為（1858-1927）創造「國教」、中國學者在共
產中國建政後的討論，到唐君毅（1909-1978）、牟宗三（1909-
1995）等新儒家在港、臺的倡言，「儒家是否宗教」的問題皆與
時局有密切的關係。

對甚麼是或不是宗教的討論本身已足以成為一個完整的研究
計劃（有沒有意義和結果也許是另一問題）。本書在此亦無意深
入這場古老的論戰。然而，筆者亦明白在進入正式的討論前，不

為本書的重要字彙釐清定義，亦有可能令作者與讀者之間產生另一層誤解。因此，我們不得不在此回顧「儒教問題」的一些重要研究，以使本書所應用的字彙和概念得以為讀者所理解。先旨聲明，本書無意亦無力在此解決整個龐然的「儒教問題」，這裡的一些說明，只是為了表達本書對此問題的立場，作為便利下文論述的方便法門。

由於篇幅關係，本書無法順著歷史時序探討儒教問題的沿革，我們將從不同的研究範式的比較展開回顧。一本同樣是回顧「儒教問題」爭議的專著*Confucianism as Religion: Controversies and Consequences*提醒我們「儒教是否宗教」的爭論往往牽涉於著者的動機和當下的非學術需要。作者陳勇援引的例子從有明中葉至乎上世紀九十年代：耶穌會士為傳播基督宗教，而宣稱儒教是不牽涉鬼神之說的倫理哲學；康有為、任繼愈（1916-2009）、江青（1914-1991）黨人、新儒家諸人的理解則涉及他們理想中的「現代中國」如何構建之問題。[17]

相同的是，上述各人及往後許多學者，對「儒教問題」的討論都是以基督宗教作為研究的藍本，在嘗試說明「耶」、「儒」之間的異同。視其同者，自會以儒門為宗教；視其異者，甚至難以忍受「儒教」、「孔教」等詞彙，而名之「儒學」、「儒家」。姑勿論這些學者對儒者及他們的信念、經典、儀軌、生活方式的瞭解為何，他們對作為概念的「宗教」卻未有深刻的理解。[18] 概括而言，上述各人都是以歐洲的宗教形式作為比對儒教

---

[17] Chen Yong, *Confucianism as religion: controversies and consequences* (Leiden; Boston: Brill, 2013); 有關耶穌會士與他們友好的儒士合作化約儒教為倫理哲學，亦為John Lagerwey所認同，見John Lagerwey, *China: a religious state*；有關大陸地區的歷史工作者對儒教問題的爭論，可見任繼愈主編：《儒教問題爭論集》（北京：宗教文化出版社，2000）。

[18] 近年一個類近的例子可見黃正謙：《東海西海：「心」「理」相通》

的中心。而這一種歐洲中心的研究方式及其限制，今天的學術界早已多有反思。

　　讀者必須明白的是，有關宗教（religion）定義之論戰，熾熱程度絕對不下於儒教問題。其中一篇對本書甚具啟發性的文章，當數Johnathan Z. Smith的"Religion, Religions, Religious"一文。Johnathan Z. Smith從「宗教」（religion）一詞的字義演變出發，指出「宗教」本身就不可能是一種本土（native）自然衍生的概念，亦不可能是任何文化的自稱（it is not a first person term of self-characterization）它必然是外來者從本土文化的某些部分劃出歸納而成的範疇（It is category imposed from the outside on some aspect of native culture）。作者希望指出「宗教不是一個自然而然的辭彙（或概念），而係學者為『學術的目的』／『認知的目的』（intellectual purpose）而建構的。因之，定義的權力乃為學者所包攬。於是，作為概念的『宗教』之於宗教學，正如作為概念的『語言』之於語言學或作為概念的『文化』之於人類學，只是這些學術領域為建立自身理論而設的用語」。[19] 如果我們認同此一說法的話，「宗教」一辭的所指就沒有一個先驗的固定範圍。也就是說，假使「儒學」或「儒教」與歐洲基督宗教有所差異，亦可以被納入為「宗教」的範疇。

　　事實上，不少研究儒教的學者都採取了類近的策略。Mary Evelyn Tucker明確地指出儒教有其獨特的超越形式，她指出：

> 儒教的超越性（或靈性，Confucian Spirituality）的藝術在於發見人的超越性藏於日常時務之中（discover one's

---

（香港：中華書局（香港）有限公司，2012），頁174-182。

[19] Johnathan Z. Smith, "Religion, Religions, Religious," in Mark C. Taylor, *Critical Terms for Religious Studies* (Chicago: University of Chicago Press, 2008), pp.269-284.

cosmological being amidst daily affairs）。蓋於儒者而言，平庸載承不凡事，世俗從來即神聖，超然只在身內求……（因此）儒教非為一求解脫於此世的傳統，而係確認超越性建立於在此世脩養更為完整的人格。儒者之道，實即「內在超越」之道……雖然有人會在爭論儒教是否宗教時，強調儒教亦有外在的超越信仰，例如古典儒教（classical Confucianism）的「天」（Heaven）或理學家（Neo-Confucianism）的「太極」（Supreme Ultimate）。但儒教的超越性之重點卻在脩為「天」賦的「性」（Heavenly-endowed nature），從而使之與他人及「天」自身（the universe itself）的關係臻至圓善。[20]

Mary Evelyn Tucker進而指出：

儒教世界觀（The religious worldview of Confucianism）以動態的宇宙為中心（a dynamic cosmological orientation），其與各種靈性表現（spiritual expressions）密不可分，如社會倫理、個人修養、連繫個人、社會及宇宙的儀式等。此等於中國及其他東亞國家源遠流長的繁複超越性系統（spiritual integration）甚堪考究。[21]

周啟榮（Chow Kai-wing）、伍安祖（Ng On-cho）及John B Henderson主編的*Imagining Boundaries: Changing Confucian Doctrines,*

---

[20] Mary Evelyn Tucker, "Introduction," in Tu Weiming 杜維明 and Mary Evelyn Tucker ed., *Confucian Spirituality*, Vol. 1 (New York: The Crossroad Publishing Company, 2003), pp.1-2.

[21] Mary Evelyn Tucker, "Introduction," pp.26.

Texts, and Hermeneutics 更以十篇文章的論文集論證了學者應當放棄為歷代的「儒教」尋求一個可以通用無誤的定義。周啟榮與伍安祖在導論的部分總結了該書諸作者希望帶出的五點：

1. 儒家「經典」數目的「流動性」（fluidity，原文所用）；
2. 辯論並劃分儒家與其他學說（是為歷代儒者和研究者的）恆常需要；
3. 文本與論述的辯證關係可充當為儒者的傳統劃界的角色；
4. 想像儒教的界限時需使用特定的文本及詮釋策略；
5. 用於劃定儒教與其他（宗教）傳統界限的策略甚為廣闊而矛盾。[22]

　　儒教傳統本身就是一個變革的進程而導致定義困難，但不代表我們完全不能描繪歷代儒者的一些簡單特徵。Joseph A. Adler 將問題分為三個部分處置：首先，分析集中於「Confucianism」和「Religion」的定義；其次，即為「institutional religion」和「diffused religion」的分別；其三則為當年日中二國對歐洲語言中「religion」一詞的翻譯問題。在這篇文章，作者同時指出「儒教」（Confucianism）與宗教（religion）在定義上的困難，並簡略介紹了各家之說。

　　首先，作者先指出西方所用的「Confucianism」（孔夫子教／思想）在中國的語境與孔子（Kongzi，前551-前479）之名號並無關係，而係被稱為「聖人之道」（shengren zhi dao 或 Way of the Sages，孟子所稱）或儒家（rujia 或 the ru school）、儒教（rujiao 或

---

[22] Kai-wing Chow, On-cho Ng, and John B. Henderson ed., *Imagining boundaries: Changing Confucian doctrines, texts, and hermeneutics* (Albany: State University of New York Press, 1999), p.3.

the teaching of ru）。與之相對應的應該是華文的「儒家」或「儒教」。但問題是，甚麼是「儒家」或「儒教」的內容呢？Joseph A. Adler認為，它包括一個政治化的模式，但亦有關於超越和靈異世界的傳統，其包涵的範圍難以釐清。簡單來說，也就是與周啟榮與伍安祖等人的觀點類同。另一方面，作者引用了Johnathan Z. Smith等學者之說，認為「宗教」並不是一個固定的概念。因此，在以阿伯拉罕宗教為「宗教」概念的藍本追問「儒教是不是宗教？」實乃一無聊至極的問題。

然而，Joseph A. Adler卻認為對此無聊問題再行討論，可以藉以修整西方學者對「宗教」一概念之理解。而當對「宗教」重新定義後，「儒教」就必然是「宗教」了。在此，作者進一步徵引了楊慶堃（Ch'ing K'un Yang）有關「建制性宗教」和「混合宗教」（institutional vs diffused religion）的觀點，指出當西方學者理解中國宗教後，就會明白沒有明確的神明和教會的精神傳統，仍能以「混合宗教」的形式被視為「廣義的宗教」（general category of religion）。

在結論的部分，作者歸納道：

> ……儒教是一個視神聖存於人際關係而非於神明（non-theistic）的混合宗教。在無神論方面它與佛教相類；在混合宗教的形式方面，它與中國民間宗教類近；在視現世的某些部分神聖的信仰方面，它與藏地的苯教、日本的神道教和其他土著宗教傳統（indigenous religious traditions）相近。以上幾點，均是儒教的特質，我們亦不能以一個先驗的「宗教」定義來否定儒教屬於「廣義的宗教」。[23]

---

[23] Joseph A. Adler, "Confucianism as Religion / Religious Tradition / Neither: Still

筆者以為Joseph A. Adler之說啟發性甚大，但卻難以完全接受（尤其關於儒教無明確神明觀念的觀點）。就個人而言，一個在研究時更為可行和方便的方式，可以參考宗教學者Hendrik M. Vroom對「宗教」的定義。[24] Hendrik M. Vroom並不是儒教研究的專家，但他在書寫有關宗教對話的教科書時卻同樣需要面對上述的定義困難。Hendrik M. Vroom亦同意我們難以對「宗教」給予嚴格的定義，因此我們不妨在研究時轉向一個更龐大的觀念：世界觀（worldview）。Hendrik M. Vroom認為，世界觀可說是同類型觀念中最廣的概念。任何有關生命的觀點都可以被理解為世界觀，他簡單地將世界觀分為「世俗的」（secular）和「宗教的」（religious）。前者不承認任何「一般」人類經驗以外的事物和法則，後者則為「一般」經驗難以接觸的存在（being）留下一席之地，此一存在可以是神，可以是任何具神聖意味的事物和法則。這樣，Hendrik M. Vroom就將不同的思想和信仰傳統粗略地劃為以下的分類：

表1-1　世界觀之間的差異

世界觀（Worldviews）	
I 世俗（Secular）	只有此世（only this world）
II 宗教（Religious）	具超越的成分（transcendence）
	IIa 有神的宗教（religions with a concept of god）
	IIb 無神的宗教（religons without a concept of god）

Hazy After All These Years," published in 2006 Annual Meeting of the American Academy of Religion in Washington, D.C.Minzu University of China June 23, 2010, accessed 28th September, 2014, https://www2.kenyon.edu/Depts/Religion/Fac/Adler/Writings/Still%20Hazy%20-%20Minzu.pdf.

[24] Hendrik M. Vroom, Morris and Alice Greidanus trans., *A Spectrum of Worldviews : an Introduction to Philosophy of Religion in a Pluralistic World* (Amsterdam: Rodopi, 2006), p.2.

根據此一分類方式，即使學者不認同儒教爲宗教，卻均必須承認儒教擁有一個「宗教的世界觀」。無論「天」、「帝」、「道」、「命」、「理」、「性」等概念，均不可能是「此世」可以獲得的一般經驗。[25] Hendrik M. Vroom的辦法不能爲「甚麼是宗教？」的問題一錘定音，但起碼讓我們可以確認儒教不是一套無神論的世界觀。

這一處理方法其來有自。著名的Ninian Smart在多次演講及著作中提倡將「現代宗教研究」（the modern study of religions）或「宗教比較學」（The comparative studies of religions）拓展爲「世界觀分析」（worldview analysis）。在1983年初版的*Worldviews: Crosscultural Explorations of Human Beliefs*開始使用「世界觀」一詞的原因是因爲在英語中並沒有一個字彙能同時包括傳統的「宗教」（religion）和現代的「意識形態」（ideology，書中所舉的例子包括民族主義（nationalism）、馬克斯主義（Marxism）等）。對Ninian Smart而言，傳統的「宗教」和現代的「意識形態」本質相差無幾。縱然內容相異，它們對自身的信仰者而言都是一套信念或價值體系，足以驅使他們活動，並賦予他們日常行爲的意願。因此，作者乃統稱爲「世界觀」以爲全書行文方便之用。然則何以Ninian Smart不將「宗教」和「意識形態」分別說明？在該書及後的部分作者提出了兩點：首先，在歐洲以外的文化分別「宗教」和「世俗的」（secular）思想並不是一件簡單的事情；其次，作者（在1995年的再版中）亦從當下的時局發現很多意識形

---

[25] 如果讀者對早期儒教的宗教世界觀之內容有意深探，亦不妨一讀以下書籍。就漢及以前之儒者對超越世界的想像與交流，可參余英時：《論天人之際：中國古代思想起源試探》（臺北：聯經出版社，2014）；有關漢末至晚期帝制中國的儒教如何被政權、知識階層、平民視爲宗教，可參考臺灣中央研究院學者黃進興：〈作爲宗教的儒教：一個比較宗教的初步探討〉，《亞洲研究》第23期（1997），頁184-223。

態或思想所產生的影響，實無異於傳統的「宗教」。[26]

Hendrik M. Vroom與Ninian Smart均認為在研究中使用「世界觀」一詞較使用「宗教」的概念更為合宜。然而，這一觀點在目前的學界仍未廣為應用。就本書而言，筆者堅持使用「儒教」稱呼由孔子、孟子（前372-前289）發揚光大的一套信仰，一方面認為「儒學」和「儒家思想」的說法會忽略儒者對鬼神、儀式、生死、命運的觀點（在本書以下的章節我們會發現很多著名的儒者都對「天道」、鬼神、問卜有一套久經思量的解釋方法）；另一方面，筆者亦同意上引兩位學者的觀點，「宗教」和「世俗的」思想或「意識形態」在影響力和功能上相差無幾。在這本小書的討論中，我們亦無須苦苦糾纏於這一「儒教問題」。[27] 討論至此，我們大抵已充分說明本書使用「儒教」一詞的原委。較諸「儒學」或較現代的「儒家思想」，「儒教」比較準確地傳達了它對「此世」以外的超越世界的理解。

第二個要定義的字彙則為「儒者」。在本書中，我們以「儒者」稱呼「儒教的信仰者」。一般來說，我們亦可以稱之「士人」或「儒士」。正如Joseph A. Adler認為，儒教成於孔子以先的儒教典籍和傳統，還在作為禮儀專家的上古「儒者」。這些以

---

[26] Ninian Smart, *Worldviews: Crosscultural Explorations of Human Beliefs* (Englewood Ciffs, New Jersey: Prentice-Hall, Inc., 1995), pp.1-11, 148-166. 這一觀點，在作者1986年出版的*Religion and the Western Mind*及1993年出版的*Buddhism and Christianity: Rivals and Allies*屢屢重申闡述。參Ninian Smart, *Religion and the Western Mind* (London: Macmillan; New York: New York University Press, 1986) 及Ninian Smart, *Buddhism and Christianity: Rivals and Allies* (Honolulu: University of Hawaii Press, 1993).

[27] 當然，可以想像的是宗教學的學者在可見的將來仍然要處理這一幾乎與宗教自身一樣「永恆」的問題，而任何處理中國哲學和宗教的學者亦需要繼續重重覆覆的討論「儒教是不是宗教」的問題。但這亦正如哲學家不斷反思甚麼是哲學、歷史學家不斷問甚麼是歷史一樣，只是一種健康而有益的討論，不足為怪。

「熟習《五經》禮儀與六藝的專家」（experts in and custodians of the cultural traditions embodied in the "Five Scriptures"（wujing）and "Six Arts"（liuyi））就是儒教的最早成員。作者進一步指出，至有宋以後，時人乃將「儒」一詞判為「服膺孔孟之道的知識分子」，以回應釋、道二教並興。筆者對此說卻未敢苟同。

「儒教」固然有大量的知識分子信仰者，但作為一種信仰和世界觀，受孔孟之說影響的肯定不止於知識分子。一個有趣的例子是，余英時在《現代儒學論》所說的故事。在1938年鄉居期間，年輕的余英時曾見到「天地國親師」和「天地君親師」紅紙條被貼於大小農戶之中，這些農戶大部分無法閱讀以文言寫成的經典，但他們的信仰和世界觀中所值得崇敬的，卻是儒教所重視的「五大」。《容肇祖集》引清初廖燕〈續師說一〉一文有謂：

> 宇宙有五大，師其一也。一曰天；二曰地；三曰君；四曰親；五曰師。師配天地君親而為言，則居其位者，其責任不綦重乎哉？[28]

農戶很可能不認識容肇祖與廖燕係何許人也，但他們卻絕對是儒教的信仰者。[29] 這樣的身分認同，與中世紀不諳拉丁文的基督宗教信仰者一樣明確。[30] 因此，本書不欲以「士人」或「儒士」等名稱呼儒教的信仰者，蓋「士」一字有知識分子的意涵。本書將稱儒教的信仰者為「儒者」，而對儒者的定義是：「一個

---

[28] 容肇祖：《容肇祖集》（濟南：齊魯書社，1989），頁667。

[29] 余英時：〈中國現代價值觀念的變遷〉（附錄：談天地君親師的起源），收入氏著，劉述先主編：《現代儒學論》（River Edge, New Jersey：八方文化創作室，1996），頁61-102。

[30] Rodney Stark, *Reformation Myths: Five centuries of misconceptions and (some) misfortunes* (London: Society for Promoting Christian Knowledge, 2017), pp.7-14.

人透過對經典的學習和解釋，構成儒教的世界觀並有意實現其價值系統所認可的行為，而成為儒者。因此，作為儒者的基本特徵，就是對儒家經典的忠誠態度。忠誠與積極地使用與解釋經典，這就是儒者的標記。而所謂的學習，不一定是對原文的閱讀，亦可以是經由其他的儒者，甚或家人傳授，而他們認可周公（？-前1032）、孔子、孟子等『聖人』的地位和他們話語的起碼在道德教化權威。」[31]

　　這裡衍生的另一個問題是，根據上述的定義，豈不是連農民和文盲也包括在「儒者」的行列以內？的確，上文界定「儒者」為受儒教影響的信仰者，崇敬天、地、君、親、師的農民確然亦在「儒者」所指之列。但諷刺的是，本書的選材仍然局限於為官入仕的菁英「儒者」。柯若樸（Philip Clart）等學者準確地指出，菁英的儒教世界觀不能完全反映一切「儒者」的理解。[32] 而處於社會下層的儒者亦有其對超越領域的獨特理解，甚至對基督宗教也有不少的認識。舉例說，十七世紀明國的閩、浙儒者刊出《破邪集》及《闢邪集》反對基督宗教，就代表了非菁英階層的儒教聲音。[33] 同樣，在十九世紀，除了如曾國藩（1811-1872）、

---

[31] 這一定義參考了不同學者的著作。主要包括柯若樸（Philip Clart）：〈「民間儒教」概念之試探：以臺灣「儒宗神教」為例〉，《近代中國史研究通訊》第34期（2002年9月），頁31-33；John H. Berthrong and Evelyn Nagai Berthrong, *Confucianism: a short introduction* (Oxford: Oneworld, 2000); John H. Berthrong, *Transformations of the Confucian way* (Boulder, Colo: Westview Press, 1998)；鍾雲鶯：《清末民初民間儒教對民間儒學的吸收與轉化》（臺北：臺大出版中心，2008），頁22。

[32] 同上註。

[33] 鍾始聲（1599-1665），字振之，祖籍蘇州。早年從儒，「誓滅釋老」，十七歲閱《自知錄序》及《竹窗隨筆》悔悟，七年後晤憨山大師，後從雪嶺剃度，命名智旭，時人稱之為蕅益智旭，與蓮池袾宏、紫柏真可、憨山德清四人，被後世推為明末佛教四大師。《闢邪集》之文皆為佛徒反教文章，但他們卻應用了大量儒教的語言。《闢邪集》初版於

左宗棠（1812-1885）、李鴻章（1823-1901）、王炳燮（1822-1879）等具政治力量的儒者在著述中反對基督宗教外，在一系列的教案中在有不少下層儒者的思想。[34]如天下第一傷心人出版的《辟邪紀實》，就是此類文獻的典型。[35]然而，本書討論的「宗教寬容」並非單純以思想史的框架分析，而是置於政治思想的研究中。因此，這裡所討論的儒者，仍針對具政治影響力的幾位官員。

即使本書所呈現的觀點並不是所有「儒者」所共通接受的理解，促成此理解的一些重要觀點，卻是儒者共同信仰的事物（如「天道」、「聖人」、「內中華而外夷狄」等等）。當然，單以三數個案例論證上述的觀點並沒有充分的說服力，本書亦不認為「包容」基督宗教是為當時大清帝國的主流觀點。我們的工作，是要介紹這一種重新詮釋國家、主流宗教以淡化、放棄傳統政府責任的思想如何在十九世紀初的帝國政府內部出現。

癸未（明崇禎十六年，1643年）秋，最初只有鍾始聲所著《天學初徵》與《天學再徵》兩篇，並附有〈附鍾振之居士寄初徵與際明即時師東〉等四封書信及程智用的〈跋〉。後來，《闢邪集》傳入日本，養鸕徹定（號杞憂道人）在文久元年（清咸豐十一年，1861年）翻刻《闢邪集》時，又收錄了釋如純的《天學初辟》、費隱通容的《原道闢邪說》等二十二篇文章，仍以《闢邪集》為名。詳參鍾始聲編：《闢邪集》，收入鄭安德編《明末清初耶穌會思想文獻彙編》，卷5，冊58（北京：北京大學宗教研究所，2003）及鍾始聲編：《闢邪集》（明崇禎刻本），收入周變藩主編：《中國宗教歷史文獻集成・五十九・東傳福音・冊九》（合肥：黃山書社，2005）。亦參龐乃明：〈「南京教案」所表現的明人天主教觀〉，載《明史研究》第八輯，2003年，頁185-195。

[34] 陶飛亞：〈晚清知識分子非基督教傾向的文化原因〉，載氏著：《衝突的解析》，頁93-115。

[35] 天下第一傷心人：《辟邪紀實》（出版地點不詳；出版者不詳；同治辛未[1871]本），香港中文大學崇基學院牟路思怡圖書館藏顯微資料。

第二章

治教無二、官師合一：
帝國與儒者

　　儒者的信仰並沒有像天主教（Catholic Church of Christianity）的羅馬教廷（*Curia Romana*）統合教民的信仰，儒教的信仰和教義極為多元而分散。雖然一些如孝順父母、尊重文字、孔子、孟子等基本觀點幾乎為全部儒者及中國人所接受，但對於很多的議題儒者並沒有統一的意見。而自十七世紀始，儒教的神學光譜（theological spectrum）較諸歷史上的任何時期更為廣闊。無論重視形上思考（metaphysical knowledge）的理學、抑或重視經典和歷史、文字研究的樸學都有一定群眾支持。而不同的學派亦有不同的政治、社會觀念，他們當中亦有以追求知識與道德為終極目標的純粹學者和修行者，亦有以學術協助日常政府施政的官僚和志在政治改革的政治家。

　　更重要的是，上述儒者「派別」不若其他宗教的分明。在伊斯蘭教中，拒絕尊崇阿里・本・阿比・塔利卜（Ali ibn Abi Talib；601-661）及其後裔等十二代伊瑪目（the Twelve Imams）的就絕不可能是什葉派的信仰者；而拒斥聖母信仰的，亦不可能是羅馬天主教會的成員。然而，一位樸學的儒者仍然可以對心性等形而上的問題發表意見，而絕大部分的理學家亦不會毫不考慮經典的真實性。因此，儒教的派別分類更似是一種偏向的問題。而在十八世紀中末葉，儒者本身就對「理學－樸學」、「宋學－漢學」的分野提出了質疑。這種質疑見於樸學的紀昀（1724-1805）、阮元（1764-1849），亦見於理學的李光地（1642-1718）等人，到了活躍於嘉慶、道光年間的魏源、姚瑩、梁廷枏，更難以簡單的以上述派別分野。對作為個體的儒者來說，儒教之於心性問題和經典詮釋的分歧各自有不同的想像。一個不太準確的比喻是，他們「漢」、「宋」的成色各自不同，分量亦不明確。而作為一位儒者，他可以是一位文士、官員，也可以是一位商人、農民，他也可能是以「儒將」自居的軍人，也可以是自命「以孝治國」的

人主。就其他社會問題的意見而言，儒者可以提議國家擴張，亦可以主張友好睦鄰；可以建議國家壟斷一些行業，亦可以支持自由貿易；可以信仰具超越意願的「天」和「天道」，亦可以認為「天」只不過是自然的事物。儒教的經典為後人留下了莫大的詮釋空間。服膺儒教的群體，明顯沒有一套嚴謹而普及的世界觀，也沒有固定的階層。因此，「儒教與基督宗教在十九世紀中葉如何交涉？」實則是一個難以回答的題目。

　　即使我們將重點置於支持對外來宗教有一定包容的儒者群時，他們之間的理解也具莫大差異。這就正如在二十世紀初清國內的「革命派」，雖然一致認為需要推翻帝國政府，但卻是各自肚腸。要繼續討論，就必須確立一些起碼的共通點：本書將焦點置於三位中國官僚體系的儒者，希望指出他們對基督宗教的理解，與他們的宗教信仰及世界觀有環環相扣的關係。將他們對宗教的理解「放入」政治思考的原因，就是要將意見局限於政策建議，將問題由「他們想甚麼？」置換為「他們為甚麼這樣做？」。正如在第一章所見，有關大清帝國的儒者對基督宗教的理解的研究局限，往往生於對作為認識主體的「儒教」、「儒者」片面的認識。自清末以來，「儒教」的宗教意涵經歷多年刻意和無意的批判和忽略，其研究亦經歷了長時間的政治意識形態影響。本來在帝國時代具多層次影響力的宗教（有時也被理解為「國家宗教」），在二十世紀逐步成為象牙塔中的哲學與庶民日用而不知的生活倫理。早於譚嗣同之《仁學》，已有崇仁絀禮之說，彼以為「自禮明親疏，而親疏於是乎大亂」。[1] 儒教之於政治、社會制度的影響日漸縮減，轉而為遠為狹隘之倫理學與知

---

[1]　譚嗣同：《仁學》，收入氏著，蔡尚思、方行編：《譚嗣同全集》（北京：中華書局，1998），頁312。

識分子的哲學。即使二十世紀的儒教研究者，尤其在活躍於香港和臺灣的新儒家學人，重新將儒家思想的「宗教性」如「天人合一」等觀點置於哲學化的「儒家思想」的中心，但此「儒教」卻不同於傳統帝制中國（Imperial China）的「儒教」。[2] 蓋新儒家諸子所說，乃近乎西方哲學和宗教的觀念。當他們說儒家哲學的「宗教性」（religiosity）時，他們乃將儒家哲學的「性」、「命」與具超越意義的「天道」發揮成一近於西方宗教哲學理論的「宗教」。這一種「宗教性」，與有清儒者崇信鬼神、天道之說又有所不同。故在此所說的「儒教」乃是這些在晚期帝制中國的儒者關於一個具超越性世界觀（transcendental worldview）之內容。我們有必要重新理解當時儒者的世界觀，方能分析他們對某種特別事物的觀念。

　　循此思路，以下要先向讀者簡單闡述的，就是「儒者的身分定位」與「晚期帝制中國宗教與帝國管治」兩個重要問題。這一段文字的用意在於為本研究討論的三位儒者嘗試理解基督宗教的行為提供一個完整的背景。在本研究的第一章中，筆者提出了本書旨在重構以儒者為中心的中國基督宗教史，則我們必須要問的是：儒者為甚麼要嘗試理解基督宗教？儒者嘗試理解基督宗教和他們自身的世界觀和價值觀有何關聯？嘗試理解基督宗教這一行為，又應該置於十八至十九世紀儒教發展的哪一位置？他們是以獵奇的心態開展個人興趣，抑或是為著更重大的目的展開他們

---

[2]　參牟宗三、徐復觀、張君勱、唐君毅合撰：〈為中國文化敬告世界人士宣言──我們對中國學術研究及中國文化與世界文化前途之共同認識〉，第五、六部分，載唐君毅著：《說中華民族之花果飄零》（臺北：三民書局股份有限公司，1989（1974）），頁140-150；英譯本見 "Manifesto For A Reappraisal Of Sinology And The Reconstruction Of Chinese Culture," in William Theodore de Bary and Richard Lufrano, *Sources of Chinese Tradition* (New York: Columbia University Press, 2000), Vol. 2, pp.550-555.

的研究？如果他們不是業餘讀者和消閒文學的作者，他們對基督宗教的著述對他們來說又有何意義呢？用傳統中國的術語來講，我們可以這樣問：這些儒者論述基督宗教，是為了「文藝」還是「器識」？「內聖」抑或「外王」？為了「修身」以致「致君」？

儒者的身分定位

「象身本一體，異相生是非」。[3] 儒者既是「官」，亦是「師」，承擔了維持帝國秩序的責任，亦維持了儒教教化平民的工作。以章學誠（1738-1801）的說法，就是「治教無二，官師合一」。[4] 這裡的「師」可以解為「教師」、「老師」，如Philip J. Ivanhoe的英文翻譯便是「Governing and teaching are not two things; the roles of official and teacher are united」。[5] 但從儒者所抱持的關懷（concern）而論，現在傳授世俗化知識的「老師」實不足以涵蓋儒者在帝國的功能。就其於社會的功能而言，儒者更像歐洲基督宗教中的司鐸與牧師。

事實上，亦在中國宗教學者提出十六世紀的儒者對神聖、祭儀的理解與加爾文主義（Calvinism）的「理性」表術甚為類近。[6] John Lagerwey進一步指出，早於公元前十三世紀，以天帝（帝、太一）信仰為中心的中國宗教漸次建立。這一套信仰為儒教與道教在及後的三千年不斷發展，而在這一遍土地上所建立的不同

---

[3]　《長阿含經》（大正新脩大藏經本），冊1，卷19，頁128c-129a。

[4]　章學誠：〈原道〉，載《文史通義》（廣州：粵雅堂叢書，1831），卷2，頁8a。

[5]　Philip J. Ivanhoe trans., *On Ethics and History: Essays and Letters of Zhang Xuecheng* (Stanford: Stanford University Press, 2010), pp.34-39.

[6]　John Lagerwey, *China: A Religious State*, pp.1-17.

政權，均由之以獲得了具神聖意味的政治合法性。[7]這一觀點也得到其他學者的認同。余英時引用了雅斯培（Karl Jaspers; 1883-1969）「軸心突破」（Axial Breakthrough）的概念，說明自孔子以來儒者以「德」取代了巫者（包括「群巫之長」的「王」）透過祭祀儀式壟斷人間與「天」的交通的功能。他認爲儒教的內在道德具有作爲「天」、「人」交通媒介的神聖地位，並稱之爲「內向超越」。由「心」操控了「氣」（原文稱爲「原始而又混然爲一的生命力」）而與超越領域溝通，「取代了巫與鬼神溝通的法力」，因此所有人藉著道德修行「都有可能成爲自己的巫師」。[8]自公元前二世紀起儒教的這一套以「德」爲基石建構帝國政治合法性的宗教，主導了新的統治秩序。[9]而公元一世紀在東漢帝國的「士人政府」，更將這一種以「德」爲核心的政治發展爲成熟的體系。[10]余英時進一步指出，當儒教傳承至十世紀後，因吸收了佛教的影響，儒者便以心性系統表述這一套道德理念。簡單來就，就是以「彼世」的「天理世界」（「本於天」的「實理」）改造「氣弱理強」的「此世」。[11]

以倫理道德爲人間與超越領域溝通的媒介，是一種就內在心理活動而言的描述。自其外在行爲言之，這一扣緊儒者與「天」的媒介，則被稱爲「禮」。小島毅認爲儒教的「禮」之所以被認爲是普世可行的法則，就是因爲與「天理」貫通。[12]也因爲這

7　同上註，頁19-55。

8　余英時：《論天人之際：中國古代思想起源試探》，頁135-148。

9　林聰舜：《漢代儒學別裁──帝國意識形態的形成與發展》（臺北：臺大出版中心，2014 [2013]），頁139-179。

10　錢穆：《國史大綱》（臺北：臺灣商務印書館股份有限公司，2008），頁169-191。

11　余英時：《中國近世宗教倫理與商人精神》（臺北：聯經出版事業公司，2018[1987]），頁52-65。

12　小島毅：《東アジアの儒教と礼》（東京：山川出版社，2017[2004]），

點，藉儒教世界觀建構政治合法性的國家，也就自然而然地負上了「教化」天理的責任。在本書以後的章節中，我們會看到對「天道」、「天理」的不同解釋，為儒者放下這一項責任提供了不少空間。但在這裡，我們關心的是當儒者以「禮」教化平民時，這一套可以作為「天」、「人」交通媒介的行為準則，自然也不是現代意義下的「教師」所提供的「世俗知識」。「官師合一」的「師」，因此具有濃厚的宗教意味，成就了在晚期帝制時期能與「治統」（皇權）抗衡的「道統」。

　　在這一部分，本書希望處理十八世紀末至十九世紀初的儒者如何調處其宗教與政治身分的落差。上文所謂「官師合一」的理想，假定了「官」和「師」之間的和諧，但這種和諧既非必然亦非天生。假如中世紀歐洲天主教國家的君主可以與教座陳兵對陣，儒者又何嘗不能與他們的天子衝突？[13] 是以，上述的簡介，只代表了一套普遍的觀點，不能被理所當然地視為本書討論的幾位儒者所處的境地。我們在這一部分，尚要說明大清帝國政教關係的具體狀況。[14]

　　有清政教關係的研究，導出了兩種不同的結論。重視皇室的政策和廟堂的儒臣者，可以發現清帝國的君主有意結合「聖」和

頁66-68。

[13] 舉例說，在十六世紀天主教國家不論法國或神聖羅馬帝國均曾與教座作戰。參Marcelle Vioux, 'Francis I,' in *Encyclopædia Britannica*, accessed 4th of June, 2017, https://www.britannica.com/biography/Francis-I-king-of-France; Michael de Ferdinandy, 'Charles V,' in *Encyclopædia Britannica*, accessed 4th of June, 2017, https://www.britannica.com/biography/Charles-V-Holy-Roman-emperor; Mark Greengrass, *Christendom Destroyed: Europe 1517-1648* (London: Penguin Books, 2015), pp.12-13.

[14] 華文的「政教關係」並非清晰的概念，本書所涉及的，最少包括以下四種指向：政府與宗教（作為概念）的關係、政府與宗教團體的關係、政治與宗教的關係及政治與宗教團體的關係。詳參邢福增：《當代中國政教關係》（長洲：建道神學院基督教與中國文化研究中心，2005[1999]），頁2-11。

「王」的身分，在統治中原的同時，扮演儒教的最高詮釋者，開創了儒教發展的嶄新局面；重視異民族與中原本土矛盾者，則將發現漢民族的儒者終其有清二百多年反抗不絕，更可視之為當時儒教發展的一大主線。本書認為，此二潮流大抵並行不悖，各自反映了清儒的不同特性，未可偏廢。

學者對十八、九世紀儒教的論述，多從儒者所處的政治處境入手。孟森（1869-1938）認為儒教的發展在很大程度上受政府氣候的影響。他提出清政府對儒教發展的影響可分為兩端。其一，清政府對儒教尊崇備至，較於漢族政權尤有甚之。以孔子及其他早期儒者的祭祀為例，自順治以來歷朝俱有更革，雍正帝（1678-1735，在位時期：1722-1735）甫一即位，更詔追封孔子五代為王爵，而其他有清君主亦在孔廟從祀的問題上多有貢獻。另一方面，有清君主亦沿革科舉取仕之法，更廣建書院。最為特出者，乃為《康熙字典》、《古今圖書集成》、《四庫全書》。從影響而言，孟森認為雖然「天子不自講學，惟以從祀示好尚，於學術亦有影響」。此亦即謂政府以從祀、編書等方式，疏導儒教的發展方向，再行以編設書院，為儒者之間的交流奠下基礎。

其二，對儒教尊崇備至，卻對儒者極為苛烈。清帝國的「文字獄不暇細數，果屬觸犯而成獄，雖暴猶為罪有可加，謂其為違梗也。即無意中得違梗之罪，而遂戮辱，猶謂使人知有犯必懲，不以無意而解免之，所以深懲違梗之嫌疑也」。可想而知，有清儒者公不見信於人，私不見助於友，跋前躓後，動輒得咎。故孟森謂「乾嘉間天下貶抑宋學，不談義理，專尚考據，其亦不得已而然耳」。

從此兩端可見，對孟森筆下的儒者而言，儒者極為關注政府的立場和取態，政治上的動向和生態，屬於清儒關懷的核心關

懷。[15] 然而，在孟森的論述中，儒教對政權的影響微乎其微，而主動與被動的角色亦涇渭分明。

而探討大清帝國儒教與政府關係的黃進興，則有不同的見解。黃進興在一系列有關孔廟的論文中，指出歷史上不同政權對孔廟的崇拜牽涉了「道統」與「治統」、「皇帝」與「儒生」及「政府」與「儒教」時而相爭，時而互為利用的關係。[16] 為政者對孔子之崇拜始於孔子甫卒之際。孔子卒於公元前479年（魯哀公十六年），其時哀公已然祭之，誄文之上，更稱「尼父」。[17] 而據《史記》所載，秦始皇長子扶蘇（前241-前210）於乃翁坑儒時，曾謂「天下初定，遠方黔首未集，諸生皆誦法孔子，今上皆重法繩之，臣恐天下不安」云云，[18] 可見其時孔子所傳之教及其徒眾於政治層面已有一定力量。當然，司馬遷（前145-前86）何以得知秦皇父子之間的對話是另一問題。但可以明確得知的是，即使此處的記載是「以今度之，想當然矣」的史筆，孔子及其後學在漢代史家的心目中，已有足以動搖天下的力量。事實

---

[15] 孟森：《清史講義》（北京：中華書局，2010），頁248-255。

[16] 參黃進興：〈清初政權意識型態之探究：政治化的道統觀〉、〈道統與治統之間：從明嘉靖九年（1530）孔廟改制論皇權與祭祀禮儀〉、〈權力與信仰：孔廟祭祀制度的形成〉、〈學術與信仰：論孔廟從祀制度與儒家道統意識〉及〈孔廟的解構與重組：轉化傳統文化所產生的困境〉，收入氏著：《優入聖域：權力、信仰與正當性》（臺北：允晨文化實業股份有限公司，1994），頁87-328；黃進興：〈荀子：孔廟從祀的缺席者〉，收入氏著：《優入聖域：權力、信仰與正當性》（修訂版）（北京：中華書局，2010），頁365-384；黃進興2012年9月復旦光華人文傑出學者講座的講演錄，見黃進興：《皇帝、儒生與孔廟》（北京：生活・讀書・新知三聯書店，2014）。

[17] 洪亮吉：《春秋左傳詁》（北京：中華書局，1987），卷二十，頁882-883。

[18] 司馬遷：《史記》（北京：中華書局，1959），冊1，卷6，〈秦始皇本紀第六〉，頁258。

上，有漢開國之君，亦為首位祭祀孔子的皇帝。《漢書》載：
「（十二年）十一月，（高祖）行自淮南還。過魯，以大牢祠孔
子。」[19] 這種儀式的結果，使被祭祀者（孔子）成為了祭祀者的
保護人。終有漢一代，劉氏帝王均視孔子為漢室的指引者，而孔
子立說著述，亦被認為係為漢室所立之法。[20] 勒於153年曲阜孔
廟的乙瑛碑有云：

> ……孔子作春秋，制孝經，刪定五經，演易繫辭，經緯天
> 地，幽贊神明，故特立廟……孔子大聖，則象乾坤。為漢
> 制作，先世所尊。祠用眾牲，長吏備爵。今欲加寵子孫，
> 敬恭明祀，傳於罔極。[21]

---

[19] 「（十二年）十一月，（高祖）行自淮南還。過魯，以大牢祠孔子」，
見班固：《漢書》（北京：中華書局，1962），卷1下，〈高帝紀第一
下〉，頁76。

[20] 認定孔子「為漢制作」、「為漢定道」等觀點於當時極為普及，後世
卻多加指斥，如歐陽脩評後漢魯相晨孔子廟碑時，曾謂「孔子作《春
秋》，豈區區為漢而已哉」。見歐陽脩：〈後漢魯相臣孔子廟碑〉，
《集古錄跋尾》，卷2，收入氏著：《歐文忠公文集》（四部叢刊初
編）（臺北：臺灣商務印書館，1967），卷135，冊50，頁1054b。黃進
興認為這是因為有漢的形勢未為後世理解之故。參黃進興：〈權力與信
仰：孔廟祭祀制度的形成〉，載氏著：《優入聖域：權力、信仰與正當
性》，頁193。然而，本書卻認為此一觀點於後世基本未變，孔子的學
說仍被認為是為人主作法定道，所差異者，不過是有漢「一世」，抑或
「萬世」。對儒教經典、倫理賦予對後世政治指導的意義，實則上為大
部分儒者所認同。唯有認清此種普遍的信念，方能理解章實齋之謂「六
經皆史」，以「道寓於器」，將當下政治措置與先王治道分開，以歷史
角度理解儒教經典中的政治理想，實為有清一代儒教的一大轉向。參山
口久和，王標譯：《章學誠的知識論：以考證學批判為中心》（上海：
上海古籍出版社，2006）；余英時：《論戴震與章學誠》（臺北：東
大圖書公司，1996）；David S. Nivison, *The Life and Thought of Chang Hsüeh-
Ch'eng, 1738-1801* (Stanford: Stanford University Press, Stanford Studies in the
Civilization of Eastern Asia, 1966).

[21] 參松井如流：《漢乙瑛碑》（東京：二玄社，1960）；乙瑛碑拓本寫真

　　自始，祭孔亦成為了歷代帝王必行之儀，這種儀式亦延伸出確立祭祀者統治合法性的意味。是以，王莽（前45-23，在位時期：9-23）早於代漢之先已致力於尊王的儀軌，更欲拜孔子十五代孫褒成侯孔均（?-?）為太尉，以博好儒尊孔之名，惟孔均稱疾告終。[22] 然縱新莽不一代而亡，祭孔與推尊孔子後人卻成了歷代統治合法性不穩的君主的慣用技倆。

　　這一處理手法，尤見重於「天存二日」（以至三日、四日）的分裂時代。386年，孔廟由東晉孝武帝（362-396，在位時期：372-396）時首次出現於曲阜以外，孝武帝於丹陽郡城前隔路東南立宣尼廟，雖非建康皇城之內，亦已立乎天子腳下。[23] 這一年，中國境內出現了十七個不同年號。[24] 顯而易見，東晉孝武帝於當時極需要藉建立「正統」的概念以維繫其權威。歷史上第二座孔廟並沒有久存。489年（年南齊永明七年）二月，亦即一百零三年後，時國主齊武帝蕭賾（440-493，在位時期：182-493）下詔曰：

　　　　宣尼誕敷文德，峻極自天，發輝七代，陶鈞萬品，英風獨舉，素王誰匹！功隱於當年，道深於日月。感麟厭世，緬

見京都大學人文科學研究所所藏石刻拓本資料網頁，http://kanji.zinbun.kyoto-u.ac.jp/db-machine/imgsrv/takuhon/type_a/html/kan0021x.html，瀏覽於2014年9月28日。

[22] 孔繼汾：《闕里文獻考》（乾隆二十七年歲次壬午仲夏上澣孔子七十二代孫光祿大夫襲封衍聖公昭煥序本影印，臺北：中國文獻出版社，1968），上冊，卷五，〈世系五〉，頁1下。

[23] 許嵩：《建康實錄》，卷九，收入《四庫全書》，冊370（上海：上海古籍出版社，1987），頁367b-368a。

[24] 除東晉太元十一年外，尚有前秦太安二年、太初元年、後燕燕元三年、建興元年、後秦白雀三年、建初元年、西燕更始二年、昌平元年、建明元年、建平元年、建武元年、中興元年、西秦建義二年、北魏登國元年、張大豫鳳凰元年、後涼太安元年。參李崇智：《中國歷代年號考》（北京：中華書局，2004）。

邐千祀，川竭谷虛，丘夷淵塞，非但洙泗湮淪，至乃饗嘗
乏主。前王敬仰，崇脩寢廟，歲月亟流，鞠為茂草。今
學敎興立，實稟洪規，撫事懷人，彌增欽屬。可改築宗
祊，務在爽塏。量給祭秩，禮同諸侯。奉聖之爵，以時紹
繼。[25]

據《建康實錄》引《地志》，齊武帝將已成草地的孔廟移於
淮水北地。[26] 和一世紀前不同的是，此時北方的外族君主，業已
習儒化。以漢化改革聞名的北魏孝文帝（467-499，在位時期：
471-499）不足半年之內，亦於其京師平城立孔廟。[27] 其後南北朝
君主，亦曾爭相尊孔、祭孔。由是觀之，此類封、祭及立廟的行
為，已成為了其時國君建立治統的必要象徵。

上述的現象延及隋唐更形興盛。當中，尤以唐太宗在630年
詔令天下州、縣官立學校皆立孔廟最為重要。[28] 蓋地方學校之祭
孔其來有自，清初聖裔孔繼汾（1721-1786）《闕里文獻考》以
為此現象早見於一世紀，其云：

東漢明帝永平二年冬十月，養三老五更於辟雍，令郡縣道
行鄉飲酒禮，於學校皆祀周公、孔子，牲以犬。此國學郡
縣祀孔子之始。[29]

---

[25] 蕭子顯：《南齊書》，冊一，卷三（北京：中華書局，1972），頁56。

[26] 許嵩：《建康實錄》，卷九，收入《四庫全書》，冊370，頁368a。

[27] 魏收：《魏書》，卷7下，〈帝紀第七・高祖紀下〉，頁6，收入《四庫全書》（上海：上海古籍出版社，1987），冊261，頁119b。

[28] 歐陽脩：《新唐書》（北京：中華書局，1975），冊2，卷15，〈志第五・禮樂五〉，頁373。

[29] 孔繼汾：《闕里文獻考》，上冊，卷十四，〈祀典一〉，頁2上。

　　然而，《後漢書》卻只有養三老五更於辟雍的紀載，學校皆祀周公、孔子云云卻未曾得見，[30] 在沒有其他史料助證下，我們未能得知該政策如何在一世紀落實。無論如何，這種傳統至七世紀時已成為地方普遍的共識，而貞觀四年的諭旨，更令全國各地對孔子的祭祀蒙上了一層更深刻的官方色彩。

　　應當明瞭的是，歷代政權對儒教和孔子的崇拜並非如單純對儒教或孔子倫理的欣賞，而是因著前帝制時期業而有之的道統觀念。[31] 在中國的傳統政治理想中，完美的統治者（聖王）並不是單純的在管理者（位），而且必須成道德教化的楷模（德）。這種「治教合一」、「君師合一」的原初狀態，成為了歷代儒者，以至一般受儒教影響的中國人所憧憬的伊甸園。這種對原初的依戀（nostalgia for origins），亦成為了中國人普遍的政治理想。[32]

---

[30] 《後漢書‧顯宗孝明帝紀二》載：「冬十月壬子，幸辟雍，初行養老禮。詔曰：光武皇帝建三朝之禮，而未及臨饗。眇眇小子，屬當聖業。間暮春吉辰，初行大射；今月元日，復踐辟雍。尊事三老，兄事五更，安車輭輪，供綏執授。侯王設醬，公卿饌珍，朕親袒割，執爵而酳。祝哽在前，祝噎在後。升歌《鹿鳴》，下管《新宮》，八佾具修，萬舞於庭。朕固薄德，何以克當？《易》陳負乘，《詩》刺彼己，永念慙疚，無忘厥心。三老李躬，年耆學明。五更桓榮，授朕《尚書》。《詩》曰：『無德不報，無言不酬。』其賜榮爵關內侯，食邑五千戶。三老、五更皆以二千石祿養終厥身。其賜天下三老酒人一石，肉四十斤。有司其存者畫，恤幼孤，惠鰥寡，稱朕意焉。」見范曄：《後漢書》（北京：中華書局，1965），冊1，卷2，〈顯宗孝明帝紀二〉，頁102-103。

[31] 儒教最重要的經典《禮記》的〈中庸〉篇即謂「雖有其位，苟無其德，不敢作禮樂焉；雖有其德，苟無其位，亦不敢作禮樂焉。」參阮元校刻：《重刻宋本禮記注疏附校勘記》（嘉慶二十年江西南昌府學開雕本影印），卷53，〈中庸第三十一〉，頁9-10，收入《重刻宋本十三經注疏附校勘記》（用文選樓本校定）（臺北：藝文印書館，1965），冊5，總頁898。

[32] Mircea Eliade的宗教理論認為，關於族群起源的神話（origin myth）往往闡釋了某種神聖存在（sacred being）如何建構最為理想的世界秩序（world structure/cosmology）。這一神話或歷史（對信仰者而言即是歷史）的完美典範，亦為現存的事物提供了評鑑的判準。因此，Eliade認為「傳統

延至有清，這種對原初美好時光的想像仍是儒者批判社會不同層面現狀的憑藉。如章學誠在批評現世私家著述橫行、儒者輕視現實政治流於空疏時，作為對比的理想狀態，則為上古的「治教合一」、「官師合一」、「同文為治」、「官、守、學、業皆出於一」云云。[33] 無獨有偶，以「天下非一人之天下」的黃宗羲（1610-1695）亦在《明夷待訪錄》中認定「三代」之為政治的理想。雖然，黃宗羲反對以人主一人的是非為標準，但卻確立了廣義的朝廷（亦即聖王與士的結合）具「治教合一」的功能。從黃宗羲《明夷待訪錄》〈學校〉所言可見，在理想中為一的「治」與「教」之間卻隱然具強烈的張力。[34] 黃進興認為，經常處於若即若離緊張狀態（tension）的「道統」和「治統」實則上

社會的人往往重視原初（的神聖時間），而相對地輕視發生在自身和當世（的時間）」（"primitive man was interested only in the beginnings…to him it mattered little what had happened to himself, or to others like him, in more or less distant times," see Mircea Eliade, Philip Mairet trans.,, *Myths, Dreams and Mysteries* (New York: Harper & Row, 1967), p.44）。在中國的例子中，「聖王」和「三代」的傳說，無論其真偽，實則上對後世的政治發展形成了重大的影響，亦成為了不同政治家和學者的理想狀態（雖然彼此之間的想像和理解可以相差很遠）。Mircea Eliade稱這種對原初神聖時間的依戀為 "nostalgia for origins"。參Mircea Eliade, Willard R. Trask trans., *Myth and Reality* (New York: Harper & Row, 1963); Mircea Eliade, *Myths, Dreams and Mysteries*。值得留意的是，阮元在疏文中指出孔子謂「雖有其位，苟無其德，不敢作禮樂焉；雖有其德，苟無其位，亦不敢作禮樂焉」，亦有意謂當時「家殊國異」，暗指「天子」不制作禮樂以重建秩序，是為無德。可知，即使對孔子來說，「原初」的神聖世界（聖王的年代）亦早已遠去。

[33] 劉兆祐註譯，國家教育研究院主編：《校讎通義今註今譯》（臺北：台灣學生書局，2012），頁29-30；王汎森〈對《文史通義·言公》的一個新認識〉對此有深入剖析，參王汎森：〈對《文史通義·言公》的一個新認識〉，收入氏著：《權力的毛細管作用：清代的思想、學術與心態》（臺北：聯經出版事業股份有限公司，2014），頁503-532。

[34] 黃宗羲：《明夷待訪錄》（據清道光十九年歲次已亥金山錢熙祚錫之甫校梓刻本影印），〈學校〉，頁11-16，收入《續修四庫全書》（上海：上海古籍出版社，1995），卷945，頁471b-474a。

賦予了統治者終極的政治責任，而儒者和文人集團亦往往以「聖王」為目標，以「道統」向統治者步步進逼。而在禮儀制度上，孔廟和孔子的後代便成了「道統」的形式化。自唐宋以來，人主尊孔祭孔已成政治傳承自我肯定的儀式。

　　在明瞭「道統」、「治統」和「孔廟」的歷史沿革後，我們可以回到清帝國政權和儒教的處境的探討。欲究明有清儒教的角色，我們必須先處理代表「治統」的帝國君主採用了甚麼方式對應「道統」？清朝處理「道統」、「治統」問題的範式基本上定調於康熙朝。康熙帝（1654-1722，在位時期：1661-1722）以成為「聖王」自任。雍正帝對父親的描繪中，康熙帝同時為「君」為「師」，亦行了「治」、「道」二統之任。[35] 這種論述不特出於繼位者之口，同時亦為康熙一朝之共識。[36]〈修御製文集議〉更直接將「道統」與「治法」二者提出：

> 聖德神功卓越千古，道統治法兼總百王，而猶日御講筵，典學不倦。[37] 誠然，清聖祖在對帝國內外的統治，以至個人的儒學修為上，確有超乎歷代人主的功勞。尤其在祭孔的問題上，清聖祖更極力表現尊崇。[38] 如果我們在此尚有

---

[35] 愛新覺羅胤禛：〈聖祖仁皇帝實錄序〉，載《大清聖祖仁皇帝實錄》（臺北：華聯出版社，1964），第1冊，頁1a。

[36] 如張英、張玉書、李光地、李紱等則抱是見。參王澈：《康熙十九年南書房記注（一）》，《歷史檔案》1996年第3期；張玉書：《張文貞公文集》（乾隆五十七年春鑴松蔭堂藏版），卷3，頁23，收入《清代詩文集彙篇》（上海市：上海古籍出版社，2010），冊159，總頁414a；李光地：《榕村全集》（清道光九年（1829）刻本），卷十，頁2-3；李紱：《穆堂別稿》（清道光十一年（1831）刻本），卷四十，頁4a-4b。

[37] 張玉書：《張文貞公文集》（乾隆五十七年春鑴松蔭堂藏版），卷3，頁26，收入《清代詩文集彙篇》（上海市：上海古籍出版社，2010），冊159，總頁415b。

[38] 無論是親詣孔廟、步行升殿、跪讀祝文、行三獻禮、三跪九叩、賦詩、

疑惑，清聖祖之尊孔尊儒，箇中真意是否統合道統與治統，抑或無異於歷代帝王，希望顯示治統對道統亦有所尊崇，則本書以爲康熙二十四年乙丑（1685年）於都城歷代帝王廟以外另建傳心殿與盛清三朝編纂計劃足以證明其結合二統出於己意。如果祭祀於歷代帝王廟代表了人主繼承治統，則傳心殿即代表了道統的承傳。須知，傳心殿所祀的十一人中，伏羲、神農、軒轅（黃帝）、唐堯、虞舜、夏禹、商湯，周武王八位開國之主均見於歷代帝王殿，傳心殿所增者不過周文王、周公及孔子三人。[39] 值得留意的是，在歷代帝王廟周武王之下即爲漢高祖，而傳心殿周武王之下卻爲周公與孔子，這裡便是儒教的理想政治神話中，道統和治統的分途。清聖祖的創設，明顯是要將二分的「治」和「教」重新結合，他不但希望成爲漢人的君主，亦希望成爲儒教的聖人。[40]

　　與乾隆朝編製著名的《四庫全書》一樣，雍正帝亦曾編製大部頭的叢書《古今圖書集成》。[41] 這一系列的編製書籍政策，究

問學等等，均是歷代帝王所不曾作。孔尚任：《出山異數記》（據昭代叢書世楷堂藏板影印），收入《叢書集成續編》（臺北：新文豐出版公司，1989），冊214，頁407-422。

[39] 趙爾巽等撰：《清史稿》（1928年清史館鉛印本影印），卷90，〈志六十五・禮三・吉禮三〉，頁4，收入《續修四庫全書》（上海：上海古籍出版社，1995），冊296，總頁156b。

[40] 關於此點，其臣下及子孫皆見之也，故乃有上述推尊之說。如上引李紱謂其主「於十六字心傳默契無間」，可謂知君上建「傳心殿」之實意。這觀點亦可見於與雍正帝〈古今圖書集成序〉。參《世宗皇帝御製文集》（三十卷本），卷七，收入《景印文淵閣四庫全書》，集部，第1300卷（臺北：臺灣商務印書館，1983），頁5-6。

[41] 有關《古今圖書集成》的編輯過程頗爲曲折，學界一般認爲此書係康熙時福建侯官人陳夢雷受聖祖委託所編，惟因彼陷於康熙晚年諸子之爭，故

竟上承於聖祖一朝的開端。盛清三位君主編纂計劃的用心，世宗的序文勾勒最為清晰，天子參與文人事，使人主得以自謂「集五帝三王孔子之大成」。此舉實為「治統」兼攝「道統」的重要部分。

　　另一顯著的例子為始於1728年的曾靜（1679-1735）案。當時雍正帝一反常態，未有即時誅滅亂民，反與受呂留良（1629-1683）華夷之辨思想影響之小儒曾靜與張熙（?-?）論戰，以儒教教義論述滿人得位之正，並將辯論過程公諸於世。此舉可見，當時清帝較為傾向以儒教高級詮釋者的身分，從內部教義建立其統

至直到世宗時該書出版，乃命蔣廷錫重修，又抹出本屬誠親王一黨之陳夢雷之名。然而，無論著者為誰，清世宗重新出版本書，亦足以說明其繼父志之心，於上文的推論無礙。有關本書的研究著述不及《四庫全書》繁多，但在近年卻有兩篇頗為詳細的論文探討其版本及研究狀況，見曹紅軍：〈《古今圖書集成》版本研究〉，載《故宮博物院院刊》，2007年，第3期，頁53-66；詹惠媛〈《古今圖書集成》研究回顧（1911-2006）〉，載《漢學研究通訊》，第27卷，第3期，2008年，頁16-29。及至乾隆朝的《四庫全書》，研究著述更可謂琳瑯滿目。蕭一山：《清代通史》（中卷）（上海：商務印書館，1928-1931），頁41-56；郭伯恭：《四庫全書纂修考》（北平：國立北平研究院史學研究會，1937）大抵可以代表二次世界大戰前《四庫全書》研究的趨勢；而R. Kent Guy在1981年完成的博士論文則基本上奠定了海外學者對《四庫全書》的認識，參R. Kent Guy, *The Emperor's Four Treasuries: Scholars and the State in the Late Ch'ien-lung Era* (Cambridge, Mass.: Harvard University Press, 1987)；同一時期，臺灣學者吳哲夫的兩部著作亦值得我們參考，見吳哲夫：《清代禁燬書目研究》（臺北：嘉新水泥公司文化基金會，1969）；吳哲夫：《四庫全書纂修之研究》（臺北：國立故宮博物院，1980）。這些作品的基本觀點均大致認為《四庫全書》為乾隆一朝的重要文化政策，亦係上承康熙、雍正兩朝的脈絡。近年中國出版不少有關《四庫全書》的研究，奈何其數量龐然，而質素參差不齊，筆者未能卒讀。惟目力可見，其論點亦未見出於以上著作，其著作篇目，可見甘肅省圖書館、天津圖書館編：《四庫全書研究論文篇目索引》（北京：國家圖書館出版社，2013）。另一方面，西方學者近年對此範疇的研究漸次趨於將《四庫全書》置於圖書史、出版史、社會史等場域，可參Tobie Meyer-Fong, "The Printed World: Books, Publishing Culture, and Society in Late Imperial China," in *The Journal of Asian Studies*, 2007, Vol.66(3), pp.787-817.

治的威信。用傳統的中國語言來描繪，即是以「理」而非「勢」對抗反對的聲音。在這場爭論中，最起碼是表面上，雍正帝是以「大儒」而非「天子」的身分論辯。其志在成為「聖王」之用心，亦可謂昭然若揭。[42]

至乾隆朝，除了復行聖祖以來的祭孔與編纂工程外，乾隆帝更以嫁女的方式與孔府七十二代家主孔憲培（1756-1793）聯姻，以祈使帝統與聖裔的血脈混一。雖然孔憲培終無子息，而需過繼其弟憲增（?-?）子慶鎔（1787-1841）繼嗣，但亦無礙後人一窺乾隆帝之用心也。[43]實情是，對於帝國君主欲成聖王之心，民間的儒者亦有所知曉。王夫之（1619-1692）《讀通鑑論》論東晉史時，亦有曲筆攻詰。謂小人、盜賊、夷狄竊「聖人之教」及「道統」，其法皆在「起明堂、辟雍、靈臺」、「修禮樂、立明堂」，而所舉之例，皆為胡人。如果將康熙時建傳心殿之舉及特意三跪九叩於孔廟之前二事，比對於「但於宮室器物登降進止之容，造作纖曲之法，以為先王治定功成之大美在是」，則王夫之的所指，於這種政治環境之下，亦可算清楚至極了。[44]

從康熙帝化身聖王，到雍正帝以儒教指導者的面貌指示小民曾靜儒教經典的正解，再到乾隆帝八祭孔廟並與孔府聯姻，都顯示了有清君主如何通過儒教意義下之「禮」的實踐，扮演了儒教聖王的角色。[45]如上所言，孟森認為，有清君主對儒教尊崇備

---

[42] 有關曾靜案的研究，可參考Luther Carrington Goodrich, *The literary inquisition of Ch'ien-Lung* (New York: Paragon Book Reprint Corp., 1966[1935]) 及Jonathan D. Spence, *Treason by the book* (New York: Penguin Books, 2002)。

[43] 孔德懋：《孔府內宅軼事：孔子後裔的回憶》（天津：天津人民出版社，1982），頁24。

[44] 王夫之：《讀通鑑論》（同治四年湘鄉曾氏刊于金陵節署），冊5，卷13，頁16-17。

[45] 有關清代的其他祭祀如何建構清代君主儒教天子的身分，亦參Angela Zito, *Of body & brush: Grand sacrifice as text/performance in eighteenth-century China*

至，較於漢族皇朝尤有甚之，但卻對儒者極為苛烈。王進興的研究其實為孟森的評語作了深入的闡析。藉著與道統結合，帝國君主取得了中國的管治權和儒教教義的詮釋權。

　　須知自有儒教以來，儒者皆據「道」、「理」抗衡君王之失政，並視之為一己之責任。[46] 延至近世，儒者亦未以王者為聖人。[47] 王者有「勢」無「道」，以「道」化君自然成為了儒者當然的責任，故王陽明於流放之時亦直言「天子亦不得逾禮法」，[48] 此可見「道」之尊於「勢」矣。然而，當有清君主身為「聖王」，「道」、「勢」合一時，儒者自無以「道統」抗「治統」的可能。大清帝國的儒者自此失喪了挑戰「治統」的強大武器，而「天子」亦在一定程度上成為了儒教的最高教長。[49]

(Chicago: University of Chicago Press, 1997).

[46] 孔子謂「天下有道，則庶人不議」，其反面顯然是「天下無道，則庶人議」。見阮元校刻：《重刻宋本論語注疏附校勘記》（嘉慶二十年江西南昌府學開雕本影印），卷16，〈季氏第十六〉，頁4-5，收入《重刻宋本十三經注疏附校勘記》（用文選樓本校定）（臺北：藝文印書館，1965），冊8，總頁147b-148a；孟子更諷刺齊宣王不使儒者發揮其專才，係外行管內行的笑話。見阮元校刻：《重刻宋本孟子注疏附校勘記》（嘉慶二十年江西南昌府學開雕本影印），卷2下，頁4-5，收入《重刻宋本十三經注疏附校勘記》（用文選樓本校定）（臺北：藝文印書館，1965），冊8，總頁42b-43a。

[47] 如陸象山即抱是見。見陸九淵：《陸九淵集》，卷三十四（北京：中華書局，2008），頁412。

[48] 王守仁撰，吳光、錢明、董平、姚延福編校：《王陽明全集》（上海：上海古籍出版社，2011），冊中，卷二十一，〈外集三‧書‧與安宣慰〉，頁884。

[49] 有關儒者以「道統」抗衡「治統」之說，亦見余英時：〈反智論與中國政治傳統（1975）——論儒、道、法三家政治思想的分野與匯流〉及〈「君尊臣卑」下的君權與相權（1976）——「反智論與中國政治傳統」餘論〉，收入氏著：《歷史與思想》（臺北：聯經出版社，1976），頁1-75；亦參Huang Chin-shing, "The critical dimension in the Confucian mode of thinking: The conception of the Way as the basis for criticism of the political establishment," in Huang Chin-shing, *Philosophy, philology, and politics in eighteenth-century China: Li Fu and Lu-Wang school*

在明太祖（1328-1398，在位時期：1368-1398）欲廢孟子祀時，儒臣錢唐（1314-1394）可以謂「臣為孟軻死，死有餘榮。」以孔孟信徒的身分抗衡王權的事，在大清帝國卻幾乎不可能發生。[50] 如上雍正與曾靜的例子可見，當曾靜以儒教的理想抗議清君時，清國的皇帝卻以大儒的口吻說出曾靜儒學修維不足之處。這點對本書後面儒者理解外國宗教（尤其基督宗教）的研究有重大的影響。以第四章的姚瑩為例，他判斷唐代三夷教為邪的原因，乃因當時天子的諭旨。[51] 將天子的觀點直接引為儒教的判斷準則，實於前代較為罕見。筆者在此必須提醒的是，結合或推尊「道統」並不是「治統」應對儒教和文人集團的唯一辦法。明國的首任君主明太祖及第十二代君主明世宗（1507-1567，在位時期：1521-1567），均因著與文人集團交惡而降低對孔氏後人和孔廟的尊崇，以顯示治統的尊貴。[52] 事實上，即使在清廷治下，文人集團亦不是盡然樂於與帝國合作。畢竟，滿清之於其治下者實為異族，不少儒者本著傳統儒教世界觀的華夷之辨，對非漢族的統治者徹底否定。二十世紀受傳統訓練的新儒家學者和他們的友好多有論之。牟宗三與唐君毅皆以具強烈的民族情緒，以致將有清一代儒教單純化約為不能彰顯的「民族精神」；而儒教的「正統」則在宋明理學，並得以「全」其「民族精神」。[53]

---

under the Ch'ing (New York: Cambridge University, 1995), pp.47-62.

[50] 張廷玉等撰：《明史》（北京：中華書局，1974），冊12，卷139，〈列傳第二十七〉，頁3981-3982。

[51] 姚瑩：《康輶紀行》（香港中文大學藏同治六年丁卯（1867）單行刻本），卷二，〈天主教源流考〉條。由於原書無頁碼，故只列卷數。

[52] 黃進興：〈道統與治統之間：從明代嘉靖九年（1530）孔廟改制論皇權與祭祀禮儀〉，載氏著：《優入聖域：權力、信仰與正當性》，頁125-163。

[53] 參牟宗三：《中國哲學十九講：中國哲學之簡述及其所涵蘊之問題》（臺北：臺灣學生書局，2002），頁418；唐君毅：《中國文化之精神價值》（臺北：正中書局，1979），第十七章，〈中國文化之創造

較為能擺脫民族情緒，而論述較為貼近一般史學的同時代學者
則為錢穆（1895-1990）。然而，錢穆仍認為民族反抗的情緒自
清初貫穿至清末革命，皆為有清一代儒教的宗旨。錢穆認為，
當明末清初之際，儒者的致力於「康濟斯民之實」（錢穆在此
段引文後，舉了黃黎洲、陳乾初（1604-1677）、孫夏峰（1585-
1675）、李二曲（1627-1705）、陸桴亭（1611-1672）、顧亭林
（1613-1682）、王船山（1619-1692）等著名儒者為例），皆出
於受明亡的刺激及高度的政治壓力，因此將他們的先輩所傳習的
理學轉而及於社會現實問題。由是觀之，錢穆將清廷所構造的政
治環境視為儒教變化和發展的主要推動力。[54] 在著名的《國史大
綱》，錢穆亦以清廷的態度為導致清帝國中葉儒教「政治學術脫
節」的重大原因。其謂：

> 清代雖外面推尊朱子，但對程朱學中主要的「秀才教」精
> 神則極端排斥。……他們只利用了元明以來做八股應舉的
> 程朱招牌，他們絕不願學者認真效法程朱，來與聞他們的
> 政權。……此等風氣，恰恰上下相浹洽，而學者精神，遂
> 完全與現實脫離。[55]

（下）〉，頁，406-407。作為中立的研究者，筆者不知如何判斷一宗
　　教的「正統」和「異端」。這判斷事實上牽涉到只存於教內的詮釋權。
　　牟、唐二氏自視為儒教傳人，方能以「檻內人」的身分作此判斷。
[54] 錢穆：《國學概論》（香港：國學出版社，1966），頁61。
[55] 錢穆：《國史大綱》，頁860-862。錢穆《中國近三百年學術史》論之
　　最詳。其謂清初「不忘種姓」卻「有志經世」的儒者便只能成為「故國
　　之遺者」。但誠如徐介（號狷石）所言「遺民不世襲」，延至盛清，當
　　「最狡險」的「滿清」，「入室操戈，深知中華學術深淺而自以利害為
　　之擇，從我者尊，逆我者賤」，乃使「治學者皆不敢以天下治亂為心，
　　而相率逃於故紙堆中」。錢穆：〈自序〉，載《中國近三百年學術史》
　　（臺北：聯經出版事業公司，1996），頁〔1〕-〔4〕。

在錢穆的論述中，在滿洲帝國治下的儒教發展爲帝國政治所規限，政治壓力乃爲清者關懷變化最大的動力，這種論述比諸牟、唐二者確然更爲精準。但錢氏所言將殿堂之中的清儒簡單分爲「在朝廷之刀鋸鼎鑊」的威脅和受「富貴利達」所誘惑兩種，卻仍然忽略了誠意與清廷合作的儒者。如果摒棄了這一代學者的民族情緒，李光地與李紱（1679-1750）在當時的重要性其實不見得下於顧炎武與黃宗羲等民間學者；而他們與清廷尊儒尊孔的活動，亦不應爲史家輕輕帶過。即使就理論和思想而言官廷的儒者確有可能不如地方的學人，但他們如果影響朝政和清帝國的發展，卻不容後世所忽視。

儒者不單是宗教身分，也是政治身分。在政治上放下普世教化責任的儒者，要同時兼顧「政」與「教」的要求，遂發展出一系列特殊的思考，這是本書最關心的主題。這套思想，與清政府與儒教的關係有直接的關係。大清帝國絕對不是唯一施壓予儒者的年代，它與儒教的關係也不單是單純的拉攏與壓逼。例如，在同樣高壓的大明帝國，儒教的面貌就大爲不同。在十六、十七世紀，當儒者爲皇權壓逼時，他們往往以血肉相拼；大部分的儒者均認同廣義的理學，心性和道德學說仍爲當時儒者最爲關心的議題。[56] 呂思勉指出「政」與「教」於有清多有合作。從清政府大量建設學校可以發現，當時漢人的儒教於異族統治下已構成了一「新天地」。[57] Benjamin A. Elman 則認爲在一個將權力的安穩

---

[56] 趙園〈說「戾氣」〉一文，對儒者如何直接抗拒皇權之故事，舉隅甚多。參趙園：〈說「戾氣」〉，收入氏著：《明清之際的思想與言說》（香港：三聯書店（香港）有限公司，2008），頁5-41。

[57] 呂思勉：《中國近世文化史補編》，收入氏編：《中國近代史八種》（上海：上海古籍出版社，2008），頁337-340。這一種從學校、選士制度探討儒者思想的研究手法近年廣受歡迎，例如近人周啓榮就有 "Writing for Success: Printing, Examinations, and Intellectual Change in Late Ming China" 一

置於皇帝與官僚的帝國，各種利益往往不會完全傾斜於人主或其臣公。在歷史上，一個獨斷地使官僚與漢族士人完全服從於天子與朝廷的「滿洲國」（原文為Manchu State，並不是指兩次世界大戰之間的滿洲國）並沒有出現，蓋官僚與漢族儒者及天子與朝廷二者的利益往往廣為交疊，他們之間亦出現了一種緊密而動態（dynamic）的夥伴關係（partnership）。這種夥伴關係令中國的政治文化，尤其為異族統治的時代，至為關鍵，亦必須具強大的適應能力。事實上，有清的異族統治者並無破壞天子與儒生之間的合作，反之，他們將漢人菁英的傳統價值與構想（classical values and ideas）定為有清統治系統的神聖原則（sacred doctrines of Ch'ing civil governance）。但是，清帝國有一套官方確立的教義並不代表這是滿州王朝以建立了異端裁判所。[58] 清中葉儒門在同一政治處境之下百花齊放，他們分別形成了差異頗大的思想傳統。[59]

文，以印刷、入仕制度入手，探討知識分子思想和行為模式的轉變，就是其中表表者。參Chow Kai Wing, "Writing for Success: Printing, Examinations, and Intellectual Change in Late Ming China," in *Late Imperial China* 17.1 (1996), pp.120-157.

[58] Benjamin A. Elman對此領域的研究，有兩篇的重要的作品，其一為 "The Social Roles of Literati in Early to Mid-Ch'ing"，收入Willard J. Peterson編的 *The Cambridge History of China Volume 9, Part 1: The Ch'ing Empire to 1800*；其次則為專著*From philosophy to philology: intellectual and social aspects of change in late imperial China*。參Benjamin A. Elman, *From philosophy to philology: intellectual and social aspects of change in late imperial China* (Cambridge, Mass.: Council on East Asian Studies, Harvard University Press, 1984).

[59] 這些差異乃因儒者興趣之不同，亦因他們對當時政治環境審視的不同。舉例說明，即使具濃厚「入世」性格的「經世」學者，也有不同的特色。邵二雲及章學誠，便因恐懼誤判政治形勢，而不欲與聞政事，以史學「經世」。陸寶千：《清代思想史》（臺北：廣文書局，1978），頁158-169；222-223。有關陸氏的研究，亦可見王爾敏：《20世紀非主流史學與史家》（桂林市：廣西師範大學出版社，2007），頁206。

　　本書以下幾章所介紹的儒者各自對「為甚麼我在包容基督徒？」有不同的理解。以上對儒教與清政府的分析，呈現了二者既分亦合的關係。單純根據儒教的教義，推廣教化乃儒者天賦的任務。但至其欲更訂時，已在教內有特殊詮釋權的政府立場，自然也佔了一席重要地位。當中影響之鉅細，則視乎儒者個人的演繹。這些細緻的變化，讀者可在以下章節發現。然而，「政教關係」具有多個層面。以上的部分我們處理了政權與為國家提供政治合法性的宗教之關係，[60] 但這卻只包含了負責「教化」的主流菁英，卻未能反映國家與「被教化」的宗教關係為何。以下，我們亦需介紹這一層「政教關係」當時的狀況。

晚期帝制中國宗教與帝國管治

　　在太平天國之亂以前，不論明國或清國都始終沒有像日本的德川幕府（1603-1868）一樣，以大規模屠殺處理基督徒。反過來，華人基督徒亦沒有如日本的天主教群體般形成具威脅性的武裝力量。雖然，傳播基督宗教並不合法，而華人信徒亦要轉入地下，基督徒亦然在帝國中隱約地活動。[61] 無需諱言，清帝國的

---

[60]　當然，儒教不是大清帝國唯一的國家宗教。簡單來說，大清帝國的祀典就包括了不同的中國宗教。這比較接近Stephen F. Teiser 對中國宗教的描寫。參 Stephen F. Teiser, 'The Spirits of Chinese Religion,' in Donald S. Lopes, Jr. ed., *Religions of China in Practice* (Princeton, New Jersey: Princeton University Press, 1996), pp.3-42；而考慮及大清作為「內亞帝國」的特性，藏傳佛教也當被視之為大清帝國的國家宗教之一。參平野聰著，林琪禎譯：《大清帝國與中華的混迷》（新北：八旗文化，2018），頁141-175。

[61]　Hung Tak Wai 孔德維, "Redefining heresy: governance of Muslims and Christians in the Qing Empire, from the eighteenth century to the mid-nineteenth century," in Thesis (Ph.D.)—The University of Hong Kong, 2018, pp.92-141；本文亦發表於香港大學「『二十一世紀的明清：新視角、新發現、新領域』國際學術研討會」，2017年10月20-21日；亦參長島總一郎：《日本史のなかのキ

確自康熙帝末年以來逐步開展「禁教」，在雍正帝、乾隆帝的治下，亦有不少基督徒受刑。這已幾乎成為學界公論。不過我們必須注意的是，這一種「禁教」並沒有將整個基督宗教禁絕。以一個通俗但不太精準的例子來比較，在香港的《社團條例》中，「任何非法社團的幹事或任何自稱或聲稱是非法社團幹事的人，以及任何管理或協助管理非法社團的人，均屬犯罪……」。[62] 反過來，「聲稱」自己是基督徒，並不必然會墮入大清律例的法網。舉例說明，在北京的俄國正教會聖殿，由於沒有承擔傳教使命，只服務在清俄人，就好好的在帝國核心活動到二十世紀；[63] 而根據法國天主教會的文獻，在嘉慶一朝的川楚白蓮教起事之中，一些在帝國西北部的天主教村落亦組成團練與政府合作。[64] 在本書第三章將要討論的廣州外國商人雖然只能在城內有限的地方活動，但他們卻顯然信仰基督宗教，而官員亦明顯知悉。所謂「禁教」其實有不少限制。要明白當時「禁教」的概念與實踐，我們有必要簡單地介紹帝制中國晚期的「政教關係」，以冀不熟

リスト教》（東京：PHP研究所，2012）。

[62] 〈非法社團幹事等的罰則〉（1），載《香港法例》第151章《社團條例》。見電子版香港法例網站，https://www.elegislation.gov.hk/hk/cap151!en-zh-Hant-HK?SEARCH_WITHIN_CAP_TXT=%E8%87%AA%E7%A8%B1，瀏覽於2018年10月10日。

[63] 尼古拉・阿多拉茨基（Nikolai Gorodtskij；或譯高連茨基）著，閻國棟、蕭玉秋譯：《東正教在華兩百年史》（廣州：廣東人民出版社，2007），頁3-58；及後的發展，可參Nicolas Standaert, R. G. Tiedemann, *Handbook of Christianity in China, Volume 2 (Boston: Brill, 2009)*, pp.193-213. 有關大清帝國與羅曼諾夫王朝的俄羅斯帝國就宗教與政治議題的外交交涉，可參考陳開科近年出版的研究。參陳開科：《嘉慶十年：失敗的俄國使團與失敗的中國外交》（北京：社會科學文獻出版社，2014）。

[64] Robert Entenmann, "Chinese Catholics and their Relations with the state during the campaign against White Lotus," in Peter Chen-main Wang ed., *Contextualization of Christianity in China: An Evaluation in Modern Perspective* (Sankt Augustin: Institate Monumenta Serica, 2007), pp.227-242.

悉箇中關鍵的讀者有所對比。

漢元帝（前75-前33，在位時期：前48-前33）說得明白：「因嘗所親以立宗廟，蓋建威銷萌，一民之至權也」。[65] 在帝制時代，宗教就是「建威銷萌」的手段，用以達成「一民」（統一人民）的目的。余國藩根據這個概念，一針見血地指出歷史上並沒有一個時代的帝國政府會缺席於宗教議題。帝制中國的政府幾乎不曾中立看待宗教，它們的努力在於維繫「正統」，並在（他們認為）必要而可能的情況下「破邪顯正」。[66]

延至帝制晚期，「隨著教育普及與士人教化的落實，社會中有更多的家庭進入儒家宗法倫理與祭祀禮儀的文化範疇，此不僅縮短了士庶在家禮文化的差別，也加強了民間與國家正統禮儀的聯繫」。[67] 呂妙芬從《孝經》與其近世實踐的研究中發現，「就帝國中央與地方的權力而言……中央確實無力全面直接治理地方，在田賦徵收、司化與教化等事務，都必須依靠地方基層自治管理，因此在許多地區，宗族便成為行使基層行政職能的重要組織，扮演著聯繫中央與地方權力關係的中介角色。」[68] 杜贊奇（Prasenjit Duara）則認為帝制中國的政治合法性建構於「皇權國家試圖壟斷天的超越性力量」，他呼應了呂妙芬的說法，指出在「政教合一」下，基層民眾的宗教與「國家－菁英」構成的「正統」宗教形成了「垂直分割」的斷裂。[69] 先勿論這種「分割」是

---

[65] 班固：《漢書》（臺北：鼎文書局，1986），卷73，頁3116。

[66] Anthony C. Yu 余國藩, *State and Religion in China: Historical and Textual Perspectives* (Chicago and La Salle, Illinois: Open Court, 2005), p.3.

[67] 呂妙芬：《孝治天下：《孝經》與近世中國的政治與文化》（臺北：聯經出版事業股份有限公司，2011），頁34。

[68] 同上註。

[69] 杜贊奇：〈中國世俗主義的歷史起源及特點〉，載《開放時代》，2011年，第6期，頁118-131。

否真的「垂直」，「分割」在這套儒教（準確地說是「正統宗教」）的體系確然起碼分開了「受國家祝福的群體」與「不受國家祝福的群體」。這樣核心問題就浮現了：如果儒教藉宗族滲入帝國的統治，那在宗族系統以外的人要如何處理呢？

　　「君子之德風，小人之德草。草上之風，必偃」。[70] 照儒教傳統而言，未受教化的「下民」自然是要受儒者的啟蒙。在帝制中國的晚期，禮教運動就成為了當時儒者的風尚。是甚麼令當時社會流行了這一運動呢？王汎森認為，晚明社會的商業化與士風敗壞令整個社會秩序為之撼動，清儒有必要提倡一套足以補救「心性之學」失靈的「行為主義」以重建「禮治社會」。[71] 作為結果，十七世紀以來充滿改造和「介入」社會熱情的儒者，當時形成了「禮教」（ritualism）和「淨教」（purism）兩種思潮。這兩種思潮的命名首見於周啟榮（Chow Kai-Wing）*The Rise of Confucian Ritualism in Late Imperail China* 一書。周氏指出，終有清一代，儒者感受到儒教秩序的破落，而希望重現上古儒教為尊的美好時光。

　　儒教秩序破落的原因在周啟榮和王汎森看來大抵相類，而作為回應，周啟榮羅列了不少當時儒者對經典的考證研究，發現他們看似「為學術而學術」的考證運動，有兩個明確的目的。其一，當時儒者著手處理大量有關禮學（如《家禮》、《儀禮》、《三禮》等等）和有關宗族、社會倫理的研究，其背後的用意正在於以回復正確的「禮」為手段，使社會倫理得以返回正道。這一種「禮教倫理」（Ritualist ethics）自康熙年間至晚清均孜孜不輟。其次，周啟榮發現儒者在處理古禮和經典的同時，有意地

---

[70]　阮元校刻：《重刻宋本論語注疏附校勘記》（嘉慶二十年江西南昌府學開雕本影印），卷12，〈顏淵第十二〉，頁4-5，收入《重刻宋本十三經注疏附校勘記》（用文選樓本校定），冊8，總頁109b-110a。

[71]　王汎森：《權力的毛細管作用：清代的思想、學術與心態》，頁1-204。

將宋明以來理學家有道教和佛教傾向的詮釋方法剔除，這一批儒者所希望建立的「儒教」乃是一種不含添加成分的「純正儒教」。[72] 然而，這一套重建「禮治社會」的運動卻有光譜濃淡的分別，崇信「原教旨」的儒者以「古禮」為鵠的，他們亦強調與佛、道的分途；較為溫和者則以朱熹的《家禮》為藍圖，他們相對不強調周氏所言的「淨教思潮」。他們不特以考證為務，更編纂及推廣各種實用性的參考冊子使其學術的研究得以「下達」庶民之間，從而改造社會。[73]

換而言之，在清初至乾、嘉年間，儒者大抵以考證工夫作為重構「禮治社會」的基礎手段，再行以編著等方式推廣他們的「禮教倫理」予學術世界以外的人民。值得追問的是，這些小冊子最終的下場究竟是甚麼呢？在筆者生活的香港，我們不時會見

---

[72] Chow Kai-wing, *The rise of Confucian ritualism in late imperial China: ethics, classics, and lineage discourse* (Stanford: Stanford University Press, 1994), pp.44-70.

[73] 這類型的研究在二十與二十一世紀之交有長足的發展。一些學者嘗試改為從清儒的學術貢獻和政治、社會活動開展論述。正如Patricia Ebrey 在1991年出版的*Confucianism and family rituals in imperial China: a social history of writing about rites*指出晚期帝制中國的儀禮著作高達66種，何淑宜在1999年的碩士論文《明代士紳與通俗文化的關係：以喪葬禮俗為例的考察》更仔細地指出當時的儀禮著作可能達88種之多。而小島毅亦有類近的考察，指出在所謂王學流行的空疏年代，明儒卻仍有禮學研究的潮流。作者張壽安則嘗試將儒者在禮教運動中將「禮經」（儒教經典）、「禮制」（歷代律令）和「禮俗」（各地風俗）三者的互動重現，以呈現儒者對具體的「禮教議題」（如「親親」、「尊尊」、「為人後」、「嫂叔服制」和「婚禮」等）如何處理。參Patricia Buckley Ebrey, *Confucianism and family rituals in imperial China: a social history of writing about rites* (Princeton, N.J.: Princeton University Press, 1991)；何淑宜：《明代士紳與通俗文化的關係：以喪葬禮俗為例的考察》（臺北：臺灣師大史研所，2000）；小島毅著，張文潮譯：〈明代禮學的特點〉，收入林慶彰、蔣秋華主編：《明代經學國際研討會論文集》（臺北：中央研究院中國文哲研究所籌備處，1996），頁393-409；小島毅：〈新書評介：張壽安《以禮代理：淩廷堪與清中葉儒學思想轉變》〉，《近代中國史通訊》，第24期（1997年9月），頁112-116。

到不同宗教信仰者派發，講述該宗教倫理的小冊子，供應遠多於
需求（如果不考慮不少從事環保回收事業的長者另一種形式的需
求）。這一類型的小冊子的具體下落，我們實在難以直接準確估
計，但更值得探討的，是菁英儒者提倡的「禮治運動」究竟如何
「落地」？是否「脫離群眾」？我們以下將從鄉間地方小儒的活
動檢視「禮教風潮」和「淨教風潮」的落實情況。我們須要留意
的是，「禮治社會」運動的參與者，除了在周啟榮指為全國菁英
儒者集中的三禮館外，[74] 地方的儒者有更直接的貢獻。對地方
和鄉間不舉的儒者研究，可參考從王爾敏的研究。王氏指出下
層的地方民間儒者（尤其塾師課蒙的儒生）在地方除了教育、
尚需為地方宗族提供日常生活禮儀、文儀、術數等指導。[75] 根據
Hendrik M. Vroom「世界觀」的框架，我們可以發現這些儒者兼
任了一方水土在「世俗的」及「宗教的」世界觀之指導者，他們
被冀望能為鄉人提供「正確」的生活指示。我們可以推想，有清
的「禮治運動」已滲入鄉間的層面。

　　然而從王氏討論可見，「禮治運動」的「淨教思潮」其實並
沒有普及。在他研究的個案中，「地方小儒」的知識系統中，不
乏道教和佛教的信仰傳統，更少不了五經的命理、相理與關帝、

---

[74] Chow Kai-wing, *The rise of Confucian ritualism in late imperial China: ethics, classics, and lineage discourse*, pp.44-70.

[75] 王爾敏：〈清廷《聖諭廣訓》之頒行及民間之宣講拾遺〉，收入氏著：
《明清社會文化生態》（臺北：臺灣商務印書館，1997），頁3-36；王
爾敏：〈塾師翁仕朝歷經世世三變及其故國情懷〉（2007），載氏著：
《近代經世小儒》（桂林：廣西師範大學出版社，2008），頁454-481；
此觀點亦非為王氏一人所獨持，李孝悌亦同樣指出民間「宣講」是晚
清知識流傳的重要方法之一。參李孝悌：《清末的下層社會啟蒙運動
（1901-1911）》（臺北：中央研究院近代史研究所，2003），頁60-63；
亦見李光雄：〈近代村儒社會職能的變化：翁仕朝（1874-1944）個案研
究〉，香港中文大學研究院歷史學部博士論文，1996。

觀音信仰。原教旨儒者排道闢佛的意見在地方的實踐中不過是砂砂石石。作為地方禮儀專家的地方小儒兼佛、道信仰，實可以發現大量類近的例子。而菁英儒者亦不乏這類觀點。[76]

事實上，這些「禮生」貌似「不純正」的儒教，正是作為菁英的「士大夫文化」與庶民的「地方文化」之間的仲介，亦是代表了中央政治文化的「王朝禮制」與地方文化的「鄉村習俗」之間的文化仲介。[77] 即使在二十世紀初，村中設帳教讀的地方小儒也在充作教習的同時，以「禮生」的身分在鄉中協助各類儀式。1906年詹鳴鐸（?-?）一條日記載：

> 學齋等約合村人，初接儺神，繼行齋戒奉佛，同保平安。
> 時委我為疏文，並司理一切。（詹鳴鐸：《我之小史》第

---

[76] 陸寶千《清代思想史》第五章〈乾隆時代之士林佛學〉，述說了乾嘉以還不少菁英儒者轉向道教和佛教。諸如惠棟為《太上感應篇》作箋註、程錦莊勸袁枚讀《楞嚴經》，其餘更有彭紹升、薛家三、汪縉、羅有高諸人以崇佛道聞名。就派別而言，他們有理學者亦有樸學者。由是觀之，則可見「淨教思潮」即在菁英階層亦未普及。見陸寶千：《清代思想史》，頁197-219。而李豐楙亦將社會功類相近的禮生與道士比較閱讀，儒教系統的禮生與道教系統的道士在地方宗教儀式上扮演了類近的角色，而他們雖然有所不同，但彼此的邊界（boundary）其實並不清晰。在後來的〈禮生、道士、法師與宗族長老、族人：一個金門宗祠奠安的圖像〉一文，李豐楙更將法師加入了論述，講述了三者之間的異同。值得注意的是，作為儒教代表的「禮生」並不能在這一「宗教市場」的競爭中獲絕對的優勢；同時，儒、道、法三者實以一種頗為和諧的平衡並存。參李豐楙：〈禮生與道士：臺灣民間社會中禮儀實踐的兩個面向〉，收入王秋桂、莊英章、陳中民主編：《社會、民族與文化展演國際研討會論文集》（臺北，漢學研究中心，2001），頁331-364；李豐楙：〈禮生、道士、法師與宗族長老、族人：一個金門宗祠奠安的圖像〉，收入王秋桂主編：《金門歷史、文化與生態國際學術研討會論文集》（臺北：施合鄭基金會，2004），頁215-247。

[77] 劉永華：〈亦禮亦俗：晚清至民國閩西四保禮生的初步分析〉，載《歷史人類學學刊》第二卷，第二期（2004年10月），頁53-82。

九回〈迎新學五門道賀・探雙親七夕到杭〉）

　　詹鳴鐸除了撰寫帶有濃厚道教色彩的疏文外，還主理了迎神儀式後屬於佛教傳統的「齋戒奉佛」的儀軌。對「禮生」或「地方儒者」來說，宗教儀式中屬於不同宗教傳統的元素，均可毫無違和感地置於同一世界觀中。[78] 對鄉民來說，為何儒者具有司理三教儀軌的能力，值得我們進一步研究。這有可能是他們認知中另一種形式的「三教合一」，但這裡無需深入探討。我們需要知道的是，「淨教思潮」在地方儒者之中未曾廣受認可。事實上，中國地方信仰中，宗教傳統雜混的例子不單局限於儒教，我們還可以從佛教[79]和道教[80]的儀式研究發現相近的例子。

---

[78] 王振忠：〈明清以來徽州的禮生與儀式〉，載譚偉倫主編：《中國地方宗教儀式論集》（香港：香港中文大學出版社，2011），頁589-635。

[79] 學愚〈佛教在民間——以僧伽大師弘化事蹟為例〉一文，以泗州大聖或泗州佛聞名的僧伽法師崇拜為例，嘗試演繹晚期帝制中國的「佛教」、「流行宗教／民眾宗教」（popular religion）、「普遍宗教」（common religion）、「民間宗教」（folk religion）、「庶民宗教」（peasant religion）的界限。然而，學愚最終卻認為這一結合地方人物聖化與佛教信仰，是佛教的「民間化」或「世俗化」（secularization），「也應該被看成是佛法在民間的傳播和應用」。學愚：〈佛教在民間——以僧伽大師弘化事蹟為例〉，載譚偉倫編：《民間佛教研究》（北京：中華書局，2007），頁97-116；譚偉倫則認為，學愚的說法是指這些結合了宗族、地方宗教元素的信仰「非佛教與非非佛教」，「既不是正信正道，又不完全違背佛法」。譚偉倫更進一步認為，如果從一個「非認信性」的學術研究態度，這一種具中國特色的佛教形式，是佛教在農村發展的一種獨特形態。譚偉倫：〈建立民間佛教研究領域芻議〉，載譚偉倫編：《民間佛教研究》（北京：中華書局，2007），頁3-12。

[80] 田仲一成和黎志添對香港新界建醮儀式的研究同樣發現，在地方的宗教儀式中，道教也和其他宗教共冶於一個祭祀的活動和場地當中。田仲一成曾指出，在新界建醮儀式中，道士在建醮的一些部分從儀式的權威者變為旁觀者。例如，在正醮當日「啟人緣榜」中的飲酒禮、整衣冠等，更類於儒教的「鄉飲」之禮。是以，田仲一成更稱「如此迎榜儀式，與其說是道教典禮，寧可說是儒教典禮」。田仲一成2003年於宗教與中

　　晚期帝制中國的各種宗教在落至地方時，難以維持上層菁英千錘百鍊而成的教義，地方信仰者的世界觀混和了各種不同的信仰和價值。這些現象，在王汎森的論述被稱為「降一格」。他認為「思想要落實到現實，往往就要『降一格』成為條文、格言之類的東西……相對複雜深奧的思想一階一階地降。後來可能成為幾個概念或幾個口號，或是不停地通俗化或改寫（包括具象化與譬喻化）」。當儒者有關宗教的看法「降一格」成為政策時，本書所入眼的就不會是戴震（1724-1777）、焦循（1763-1820）、凌廷堪（1757-1809）等抽象、精煉的政治思想，而是幾位「在地型」、「在本地社會發生重要影響」的儒者。王汎森一書舉《清學案小識》中的理學家多為中、下層人物，而本書的「降一格」，則是指對「政治只有遙遠興趣」的儒教理學菁英「降」至參與日常政治事務的官僚型儒者。[81] 在這些官僚型儒者的操作中，「異教」不單是世界觀比較的問題，而牽涉到帝國（或地方社會）不同群體的和諧與穩定。在這套操作中，包容自然是更具彈性了。

　　然而，任何的包容都有其限度。在帝國管治的框架下，對不同宗教的接納更不是思想彈性寬窄的問題。在一定程度

　　國社會研究中心發表〈香港正一派道士儀禮和本地社會意識之間的關係〉，轉引自黎志添：〈香港新界建醮儀式中道教與民間神祇祭祀〉一文；黎志添更進一步指出，道教科儀、本地神祇祭祀系統及具儒家色彩的大宗族村落社會因素，「存在著一種無形的競爭關係」。黎志添的論文志在指出由於道教並不是以教義和教條至上的宗教系統，故本土「地方的神祇祭祀和宗族社會結構及其意識形態都能夠在道教建醮儀式的框架裡得到極其自由和自主的表達和接受」；黎志添：〈香港新界建醮儀式中道教與民間神祇祭祀〉，載氏編：《宗教的和平與衝突：香港中文大學與北京華大學宗教研究學術論文集》（香港：中華書局（香港）有限公司，2008），頁115-130。

[81] 王汎森：《思想是生活的一種方式：中國近代史的再思考》（臺北：聯經出版事業股份有限公司，2017），頁26-33。

上看，武力征服與文化整合從來都是雙生的。不少學者認為隨著「中國」的擴張，「正統」／「國家」宗教長期伴隨帝國拓展。這一套「正統宗教」以儒教為重心，但也包含了道教與佛教的成分。宮川尚志筆下，自一世紀至十九世紀末都是「儒化」（Confucianisation）的年代。尤其在整合現在的中國南部時，儒教生活方式的普及與歷代帝國擴張二為一體。在這裡所謂「儒化」並不局限於儀式性的禮樂與抽象的思想，更指向取代中國南方本土宗教信仰的儒教祭祀儀式。統合而論，以儒教為核心的國家宗教、帝國強大的經濟與中央政府的武力鼎足而立，促成了江南、兩廣、以至臺灣的吞併過程。[82] 壟斷超越領域（transcendental world）後衍生的合法性形成了政教合一的帝制中國。這個獲菁英拱衛體制綿延千年以上，亦主導了政治與宗教互動。[83]

　　就具體而言，國家藉著「封神」等行動整合地方宗教與社會，促進中央與地方以宗教為舞臺的交流始於趙宋。[84] 就這個話題，我們必須回顧James L. Watson關於帝制晚期宗教「標準化」（standardization）的觀點及過往二十年來的相關討論。[85] 這個

---

[82] Miyakawa Hisayuki 宮川尚志, "The Confucianisation of South China," in Arthur F. Wright ed., *The Confucian Persuasion* (Stanford: Stanford University Press, 1960), pp.21-46.

[83] 余英時與John Lagerwey的兩本小書分別從先秦中國思想與宏觀中國宗教史的角度介紹了這一現象。見余英時：《論天人之際：中國古代思想起源試探》；John Lagerwey, *China: a religious state.*

[84] Valerie Hansen, "The Granting of Titles," in *Changing Gods in Medieval China, 1127-1276* (Princeton: Princeton University, 1990), Chapter 4, pp.79-104.

[85] James L. Watson, "Standardizing the Gods: The Promotion of T'ien Hou ("Empress of Heaven") Along the South China Coast, 960-1960," in Andrew J. Nathan, Evelyn S. Rawski, David George Johnson eds., *Popular Culture in Late Imperial China* (Berkeley: University of California Press, 1985), pp.292-324; James L. Watson and Evelyn S. Rawski, "Introduction: The Structure of Chinese Funerary Rites" in *Death Ritual in Late Imperial and Modern China* (Berkeley: University of California Press,

「標準化」討論的核心是，明、清兩個政府在建構「文化」和「正統」（orthodoxy）的「大一統」，「大一統」的程度去到哪個層面呢？有些學者提出，一些具實力的地方傳統往往可以抵抗國家「正統建構」和「標準化」的努力。地方菁英會在與國家的互動過程中，以不同的策略（如「偽正統行為」（pseudo-orthoprax））維繫自身原有的宗教與價值觀。是以，不少學人均以為「標準化」後的「文化大一統」，並未曾落實。[86]

科大衛（David Faure）與劉志偉針對這些討論，回應指出晚期帝制中國的「文化大一統」其實不必然與地方傳統相互排斥。二人引用了Barbara E. Ward在1960年代的見解：

> 傳統中國社會呈現出來的統一性，不但取決於意識型態與實際的社會結構的相似程度，也取決於各個次群體所

1988), pp.3-19. James L. Watson的論文在1980年代出臺後，引起了歷史學者、人類學者與宗教學者數十年的熱烈討論。亦參Lowell Dittmer, and Kim S. Samuel 김순기, "Rites or Beliefs? The Construction of a Unified Culture in Late Imperial China," in Lowell Dittmer, and Kim S. Samuel eds., *China's Quest for National Identity* (New York, NY: Cornell University Press, 1993), pp.80-113.

[86] Donald S. Sutton、Michael Szonyi與Paul R. Katz均懷疑「標準化」與「文化大一統」均在一定程度上為假象。見Donald S. Sutton ed., "Special Issue on 'Standardization, Orthopraxy, and the Construction of Chinese Culture—A Critical Reappraisal of James L. Watson's Ideas," in *Modern China: An International Quarterly of History and Social Science* 33,1 (January 2007); Donald S. Sutton, "Ritual, Cultural Standardization, and Orthopraxy in China—Reconsidering James L. Watson's Ideas," in *Modern China* 33,1: (January 2007), pp.1-19; Michael Szonyi, "The Illusion of Standardising the Gods: The Cult of the Five Emperors in Late Imperial China," in *The Journal of Asian Studies*, Vol.56, no.1, February 1997, pp.113-135; Michael Szonyi, "Making Claims about Standardisation and Orthopraxy in Late Imperial China," in *Modern China*, Vo. 33, no.1, January 2007, pp.47-71; Paul R. Katz, "Orthopraxy and Heteropraxy beyond the State Standardising Ritual in Chinese Society," in *Modern China*, Vo. 33, no.1, January 2007, pp.72-90.

抱持的理想觀念的模型的相似程度，以及「近身的模型」
（their immediate model）與「理想觀念的模型」之間罅隙
的大小……對於研究對象來說，他們的自我認同與他們對
文化大一統的認知之間，在意識模型的層面仍然可以一致
起來。人們拉近自我認同與中國文化的正統性的距離，
並不一定要在行為上標準化……在這裡，問題就不在於
「標準化」的真偽……而只是對「標準化」的認知的差
別……[87]

　　如上說屬實，那麼「大一統」的「實相」，就不過是各地方
傳統共同想像而成「表象」（可以是儒教或中國宗教）。因為不
同地方傳統都深信自己的傳統（包括信仰和行為）與「大一統」
的「正統」關係密切，晚期帝制中國遂建構出「文化大一統」的
「表象」。也就是說，地方傳統是「中國」一分子的最主要原
因，單單就是他們均認為自己是「中國」的一分子，而己身的信
仰和行為都接近於「正統」。帝國對不同行為與價值觀的包容，
便在他們在各行其是的時候，是否認為自身所行合乎國家要求。
在這一標準下，基督宗教自然難以不被劃為「異端」了。

　　但作為帝國代表的儒者是否真的無法接納被國家視為「異
端」的群體？黎志添從有明以來廣州府屬及十一個縣的一百二十
多座地方道觀和民間信仰廟宇的碑刻，重構了儒教官僚和士紳自
身參與「異端」宗教場所的創建、復修、集資和勒石的歷史。這
一份重要的研究，為我們提供了另一種視角：儒教並沒有單純地
「對抗」或「抑制」中國地方社會的多元信仰。事實遠較「標準

---

[87] 科大衛、劉志偉：〈「標準化」還是「正統化」？──從民間信仰與禮
儀看中國文化的大一統〉，載《歷史人類學學刊》，第6卷，第1、2期合
刊（2008年10月），頁1-21。

化」與「正統化」更爲繁複。[88] 下文的姚瑩、魏源和梁廷枏，就是認爲帝國政府不應該將基督宗教置入「標準化」計劃。

結合以上各點，我們可以基本認爲在十八、十九世紀的中國，將佛教和道教成分排出儒教的努力，只是一部分菁英儒者的意願。事實上，在晚期帝制中國中「淨教」的嘗試曾多次以不同的面目出現。例如，明代嘉靖年間的「孔廟改革」之緣起，除了明帝室與儒臣大禮儀之爭外，其實彰顯了明代儒者精神在以「明道之儒」取代「傳經之儒」。因此，大量唐代貞觀年間入祀的經學家均受貶斥。[89] 同時，亦有不少因信仰崇拜釋、道，或倡言圖讖星相，而被明廷擠出孔廟聖域。如劉向（前77 - 前6）「喜誦神仙方術，流爲陰陽術家」、賈逵（174 – 228）「附會圖讖，以致貴顯」、王弼（226 - 249）「倡爲清談，專祖老莊」，皆屬此流。[90] 我們應該留意的事，「淨教」和對原典的追求在很多宗教都曾出現，但卻慘淡收場。如Timothy M. Law就認爲，現代基督宗教信仰者（主要指基督新教）追求「原典」，對自己的信仰和「原初」（original）信仰有所差異而寢食難安，其實在歷史上並非普遍。即使普遍具排他性一神信仰的基督宗教，亦往往對多元的通神方式深感興趣。[91]

在建立「禮治社會」的過程中，「淨教思潮」的沒落有很重要的意義。對儒者來說，回歸上古完美社會的理想乃改造社會的

---

[88] 黎志添：〈「神道設教」——從廣州府地方廟宇碑刻文獻探索明清士大夫對民間神祠廟宇的立場〉，收入陳熙遠編：《中央研究院第四屆國際漢學會議論文集：覆案的歷史》（上冊）（臺北：中央研究院，2013），頁315-355。

[89] 黃進興：《優入聖域：權力、信仰與正當性》，頁275-276。

[90] 張璁，沈節甫輯：《諭對錄》（萬曆三十五年（1607）刊）（臺北：臺灣商務印書館，1969），卷22，頁9下-10下。

[91] Timothy M. Law, *When God spoke Greek: the Septuagint and the making of the Christian Bible* (New York: Oxford University Press 2013), p.168.

藍圖。然而，對清儒來說「現實」遠較理想重要。這一種傾向在嘉慶、道光年間尤見興盛。這裡我們可以以阮元的故事說明。阮元曾謂強推上古聖王的制度（如井田、什一之法），乃無聊而不合時宜之舉。[92]

這一種觀點，亦等同以為上古儒教經典所載的政治制度無直接引用的意義。讀者必須明白的是，在儒教的不同時期均有儒者冀盼重行三代之政，即使他們認為要改革某一現實的政治制度，他們亦會冠以復古的名銜。阮元此說，尤等同於章學誠說「六經皆史」，以為先儒「道寓於器」，儒者尋「道」當考諸歷代政典，實情係將歷代的政治措置與先王治道分開，以歷史角度理解儒教經典中的政治理想，實為有清一代儒教的一大轉向。[93]

作為「一代文宗，三朝閣老，九省疆臣」的阮元，精於考證，亦長於目錄學，其於心性之學亦有建樹。更有甚者，阮文達官學政、庶政、貿易、外交，可以說是「通儒」的典範。其在生時已為時人推為宗師，為當時全國性儒者人脈網絡的中心，學術貢獻可與紀昀、戴震相匹，政務成就遠超賀長齡（1785-1848）與陶澍（1779-1839）等江南改革之大員。《清史稿》稱「自著曰《揅經室集》。他紀事、談藝諸編，並為世重。身歷乾、嘉文物鼎盛之時，主持風會數十年，海內學者奉為山斗焉」。[94]如果

---

[92] 在《揅經室三集》有一段明確的論述謂：「故世之推亭林者，以為經濟勝於經史，然天下政治隨時措宜，史志縣志，可變通而不可拘泥，觀《日知錄》所論，已或有矯枉過中之處，若其見於設施，果百利無一弊歟？《四庫提要》論亭林之學，經史為長，此至論，未可為腐儒道」。參阮元：〈顧亭林先生肇域志跋〉，收入《揅經室三集》（道光三年癸未阮元自本），卷四，頁14-15。

[93] 參山口久和：《章學誠的知識論：以考證學批判為中心》（上海：上海古籍出版社，2006）；余英時：《論戴震與章學誠》；David S. Nivison, *The Life and Thought of Chang Hsüeh-Ch'eng, 1738-1801.*

[94] 趙爾巽等撰：《清史稿》（1928年清史館鉛印本影印），卷370，〈阮元

連儒教泰斗的阮元亦抱是見，當時風尚所向，亦可見矣。[95]

因此，在「介入」社會藍圖中，「神學光譜」較為理想化的「淨教思潮」轉趨沉寂，亦係可以理解之事。反過頭來，社會改造運動較為「世俗」的「光譜」，卻在乾隆末年至嘉慶年間日益興旺。儒者在嘉慶年間前後，「介入」社會的方式已從「禮教」轉至更為直接的「經世」。[96]

汪廷珍湯金釗列傳一五一〉，頁1-3，收入《續修四庫全書》，冊299，總頁371b-372b。

[95] 魏白蒂（Betty Peh-T'i Wei）*Ruan Yuan, 1764-1849: the life and work of a major scholar-official in nineteenth-century China before the Opium War*一書指阮元為清代中期的學者官僚（scholar-official）的典型，他們將儒教的心性之學和儒者對經典的掌握，視為政治活動的基礎。而阮元任士於浙江、江西、廣西、廣東、雲南等地的經驗，更引證了他並非自己口中所說的「腐儒」，單以儒教經典中的理想社會再現的施政的考慮。在阮元的貢獻中，處理海盜、天地會、刑律、族群衝突、邊境糾紛、貿易、外交等實際政務任了不少的地位。任官廣東遇荒災時，以外購米糧取代禁止農民種植經濟作物，打破了傳統的「務本」觀念，可與同時代的自由主義經濟學家相匹；在浙江禁制幫會及盜匪事宜時，提出以社會福利的「安全網」保障人民不至逼上梁山，觀點較單純的武力征伐或無補於事的道德教化遠為合理。我們可以看到考證、義理與經世三者於阮元身上的完美匯合。縱然不是每一位嘉、道儒者均可臻阮芸臺之化境，但這一理想卻為時人所共嚮。參Betty Peh-T'i Wei, *Ruan Yuan, 1764-1849: the life and work of a major scholar-official in nineteenth-century China before the Opium War* (Hong Kong: Hong Kong University Press; London: Eurospan distributor, 2006)；有關阮元的研究近年日見豐盛，一個頗為詳盡的報告，見孫廣海：〈阮元研究回顧〉，載《漢學研究通訊》，25:3（總99期），2006年8月，頁1-14。

[96] 2004年，加州大學洛杉磯分校就有一篇歷史學部的畢業論文處理此一批儒者，作者胡明輝（Hu Minghui）稱這一群儒者為「通儒」（Cosmopolitan Confucians）。這篇豐富的論文，從這群「通儒」自十七世紀末接受耶穌會士在天文學上的衝擊，到他們如何結合儒教的世界觀，重新刻劃了自身的思想與信仰。胡明輝指出，從戴震至阮元及他們身邊的儒者，如何從經學的重探，重構了他們對物理世界（physical cosmos）的認識，並進而重塑了他們之於政治和社會合法性的觀點。參Hu Minghui, "Cosmopolitan Confucianism: China's road to modern science," Ph.D Thesis, University of California, Los Angeles, 2004.

　　阮元將「學術」與「經世」結合，並非個人自許的戒律。在不同地方任官時，阮元均有將此一潮流散佈。最為顯著的例子是廣東的學海堂。學海堂成立的宗旨本身就在於將儒教的哲學和經典研究推及「經世」的政務訓練。阮元在學海堂的課程包括經書、經文、注疏、歷史、天文學、地理學、軍事教學等等。[97] 學海堂的創設，使廣州匯聚了大量各形各色的儒教菁英，他們使儒者之間的學術交流加速，並使儒教的「經世」轉向急速成型。[98] 當然，阮元在兩廣的工作並非特殊的例子，約略在同一時期，賀長齡、陶澍的江南改革和《皇朝經世文編》出版，亦呼應了這一「經世」轉向的思潮。[99]

小結

　　簡而言之，我們發現儒者「介入」社會的思潮，無論「神學光譜」的濃端淡端，均有著意於「經世」的終極目的，其所異亦不過手段與藍圖之異矣。清儒有志於改造世界，他們的「介入」方式主要在於著述（又以考證為基礎）與入仕（包括入幕和任官）。雖然，他們各自的「理想」世界有所不同，其準繩其實

---

[97] Benjamin A. Elman, "The Hsueh-hai T'aing and the Rise of New Text Scholarship in Canton," in *Ch'ing-shih wen-t'i*, 4, no.2 (1979.12);

[98] Steven Bradley Miles, "Local matters: Lineage, scholarship and the Xuehaitang academy in the construction of regional identities in south China, 1810-1880," Thesis (Ph.D.)—University of Washington, 2000; Steven Bradley Miles, *The Sea of Learning: Mobility and Identity in Nineteenth-Century Guangzhou* (Cambridge, Mass.: Harvard University Asia Center: Distributed by Harvard University Press, 2006).

[99] 有關陶澍的江南改革和《皇朝經世文編》與外國人及宗教的關係，參 Hung Tak Wai 孔德維, "Marginalized Christianity and Western Learning in Early 19th Century Confucians' Understanding of Western Knowledge in *Huangchao jingshi wenbian*," in *Sino-Christian Studies*, no.23 (2017), pp.41-80.

均在儒教之「道」。正如任何一個充滿活力的宗教，信仰者對他們的信仰詮釋各有不同，但基本上我們可以確見在大清帝國中的「王命」和「朝廷」佔據了甚為權威的詮釋權力。起碼在表面上，儒者未必盡視夷狄為無道，民族主義未見用於一切儒者，而不反滿者亦未必無學之士。清儒於異教未必盡視為非，淨教的思潮難出少數菁英的圈子。甚至，他們之於孔、孟，理解也可以各有不同。

這些儒者在十九世紀中葉遭遇了基督宗教文明的大舉來臨，因而嘗試理解外國的宗教。他們的理解過程和成果，均為他們思想的重要部分。我們分析他們的判斷，必賴檢視其學說（對「道」的理解）與政見，也必須分清他們的書寫和見解背後的思想。在本書以下的部分，我們會看到為了維持國際貿易而提議接納外國人信仰在帝國內出現的梁廷枏，深信只要儒教與基督宗教有充分交流，外國的異教徒終必師從周、孔；痛恨「異端」的魏源，則提出了儒教不能普及天下的見解，他認為世界各族「秉氣」各異，而不當以一教統覆天下，宗教之間的衝突自然沒有甚麼意義可言；但連「漢學」也不能「包容」的姚瑩，卻主張放任不同的宗教與風俗，視其他宗教亦可能為「天道」之一端。本書以下將向讀者介紹儒者在十九世紀大清帝國的世界觀、信仰及由之衍生的政治行為。我們希望將他們對基督宗教的理解，重置於他們的政治思想中，而在這一過程中，原先儒教的教化責任漸次為他們以不同論述放棄。

第三章

貿易與聖教：
梁廷枏的《耶穌教難入中國說》

　　前二章所討論的「正」、「邪」矛盾，要結合思想、宗教與政治的層面閱讀。簡明來說，在思想與宗教的部分，問題出於「甚麼是『正』，甚麼是『淫、邪』，到頭來也只是朱子學者（獲帝國承認的儒教系統）的主觀決定，而不是以每個人腦中共同擁有的認知作為判斷依歸」。但當儒教進入帝國政治，他們就要面對極大的窘境。平野聰在《大清帝国と中華の混迷》提出了一個最為核心的問題：

> ……如果國家權力不再一面倒傾向儒學，而是採取同時尊重佛、道教的立場，甚至皇帝本人虔誠地信仰佛、道教，以及其他各式各樣的神明的話，朱子學又該如何是好？……當然就理想的理論來說，排除夷狄、恢復「正理」的世界，就是朱子學者們的社會責任。不過，假如行「野蠻」的夷狄們的統治，結果卻與儒學的目標並無太大偏差的話，朱子學者、乃至儒學思想所提倡的「華」的正統，是否就容易站不住腳？[1]

　　平野聰思考的矛盾，在於儒教華夷觀念與非漢族的大清帝國之間。當作為「外夷」的帝國善用儒教語言統治時，面對絕對武力的儒者就要重新定位自身的教義。這些討論，在第二章中已略為涉及，這裡暫行打住。但平野聰所指出的這段「混迷」，卻在基督宗教重新成為帝國政治問題時再次浮現。儒者（尤其官員）仍然要在「自身主觀的判斷基準」與「國家現實狀況」的夾縫間掙扎。而在十九世紀初的「耶」、「儒」交涉中，早於歐美軍事力量凌駕帝國之先，已有儒者具先見之明，為了「國家現實狀

---

[1]　平野聰著，林琪禎譯：《大清帝國與中華的混迷》，頁84-86。

況」而修整儒教「自身主觀的判斷基準」。

　　活躍於廣府的梁廷枏較歷史上較為注名的魏源與姚瑩更早留心基督宗教的問題。他的一個主要貢獻，在於結合基督宗教、國際貿易與海防三者同時思考。早於1834年，梁廷枏就受時兩廣總督盧坤（1772-1835）委託《廣東海防匯覽》，[2] 又在1837年受繼任的兩廣總督鄧廷楨之聘而任《粵海關志》的總編。[3] 要說明梁廷枏複雜的見解，我們需要從其生平展開探討。

梁廷枏：廣府名流的國際關係書寫

　　梁廷枏為廣東順德人，少時志趣在於金石、粵史、音律、戲曲、書畫等。相較下兩章討論的魏源與姚瑩，梁廷枏出身富裕。有關梁廷枏行狀的原始史料可見《清代粵人傳》及《順德縣志》。[4] 近人王金鋒著有《梁廷枏》一書，詳述其一生事功、閱

---

[2]　盧坤、鄧廷楨主編，王宏斌等校點：《廣東海防彙覽》（石家莊：河北人民出版社，2009）。

[3]　參陳恩維、汪高鑫：〈梁廷枏《粵海關志》及其海關史研究〉，載《史學史研究》，2009年，第3期，頁72-80；關漢華：〈梁廷枏《粵海關志》文獻價值初探〉，載《圖書館論壇》，2009年，第6期，頁278-280。

[4]　《清代粵人傳》之載較《順德縣志》為詳，今不慮其冗，姑盡錄如下：「梁廷枏，字章冉，廣東順德人，副貢生，官澄海縣，訓導其先人，好聚圖籍，廷枏髫齡而孤，性穎悟成，童時即盡讀父書，下筆有奇氣，稍長益肆力於學，為總督阮元所器重，嘗讀書訶林，見兩鐵塔題銜數，與吳任臣《十國春秋》多不合，乃據正史、通鑑、輿地諸書，旁及說部、金石著：《南漢書》十八卷、《考異》十八卷、《叢錄》一卷、《文字》四卷，網羅散佚，鉤稽同異，論者謂足與馬令、陸游《南唐書》並傳。道光中葉，夷氛不靖，大吏聘修海防彙覽，廷枏乃採集海外舊聞，並得米利堅人新編《合省志略》著《粵道貢國說》六卷、《耶穌教難入中國說》一卷、《蘭崙偶說》四卷、《合省國說》四卷，蘭崙者，英吉利倫敦也。其《合省國說》自序云：『予觀於米利堅之合眾為國，行之久而不變，然後知古者『可畏非民』之未為虛語也。彼自立國以來，

歷，惜該書以一般讀者爲對象，未有詳細列明資料出處。[5] 梁氏多代爲宦且家中殷實，族祖梁善長（?-?）在乾隆年間已主講於廣州的名校越（粤）秀書院，曾任陝西白水縣知縣，最後更官至福建建安府同知。梁家的產業大概至梁廷枏一代仍得以保留。梁廷枏的父親梁禮覲（?-?）、梁禮秉（?-?）以藏書收畫、精通音律戲曲而聞名於嶺南。在這種環境下，梁廷枏自幼便被養成典型乾嘉學派儒者，其於少年時，已於經（《論語古解》）、史（《南越五主傳》及《南漢書》）、詩畫、金石俱有著作，更與嶺南及江南的士紳名流關係良好。也可能由於梁家富裕，梁廷枏自少便涉足雜學，而沒有致力科試。一說在父親與伯父過身後，梁母更要封存家藏的金石、訓詁、文藝的閒書，勒令梁廷枏專心科試。

凡一國之賞罰禁令，咸於民定，其議而後擇人以守之，未有統領，先有國法。法也者，民心之公也，統領限年而易，殆如中國之命吏，雖有善者，終未嘗以人變法，既不能據而不退，又不能舉以自代，其舉其退，一公之民持，鄉舉里選之意，擇無可爭奪，無可擁戴之人，置之不能作威，不能久據之地，而群聽命焉。蓋取所謂視聽自民之茫無可據者，至是乃彰明，較著而行之，實事求是，而證之爲統領者，既知黨非我樹，私非我濟，則亦惟有力守其法，於瞬息四年中，殫精竭神，求足以生去後之思，而無使覆前之鍊斯已耳，又安有貪侈兇暴，以必不可固之位，必不可再之時，而徒貽其民以口實哉！』是論出，時人頗韙之，林則徐自兩湖移節來粤，耳其名下，車拜訪詢，以籌防戰守事宜，廷枏爲規畫形勢，繪海防圖以進，後祁𡎴、徐廣縉督粤，並聘入幕中，襄辦團練，咸豐元年以薦賞內閣中書加侍讀銜。十一年卒，年六十六。他著有《南越五主傳》三卷、《夷氛記聞》五卷、《論語古解》十卷、《書餘》一卷、《東坡事類》二十二卷、《金石稱例》四卷、《續》一卷、《碑文摘奇》一卷、《蘭亭考》二卷、《藤花亭書畫跋》四卷、《鏡譜》八卷、《藤花亭文集》十四、《詩集》四卷、《東行日記》一卷、《澄海訓士錄》四卷，兼通音律，嘉應李黼平亟稱之；總督鄧廷楨與論南北曲，歎以爲粤人所未有，又有《曲話》五卷、《江南春詞補傳》一卷。」參佚名輯：《清代粤人傳（下）卷十三 文苑傳‧梁廷枏傳》（北京：中華全國圖書館文獻縮微複製中心，2011），頁1529至1533。

[5] 參王金鋒：《梁廷枏》（廣州：廣東人民出版社，2005）。

可惜（也是可想而知），梁廷枏在鄉試後，登科之途屢屢名落孫山。最後梁家為之捐納副貢生的身份。然而，由於梁氏於廣府名流之間以博學聞名，屢屢入幕兩廣總督府，曾服務盧坤、鄧廷楨（1775-1846）、阮元、林則徐（1785-1850）等地方大員。某程度上，梁廷枏的「雜學」與人脈關係較於科舉考試的知識更能對治當時地方政府的問題。他能以幕僚的方式長期參與政府的工作，正正是得力於此。及後，年輕時科場失利的梁廷枏成為了越秀、越華等著名官辦書院的監院。前者由兩廣總督趙宏燦（?-1717）等建於廣州鹽運同署於康熙四十九年，也就是梁善長主講的學校；後者由鹽運司范時紀立於乾隆二十年，一說為越（粵）秀書院之分校，也是當時廣府菁英的學校。當然，梁廷枏在阮元創立的學海堂長久的教學和研究工作，最能代表他與當時廣府對外接觸的菁英儒者緊密合作。[6]

梁廷枏和我們的討論更相關的工作，便是他對南中國歷史及外國狀況的研讀。近年學界有關梁氏研究，亦集中關注他與歐美及基督宗教的關係。[7] 梁氏因參與兩廣總督幕府及交友名宦士

---

[6] 有關學海堂貢獻，可參Steven B. Miles, *The Sea of Learning: Mobility and Identity in Nineteenth-century Guangzhou*。

[7] 對梁廷枏之研究主要集中於其史學及作為嶺南學人之身分，雖然早於1935年已有冼玉清先生〈梁廷枏著述錄要〉一文以數段討論《耶穌教難入中國說》中之基督宗教觀，但畢竟實為少數。（參冼玉清：〈梁廷枏著述錄要〉，載佛山大學文史研究室、廣東省文史館編：《冼玉清文集》（中山：中山大學出版社，1995），頁51。）據廖毅先生考證，王聿均於1994年〈道光年間知識分子梁廷枏認識的西方世界〉開始討論梁廷枏於其他著作對基督教之理解。筆者以為，此乃對梁氏基督宗教觀為研究中心之開始。及後，趙立人及李志剛等對其基督宗教觀更有著力之研究。然二者對梁文參考了甚麼資料，尤其有關是否曾研讀《聖經》原文有不同意見，其研究之深度亦為其他研究所不及。筆者以為此處當為日後有關梁文研究之重點，惟本書因篇幅之限，未能討論。參趙立人：〈梁廷枏及其《耶穌教難入中國說》〉，收入廣東炎黃文化研究會編：

紳之故，多與外國事物接觸。依李志剛先生之說，梁早在十九世紀初的著述中，已引用當時郭士立（Karl Friedrich August Gützlaff; 1803-1851）麥都思（Walter Henry Medhurst; 1796-1857）、裨治文（Elijah Coleman Bridgman; 1801-1861）和馬儒翰（John Robert Morrison; 1814-1843）四人1840年合譯的《古遺詔書》及《新遺詔書》等文本，[8]可見其閱歷之廣。梁廷枏關於廣州國際貿易及外國情況的主要著作，包括《廣東海防彙覽》、《粵海關志》、《海國四說》等書。這一系列的著述始於1834年，從歷史的角度探討大清帝國與諸外國的關係，並提出進一步取消「夷夏之大防」。爲甚麼梁廷枏忽然要大費心力而系統地處理關於清帝國對外交往的問題呢？回應這個問題，我們要先將焦點轉向十九世紀初的倫敦。

1833年大英帝國議院通過《聖海倫娜法案》（Saint Helena Act，亦稱The Government of India Act或The Charter Act of 1833），回應國內對貿易自由的訴求。這個法案確立了帝國對印度的治權，以英屬印度政府取代了英國東印度公司的大部分功能。公司在遠東的貿易特權自此喪失。對大清帝國來說，最大的影響便是航行至廣州的公司商人變爲散商。時任英國外相巴麥尊（Henry John Temple, 3rd Viscount Palmerston, KG, GCB, PC, FRS; 1784-1865）遂派出律勞卑（William John Napier, 9th Lord Napier, Baron Napier, FRSE; 1786-1834）至廣州與清政府商議貿易安排。不幸地，由於律勞

《嶺嶠春秋：嶺南文化論集（二）》（北京：中國社會科學出版社，1995）及李志剛：〈對梁廷枏《耶穌教難入中國說》一文的試析〉，收入氏著：《基督教與近代中國人物》（桂林：廣西師範大學出版社，2012），頁27-42二文。

[8] 有關翻譯的過程，參 Alexander Wylie, *Memorials of Protestant Missionaries to the Chinese, Giving a List of Their Publications, and Obituary Notices of the Deceased* (Shanghai: American Presbyterian Mission Press, 1867).

卑不成熟的外交技巧與對東亞形勢的無知，懷著擴大貿易目的英國特使竟然與兩廣總督發生衝突。這是首次有英國政府的艦船在珠江與清軍炮戰。[9]

雖然貿易與溝通迅速回復，但當時的兩廣總督盧坤已對這股潛在的危機深感不安。梁廷枏乃被安排開展有關海防的研究工作，以備日後重啟戰端。一年後，梁廷枏編成《廣東海防匯覽》，是為這次研究的成果。[10] 在接續的數年，兩廣總督府繼續了關於外國事物的系統研究，並將關注點由「海防」轉向「國際貿易」。梁廷枏在1838年出版的《粵海關志》系統地介紹了廣州自十世紀以前的海上貿易制度、貨品、參與國家等資料。這本以「海關的歷史」為名的大部頭著作，同時包括了東南亞、海灣地區、歐洲及美洲的人種、文化、政治資料。雖然這份研究較1840年代以後出版的《四洲志》、《瀛環志略》與《海國圖志》只是早了幾年出版，但它卻有重要的意義。作為清帝國敗戰以前的廣州地方政府對帝國國防、貿易、外交事務的系統性探討，《粵海關志》反映了一種遠為溫和開放的觀點。

而在書寫《粵海關志》的同時，梁廷枏根據兩廣總督府與粵海關所藏的史料寫成了四篇有關外國事務的文章，在《南京條約》簽訂後幾年整理出版成《海國四說》。《耶穌教難入中國說》、《粵道貢國說》、《蘭倫偶說》和《合省國說》這四份文

9　參Priscilla Napier, *Barbarian Eye: Lord Napier in China, 1834, the prelude to Hong Kong* (London: Brassey's, 1995); W. Travis Hanes; Frank Sanello, *Opium Wars: The Addiction of One Empire and the Corruption of Another* (Naperville, Ill.: Sourcebooks, 2002) and Susanna Hoe, Derek Roebuck, *The Taking of Hong Kong: Charles and Clara Elliot in China Waters* (Hong Kong: Hong Kong University Press, 2009), pp.36-42.

10　陳恩維：〈梁廷枏與地方海防通史《廣東海防匯覽》〉，載《中國地方志》，卷10，2010年，頁50-56；亦參盧坤、鄧廷楨主編，王宏斌等校點：《廣東海防彙覽》。

章介紹了基督宗教在中國的情況及從廣府進入中國貿易（或朝貢）的國家狀況。在梁廷枏的《海國四說》中，他引用了各種不同典籍介紹這些異國的事情。梁廷枏的資料來源主要來自「溯考舊章」[11]與「所習聞之說」。[12] 從上文所介紹的經歷看來，所謂的「舊章」自然不單是一般儒者所能得到的史料，更包括他從研究廣東海岸防衛與貿易史的材料。粵海關所藏的資料，相信是最重要的部分。而「所習聞之說」，則是指來自異國的材料。例如潘光哲就指出郭士立的《東西洋考每月統記傳》與裨治文（Elijah Coleman Bridgman; 1801-1861）的《美理哥合省國志略》均是《海國四說》與魏源的《海國圖志》參考材料。對《海國圖志》來說，處理外國史料的態度基本是「斯有述，我必錄」，而梁廷枏則因地利之便，得到更多外國相關史料，故往往根據自身的理解「大動『文字手術』」。[13]

　　相對及後將會討論的魏源與姚瑩兩位，梁廷枏對外國的態度更為開放。他的陳述支持帝國繼續開放對外貿易，更認為為了政府必要的白銀，「教化」的責任應該由即時措施轉為長遠目標。要明白梁廷枏整套的觀念，我們要先介紹其「耶穌教難入中國」（基督宗教難以傳播於中國）的觀點。[14]

11　梁廷枏撰，駱寶善、劉路生點校：《粵道貢國說》，載氏著：《海國四說》（北京：中華書局，2006[1993]），頁164。

12　同上註，頁3。

13　潘光哲：《晚清士人的西學閱讀史（1833-1898）》（臺北：中央研究院近代史研究所，2014）。

14　《耶穌教難入中國說》的特色在其於相關史料之廣泛參考。觀乎不同學者之著作，當以李志剛〈對梁廷枏《耶穌教難入中國說》一文的試析〉對《耶穌教難入中國說》之參考史料考究最為深入。李先生指出，梁曾參考天主教、耶穌教、佛教、景教、回教、祆教、摩尼教、史書及其他史料如《博物志》、《皇極經世》等著作。由於李先生未曾於文中證明表列之書目如何被梁引用，故筆者自行按該表覆檢，就能獲取之書籍而言，李文所見甚是。參李志剛：〈對梁廷枏《耶穌教難入中國說》一文

耶穌教難入中國？

　　《耶穌教難入中國說》是一本篇幅不詳而「層次分明」、「論證嚴密」的小書。我們的篇幅有限，自然不會逐一討論分析。廖毅〈梁廷枏基督教觀研究〉一文將此書分為七部分，簡明地介紹這書結構，為求清晰，我們以表列的方式轉引：

表3-1　《耶穌教難入中國說》論述體系[15]

1	《耶穌教難入中國說》序；
2	提出總的觀點並闡述本書寫作原因；
3	引用傳統中國及西方史料，追溯基督教的起源；
4	引用基督宗教經典，闡述基督教行教之意；
5	為「後論」所進行的陳述鋪墊：可分為七個小部分，都是圍繞「詳列彼教之說」的目的來進行記述，也包含有部分議論： 甲、《明史》中所徵引的六千年歷史； 乙、耶穌教的起始──從摩西和約翰說起； 丙、耶穌生平及死後神蹟； 丁、基督教中其他事物； 戊、基督教的衍變；
6	論述耶穌教難入中國的原因；
7	簡略論述基督教所云起源年代和傳佈範圍的謬誤。

　　就方法而論，梁廷枏論述基督宗教的方式，是以基督宗教的經典和著述解釋基督宗教，而非單純的就其於中國的行為而批

的試析〉，收入氏著：《基督教與近代中國人物》，頁31-32。

[15] 廖毅：〈梁廷枏基督教觀研究〉，發表於2007年11月17-18日「中山大學歷史學系第一屆『中國近現代史』本科生學術研討會」。本書自網上瀏覽所得，未能尋獲出版版本，今姑列其網頁，以茲表明出處：http://jpkc.sysu.edu.cn/2005/jindai/index.htm，瀏覽於2013年3月30日。

判。這篇論文顯然不是隨興之作，也不是在處理粵海關史料時的副產品，而是有具體的著述目的。「耶穌教難入中國」的標題，也將全書的結論清楚表明。梁廷枏《耶穌教難入中國說》可說是當時其中一本引用了最多基督宗教文本的著作。他參考了羅馬教會的《古書》、《真經》、《四字經》、《聖母經》、《諸經解》、《會中規》、《天同略》、《解信經問答》、《聖錄》、《信經》、《十字經》、《天主經》、《四會規》；新教的《古遺詔書》、《新遺詔書》、《聖書》、《詩書（篇）》、《東西洋考每月統紀》、《澳門月報》、《行論要略》等等西文翻譯的史料，亦有不少關於伊斯蘭教、祆教、摩尼教的資料，但與本書無關，不表。[16]

　　「耶穌教難入中國」的概念在梁廷枏的論述中有三重原因：其一，基督宗教禁止立妾有犯儒教之「孝」道；其二，基督徒的日常禱告，有違中國的政治倫理；其三，賞善罰惡的觀念較儒者心性學的層次為低。梁廷枏詳細闡述了儒教以外的宗教在中國應然的地位，論證即使帝國聽任基督宗教自存，亦無以流行於中國。故此，帝國展開對外商貿時，為便利通商，根本無需因著宗教問題而與異國商人有所芥蒂。在他的〈序〉中，他也毫不介意地在戰後的高壓環境說出這種「鴿派」的論調：

> 五口通商之後，固專於牟利，亦樂於行教。信教之心愈篤，斯傳教之意愈殷。傳欲其廣，信欲其速，於是動以語言，勸以文字，誘以禍福。凡可以聳人聞聽者，將無乎不至。議者極其事之所底，有慮其中于風俗人心而無如何，

16 李志剛：〈對梁廷枏《耶穌教難入中國說》一文的試析〉，載氏著：《基督教與近代中國人物》，頁27-42

相與喟然太息者矣……予以讀禮家居，取舊所聞，編成
《四說》，先詳彼教之委曲，而折衷之以聖道，並其所習
聞之說考證焉，而明其所出，而後其教可聽方外並存，曰
《耶穌教難入中國說》。[17]

《海國四說》之序文成於1846年，亦即《南京條約》及《中
英五口通商章程》簽定後四年。五口通商等措施，使中西交流的
層面日益擴大，民間與「外夷」的交往由是日多，如「廣洲入
城」等事故，仍使作為意見領袖之儒者對西方文化事情關懷日
隆。[18] 由於傳教士及傳教刊物、書本已接觸了更多華人，故有相
互交流的可能。[19]《耶穌教難入中國說》於1844年已有單行本刊
出，可謂開時代之先聲。以梁廷枏當時任職廣東地方政府的身
份，在戰後建言維持與「敵國」的商貿，並開放傳教，顯然不是
朝野普遍的聲音。作為《南京條約》後首本描述基督宗教之專著
（下文姚瑩的《康輶紀行》和魏源的《海國圖志》均不是以基督
宗教為著述的主要目標），梁廷枏作了頗為大膽的建言：

近日廣予通商，市地既廣，行教者涉險遠來。然自求厥
福，不為民害。如聽其自存一教，亦昭柔遠之義。爰撰
為此編，以告我中華之欲悉其源流顛末者……彼懸空預擬

---

[17] 梁廷枏撰，駱寶善、劉路生點校：《耶穌教難入中國說》，載氏著：
《海國四說》，頁2-3。

[18] 季平子：《從鴉片戰爭到甲午戰爭》（臺北：知書房出版集團，2001），
頁271-287。

[19] 有關五口通商後基督宗教與華南社會有更多接觸的討論甚為常見，我們
以為吳義雄：《開展與進展──華南近代基督教史論集》（桂林：廣西
師範大學出版社，2011）及王樹槐：《基督教與清季中國社會的教育與
社會》（桂林：廣西師範大學出版社，2011）二書最為全面。

善其所善之談，今雖盛行西國，倘他時聖教所被，識見日開，必將有辨江心之味思冀北之群者。機勢在有不券而符，況生際文治精華雲漢昭回之盛如聖朝今日者哉！[20]

梁廷枏首先指出五口通商後，傳教士日多，帝國與基督宗教文明的衝突漸次從國家對國家的層次轉入民間之間的衝突，但國家在這一情況下，仍應該「聽其自存」。在一定程度上，梁廷枏認了基督宗教在西方的價值。舉例來說，他對耶穌有極高的評價：

獉狉蒙昧，第率其好爭喜殺、互為雄長之常，民生日衽席於鋒鏑死亡中，物稚而未得所養也，途歧而罔識所歸也。一旦而耶穌生於其間，創為一說，開其地從來之所未有，復與其門徒弟子，各勵其果敢堅忍之志，強辯重贅之舌，鼓力協心，罔憚車航險遠，閼關以游於四國，家為之喻，戶為之曉，不啻木鐸之徇道路焉。[21]

「木鐸」一辭見於《論語・八佾》為儀封人對孔子的學生表章孔子之說，其曰：「天下之無道也久矣，天將以夫子為木鐸。」包咸《論語章句》解：「木鐸，施政教時所振也。」[22] 朱子《四書集註》解：「木鐸，金口木舌，施教時所振，以警眾者也。」[23] 由是觀是，苟能警世如孔子之於中國者，方可稱為木鐸。梁廷枏以木鐸配耶穌，雖然是從社會功能立論，但亦已為奇

---

[20] 梁廷枏撰，駱寶善、劉路生點校：《耶穌教難入中國說》，載氏著：《海國四說》，頁4。

[21] 同上註，頁1。

[22] 程樹德撰，程俊英，蔣見元點：《論語集注》（北京：中華書局，1990），頁230。

[23] 朱熹：《四書章句集注》（北京：中華書局，2010），頁68-69。

高的推崇。當然，這一種觀點與轉入基督宗教的儒者仍有不同。梁氏仍堅持周、孔相傳的的「聖教」較外國為優，而此優勢更有其絕對性。待基督徒被開化時，世界終皆自然而然地臣服於「聖教」之下。在這種論述中，基督宗教無異於已被儒者接納的佛、道教，因意「可聽方外並存」。

在《耶穌教難入中國說》對基督宗教的批評中，梁廷枏往往將之與其他已被帝國「正統」力量接納的宗教並列。舉例說，基督宗教禁止立妾有犯儒教的「孝」道，亦為儒者與基督宗教發生衝突最為常的原因。梁廷枏引用《舊遺詔書》，指基督宗教忌納妾、蓄奴、祀土木神偶：

> 天下五大洲夫婦，實生亞細亞洲之西方。其裔乃遍中外，生息日漸蕃滋，年亦極壽，自六百以至九百有餘歲，散處九垓，民物雖較昌盛，而人世之惡與日俱生。天於是造為律條，凡禽獸、鱗介、蟲魚，悉聽人用且食之。惟人為同類，其受形賜自上帝，一有仇殺，是傷同類而壞帝像也，故首戒殺人。又凡一夫一婦，自為匹配。有以一身而娶至二三女子者，及蓄養奴僕，役使其同類如犬豕者，祀土木神偶，致敬天不專者，皆為背律，神天則罰之。而凡誠志尊崇上帝，不偽不二者，則福之。耶穌教有妻無妾，無奴婢，禮拜外不祀他神。每勸人棄土木偶，意皆本此。[24]

與佛教的「出家修行」比較，一夫一妻的制度當然也犯於倫常：

---

[24] 梁廷枏撰，駱寶善、劉路生點校：《耶穌教難入中國說》，載氏著：《海國四說》，頁11-12。

> 又釋氏絕去父子婚偶，使無為其徒者，則人道立絕，其說已立窮矣。今所傳《十誡》中所言，孝父母止在能養，而必以不勸入教為不孝。又以一夫一婦居室，同于始生人類之男女，而以娶妾傳嗣為犯天父之誡，故雖聽絕嗣而不許人有妾媵，是又與釋氏同為內地難行之事矣。[25]

　　而當梁廷枏有意以「正確的」宗教與基督宗教比較，比對的「好榜樣」就成為了儒教。以祭祀的觀念而論，基督徒每日祈禱的習俗，被視為有辱神明，亦令帝國的政治倫理為之顛覆：

> 天地之大，雖聖人有所不知，則歸於造物之不可測。所謂六合之外，聖人存而不論；六合之內，聖人論而不議也，故但曰陰陽不測之謂神而已。惟王者事天明，事地察。大君為天地宗子，天子之所攸稱也。古聖賢所謂畏天、敬天、不敢褻天者，初無日事禱告之文也……雖諸侯亦止得祭其封內山川，不敢設祀天之典，以紊其分，況百姓乎？所謂敬而不敢褻者固在此。[26]

　　上文以為先儒定下祭祀「天」、「山」、「川」、「人鬼」等等神聖的定例，社會不同階層均有不同的責任。任由平民獨立祀天，破壞了宗教上的秩序，當然是對「神聖」的侮蔑。再者，「中國」的皇帝祭「天」，非為私事而為國事，故基督宗教的祈禱，實有私心滲於其中，不宜平民參與：

---

[25] 同上註，頁43。
[26] 同上註，頁43-44。

> 然則，助裏盛化，發育萬有，豈無日星、風雲、雷雨、山
> 川、嶽瀆之靈，森列昭布於兩間。有是神斯有是禮，故王
> 者朝日夕月，及風雲、雷雨、五嶽、四海、四瀆各舉其
> 祀，皆神祇也。前代帝王師相，凡開物成務，及有大功德
> 於民者，則祀之；能為一方禦災捍患，顯然可據者，則祀
> 之；忠於國家，捐軀效死者，則祀之。皆人鬼也，皆朝廷
> 典禮之所以報也。而非一人一事，私禱獻媚，而祈其福庇
> 者可同年而語矣。[27]

　　當然，梁氏定必深知帝國內的道教也有一套天官、天帝的
信仰，不少平民亦所有「天地君親師」的祭祀。所謂「祭天」當
為「天子」、「王者」壟斷，也只是經典所傳。這裡的批評雖然
涉及，政權對宗教事務（理論上）獨佔的詮釋權，但卻不是指基
督徒是潛在的亂黨，而是從倫理的角度出發討論。同樣，梁廷枏
對基督宗教的第三個批評，亦是不涉政治與現實危機的「觀點問
題」。他認為基督徒道德觀建基於趨吉避凶的心態，乃由私心而
出，並非真正之善行。然而，「中國」卻有超越「利」的道德理
想，故較之遠為高明：

> 中國先聖後聖一中相傳，人率性而為善，而希賢希聖皆善
> 也，溺於物欲，乃漸積於惡矣。有善不伐，豈望其報；為
> 惡不改，難逃於法。故朝廷之爵祿、車服，即所以待君子
> 也；五刑之屬三千，所以待小人也。至於不孝之子，往往
> 殛于震雷。又風雹、水火、癘疫、地震，動戕百萬生靈，
> 有事後之賑恤，無事前之防範，此又在聖道治化之外。其

<hr>

[27]　同上註，頁43-44。

> 賞善罰惡之偶驗偶不驗，則天道主之。竊爲之窺測其端
> 倪，似大有以一儆百之微旨寓於其中。[28]

在評論了基督宗教的局限後，梁廷枏進而直接以比較的方式並列帝國內的不同宗教。他首先從宗教的社會功能論證佛教的存在價值，認爲佛門拾遺了政府和宗族社會所忽視的「無父子、無家室之眾」：

> 佛門蔓延至今，其徒眾之繁，已難屈指，合之適成天下一
> 大養濟院。齋無父子、無家室之眾，散置於禪房紺宇，俾
> 與蚩蚩之氓，並生並育，不耕而食，不織而衣，聽其自爲
> 祝禱，不責效亦不禁止，及其犯法，則官懲之，編其所
> 居，隸諸保甲，與凡民等。所以待之者如是，蓋此輩信之
> 不能利人，聽之亦不能損人。可杜絕於芽蘗之初萌，而不
> 能斬刈於枝條之既蔓。設一旦痛加禁絕，亦安能取此數千
> 萬人，強移於畎村落，而保其必帖然就安乎？目孤老、瘋
> 疾、育嬰之所，經費皆籌於官，獨僧尼全資佈施，近且多
> 自食其田租，於公無害也。[29]

進而，他指佛教能爲政治效力，有更實際的功能，爲帝國「羈縻」外族：

> 若夫紅教起於元之八思巴，黃教起於明之宗喀巴，同源異
> 派，更無關於釋教之初宗。然西北行國每視爲向背焉。不

---

[28] 同上註，頁43。
[29] 同上註，頁45。

過即其化身轉世之奇，以優其廩給名號之錫，而沿邊數百
萬互相雄長、驁悍難馴之僧俗因以綏靖。安衛藏即以安邊
境，服黃教即以服番民，此又所以示羈縻之大權，神銜勒
於驅策。蓋觀於南北朝西域之迎法師，求舍利者，動至數
十國，各以兵爭，而後知函夏無塵，方隅有讟，皆因勢利
導之所致而然。夫豈元代尊崇帝師，擾攘國是者可足數
哉？[30]

　　這裡導出了一個典型儒者針對清帝室與佛教關係的論述，平
野聰精妙地介紹了儒教菁英的觀點：「雖然在表面上，皇帝處處
為藏傳佛教著想，但其實他對藏傳佛教並不特別感興趣，亦非虔
誠信徒；事實上，他反而醉心於具有壓倒性優勢、擁有傳統及內
涵的儒學與漢字世界。皇帝能夠號令天下，也是因為他努力把自
己塑造成擁有儒學資質的天子之故。」[31] 然而，平野聰也提醒我
們，大清帝國在內亞的「神道設教」，也不過是以佛教「教化」
蒙古人與藏人（案：在準噶爾盆地與塔里木盆地，則可以是伊斯
蘭教），這與華文世界以「正統」的中國宗教為「教化」的標
準，有明顯差異。梁廷枏在上文的介紹，暗示了有清帝王對佛教
的態度與前代的不同。在這討論中，「服黃教即以服番民」，為
了政治上的方便，國家暫時得以放下儒教「一民」、「教化」的
責任。

　　為甚麼這裡說的「放下」是暫時呢？《耶穌教難入中國說》
的其他部分中提出，在清帝國內的佛教已非以「原樣」流行於中
土。在被接納了一段時間後，佛教經歷了「儒化」過程，由「舍

---

[30] 同上註，頁45。
[31] 平野聰著，林琪禎譯：《大清帝國與中華的混迷》，頁160-162。

宅入寺」、「淨髮披緇」、「焚香燒頂」、「村氓婦女入廟燒香」、「乞靈土偶」等「低等」行為，轉為「以啟靈明」、「除煩惱」的形上修行：

> ……藉其明心見性之旨，以啟靈明，以除煩惱已耳。一切如舍宅入寺，設食齋僧，則前代少有，今更弗尚。至於淨髮披緇，焚香燒頂之事，雖在唐代譯經與教之世，猶斷斷乎無之。有一於此，則當代儒流群起而相為指摘，不齒於縉紳士林中。觀於村氓婦女入廟燒香，皆為觸法，而謂儒林碩彥〈典見〉然衣冠之族，乃肯乞靈土偶，生此愚願哉？[32]

梁廷枏這個觀點，確立在處理異教事務中「開放→接觸→儒化（開化）」的公式。在一本從國家政策層面討論基督宗教去留的書中，援引了這個佛教的歷史例子，用心昭然。事實上，這一類有關宗教見解在當時的儒者之間亦有一定市場。本書及後會討論到的姚瑩亦曾提出類近理解。姚瑩也認為佛教被「儒化」或「心性化」的部分較其神異之舉更為可取：

> 紅教剌麻有法術，能咒刀入石，復屈而結之；又能為風雪、役鬼神，非虛也。然自屈服於黃教。蓋黃教惟講誦經典，習靜禪坐，不為幻法，而諸邪不能侵之。故蕃人雖愚，其敬黃教，尤在紅教之上。此佛圖澄所以不如鳩摩羅什，而鳩摩羅什不如達摩也。[33]

---

[32] 梁廷枏撰，駱寶善、劉路生點校：《耶穌教難入中國說》，載氏著：《海國四說》，頁45-46。

[33] 《康輶紀行》卷七〈黃教紅教之異〉條。《康輶紀行》有不同版本。香

　　梁廷枏與姚瑩量度宗教的標準，其實在於該宗教與儒教類近的程度與其為人類社會帶來的秩序的能力。綜合上文所言，梁廷枏以為「耶穌教」的確為「獉狉」帶來了文明，但這文明和秩序始終不及中國儒教的「倫常」。雖然基督宗教之傳入，始終會妨礙中國之「風俗人心」，衝擊了社會秩序，但到底只是「自求厥福，不為民害」，故《耶穌教難入中國說》之序言就道「聽其自存一教」的結論：

> 皇朝正學昌明，風俗醇厚。乾隆間，閩、粵之相傳習者，偶有一二無業遊民，利其資用，實則陽奉而陰違之。自是之後，已絕根株。邊牆數十年來胥忘其事，無所用其操切。近日廣予通商，市地既廣，行教者涉險遠來。然自求厥福，不為民害。如聽其自存一教，亦昭柔遠之義。爰撰為此編，以告我中華之欲悉其源流顛末者。[34]

　　梁廷枏的論述以「皇朝」、「我中華」自居，立說的政體、國家的意識顯而易見。故當「皇朝正學昌明」時，異教的進入已無必要分別它的宗教內容屬「正」屬「邪」。梁廷枏的立說，與傳統（甚至是當時的主流）儒者有根本的差異。劉廣京曾提出「儒教認同」為中國諸宗教「多元」並存的前提。他認為在明

港中文大學藏同治六年丁卯（1867）單行刻本，距姚謝世十四年，疑為初刻本。此書亦收於臺灣文海出版社1974年複印之《中復堂全集》（據同治六年增補重刻本），另有不少今人之點校本如上海進步書局點校本（1920）、安徽古籍出版社施培毅、徐壽凱點合編《康輶紀行》《東槎紀略》校本（1990）。本書據香港中文大學藏同治六年丁卯單行刻本，由於該本無標明頁碼，我們將於引文註明章數。

[34] 梁廷枏撰，駱寶善、劉路生點校：《耶穌教難入中國說》，收入氏著：《海國四說》，頁4。

清中國，任何宗教的教義必須符合儒教，儒者對他教的「正」、「邪」有一定的決定權，對其倫理有解釋權，在社會有不容挑戰的效力，亦不存在改變的可能性。如是否尊重孔、孟立說原意等重大問題，異教並沒有挑戰的空間。儒教的信仰和社會倫理（socioethics）是宗教被判為「正統」或「異端」的試金石，是轉向共贏「正統」或對抗「異端」的分水嶺。[35] 這一塊「試金石」在《耶穌教難入中國說》中，並沒有發揮重要的作用。

白銀還是教化？

為甚麼梁廷枬的論述放棄了這一塊分辨「正」、「邪」的「試金石」？作為帝國國際貿易重心的菁英，梁廷枬的思路需要從大清當時的經濟狀況說明。自十八世紀末以來，帝國對白銀的需求已產生嚴重的依賴。然而由於國外拉丁美洲的獨立運動到歐洲殖民帝國的演變，大清帝國國內流通的白銀不斷流出。自1808年至1856年，白銀外流了3.68億，據林滿紅推測已佔了當時全國白銀供給的18%。在沒有中央銀行與國債的十九世紀初期，貨幣供給的大量減少令全國經濟衰落。在富裕的江南地區，也被指「東南民力竭矣」，而邊陲地區，更是無業人數遍地，流民日增。暴力起事與走私為業者在1820年代不斷增加，佃農與地主因著租稅的問題衝突日多，而城市的貿易者也因貨幣不足而難以維持營運。駱秉章（1793-1867）觀察後認為：「向之商賈，今變而為窮民，向之小販，今變而為乞丐。」[36] 梁廷枬臨終前數年獲

[35] Liu Kwang-Ching 劉廣京, "Socioethics as Orthodoxy," in Liu Kwang-Ching ed., *Orthodoxy in Late Imperial China* (Berkeley; Los Angeles; Oxford: University of California Press, 1990), pp53-100.
[36] 林滿紅：《銀線：十九世紀的世界與中國》（臺北：國立臺灣大學出版

得朝廷賞賜內閣中書函後出版的《夷氛紀聞》中藉著他對國際貿易的深厚認識，精確地指出當時的白銀外流與英、美對清貿易轉向相關。他指出當時的貿易：

> 其始（異國商人）猶以洋銀買貨，今則盡以歸國矣。始則專收光面（鑄造完好的紋銀），今則兼用碎花紋銀矣。始則英吉利之銀不來，今則花旗（美國）港腳（與東印度公司相對的異國散商）之銀亦少矣。我國家休養生息二百年……金貝充塞。然而天地之數散之甚易，聚之甚難。以中原易盡之藏，填海外無窮之壑，日增月益，不知其極。[37]

　　國內白銀流通緊絀的問題，不單影響私人經濟。對十九世紀初的帝國政府來說，亦是極為嚴重的問題。在貨幣問題日益嚴重的1830年代末至1850年代初，官員與士兵的薪金仍按《欽定戶部定例》固定給予。即使他們的名義薪金不曾變動，但其實則收入（購買力）已大為減損。對主要以銅錢為支付方式的士兵，由於銀貴銅賤，就受了兩重的經濟損害了。何以不能增加政府開支呢？在這段時間，清廷亦因國內白銀不足與經濟破敗而收入大減。在1840年代，政府收入幾乎減少三分之一。不單傳統上作為「正稅」的田賦大為減少，連海關稅收等非經常性收入亦少於正額。即使沒有對英國的戰爭，單就經濟層面而言，清廷已是困難重重了。[38]

中心，2014[2011]），頁96-150。

[37] 梁廷枏撰，邵循正點校：《夷氛紀聞》（北京：中華書局，2008[1959]），卷1，頁8-9。

[38] 林滿紅：《銀線：十九世紀的世界與中國》，頁150-156；這裡的牽涉的經濟學及國際貿易問題，曾蒙民生書院的任永恆老師深宵詳論點撥，亦曾與香港大學經濟及工商管理學院的阮穎嫻講師討論，特此致謝。

　　以上的財政困難，早在1840年以前為梁廷枏所關心。在《粵海關志》中，梁廷枏已列出數據，指出關稅收入與來航商船業已於1836年開始下降。以下兩圖從《粵海關志》資料整理而成，可以清楚表現趨勢：

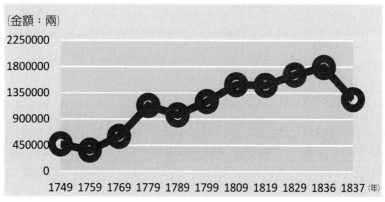

圖3-1　粵海關關稅收入（兩）（1749-1837）

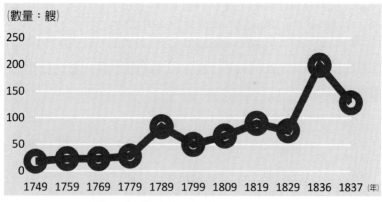

圖3-2　異國商船入舶廣州（1749-1837）

作為地方菁英的梁廷枏清楚認識到國際貿易對清廷來說，早已不再是「懷柔遠人」的外交禮儀，而是維持帝國「血液」（白銀）流通的大事。誇張一點說，可以是生攸關。而粵海關的體制發展亦漸次呈現了當地政府對這一點的認知。在清英因貿易安排而交戰前，已在以廣州為中心的珠江三角洲發展出31個負責收稅的「正稅」關口、22個檢查檢航商船的「稽查」口、22個供來船登記等候舶岸的「掛號」口。[39] 這個複雜的體系，自然不會是隨意而為的結果，而是地方政府不斷修改擴充而成。對梁廷枏來說，海關關稅與貿易利益對帝國不單重要，更要盡力擴充，以至於變化國家政策遷就。在香港併入大英帝國後，梁廷枏在《合省國說》中堅定支持1844年在與美國簽訂貿易章程（一般被稱為《望廈條約》）中容許美國人建教堂及學習華文：

> 其請租地建堂並殯葬，及延士人教習，採買書籍各款。均先（被清方）駁斥，後據夷使稱大西洋之在澳門、英吉利之在香港，均得建堂殯葬，俾生者種福、殁者藏骸。伊國貿易人不多，不敢求賞葬地、若再不准建設，實屬向隅。至延請士人採買書籍，原屬舊有之事，只求載入條約等語。經大吏核與辦法無礙，准之。[40]

建教堂及學習華文向來是傳教士最關心的一點，對朝廷來說這一層寬容代表了對國家整體宗教「政策」的轉向。如果說在北京的耶穌會士與俄羅斯正教堂一直存在，是為了特殊的原因而

---

[39] 參梁廷枏：《粵海關志》（道光年間粵東省城龍藏街業文堂承刊本），冊3-4，卷5-6。

[40] 梁廷枏撰，駱寶善、劉路生點校：《合省國說》，收入氏著：《海國四說》，頁100。

容許外國人在有限而公眾不可見的空間保持自己的宗教，在未經戰爭而接受美國人於五個通商口岸建教堂的做法就不能用這種解釋方式了。爲了延續、擴大對外貿易，梁廷枏明白地表明了教化責任不妨延緩。一方面，他（起碼是口頭上）認爲儒教較他教爲優，開放與接觸的成果會是他教對儒教的順服，或起碼像佛教一樣得以「儒化」。梁氏以貿易爲中心所呈現的政性彈性，也不單限於宗教，更及於法律體制。在1844簽訂的章程中，原本美國要求領事裁判權爲清方所拒，但梁氏卻從歷史的角度爲美方的立場解釋：

> 其使臣原呈之四十七款內，有各口領事官有事，請准其向都察院申訴者，蓋該國審判全歸察院也。[41]

在梁氏的介紹中，作爲司法機構的「察院」有完善且保護平民的制度，故美國使臣才按他們的傳統要求獨立的裁判權力，其謂：

> 在府者曰府察院，在州、縣者曰州、縣察院，並給以書役，其聽斷同省察院。如兩造中有愚民不諳訴語，則以一識例文、通言語者代，自具詞迄堂質，均許旁爲剖訴，不以事非切己爲嫌，惟訟者戚屬避之，餘聽自擇。每屆審期，必擇其地衿者先未知有此事者二十四人或半之，多不越二十五人，少亦必得十一人。就所見，以例權其曲直，所見合，則筆於爰書，呈察院，令先散出，而後察院採以定斷焉。[42]

---

[41] 同上註，頁99。

[42] 同上註，頁75。

　　如果我們都同意梁廷枏為了帝國經濟命脈而靈巧地處置了帝國的「教化」責任，那我們餘下的問題就會是思考這一政治上的彈性與他儒者的身分是否矛盾。以儒教政治思想的語言表達：是否為了「官」的「治」，而放下「師」的「教」呢？在文本中，梁氏的確確立了「開放→接觸→儒化（開化）」的公式。梁廷枏這個態度其實可以與二十世紀末美國對外政策比較。簡單來說，就是藉著開放政策對與己身意識型態不同的國家發揮影響力。喬治・布希（George W. Bush）在2000年上任總統前，就曾針對一些他認為不自由的國家發表類近議論，支持開放政策。當然，一年後的9-11悲劇發生以後，世界當然不同了。[43] 但進一步思考的話，這個問題牽涉了我們是否相信梁廷枏的陳述是他真心的觀點，抑或只是為了經濟而作的權宜說法。

　　歷史研究當然難以絕對肯定地回答這種「誠信問題」。其中一種迴避的辦法是，此處，借用柯文（Paul A. Cohen）認為「神話」（Myth）相對「歷史」的幾種特徵：

1. 他們不會自視為神話敘述者而自許為史家；
2. 他們傾向從歷史中抽出一些片面的特點、特性或模式，片面的對待歷史並視之為歷史之本質；
3. 他們即使不留意史料之複雜性、細微性和模糊性，卻甚為重視「歷史」（或「神話」）之是否為讀者所信仰。[44]

---

[43] L. Ingraham, *Busting the Barricades: What I Saw at the Populist Revolt* (New York: All Points Books, 2017), p.95; Eric Schmitt and Joseph Kahn, "The China Trade Vote: A Clinton Triumph; House, in 237-197 Vote, Approves Normal Trade Rights for China," in *The New York Times*, 25th May, 2000, accessed 28th September, 2014, https://www.nytimes.com/2000/05/25/world/china-trade-vote-clinton-triumph-house-237-197-vote-approves-normal-trade-rights.html.

[44] Paul A. Cohen, *History in Three Keys: The Boxers as Event, Experience, and Myth*（New

　　必須留意的是，柯文筆下的「神話」敘事，並非敘事者立意欺瞞讀者，而係以其真誠之信念發言，惟因其信念之故，而對部分史料有獨特之解釋。[45] 暫時放下真假的問題而從文本思考「梁廷枏文本中所呈現真實」，可能對我們的討論更有幫助。我們先回到梁廷枏對儒教歷史及其與其他宗教關係的闡述：

> 唐虞三代以來，周公、孔子之道，燦然如日月麗天，江河行地。歷代諸儒，衍其支流，相與講明而切究者，簡冊班班可考。凡政治之本，拜獻之資，胥出於是焉。其入人也，方且洽肌膚淪骨髓甚深且久，斯即有背道不遠者，日參其側，終不能搖而奪之，易而移之，況毫釐千里者哉？[46]

　　從孔子死後至十九世紀初的學術思想史於梁廷枏筆下，被化約為單純的「歷代諸儒，衍其支流，相與講明而切究者，簡冊班班可考」，洽似如出一轍，而於釋、老等其他宗教與儒教之關係更化約為主次分別的體系。但這裡有一極為重要的觀點。在上引文的最後一句中，梁氏以為「假如有離儒教不遠的人，每天與儒者暫時相處，也不可能被動搖」。梁廷枏在政治上的彈性，很有可能從這「信心」而來。他的「信心」更令他相信，即使儒者接受了異教的影響，他也會在一個合理的範圍之內：

> 中國士大夫，間有晚年遁入禪悅，歸宗清淨。譬諸膏粱飽厭之後，偶思疏水；又譬諸色伎雜進，豪華已極，則必轉

York: Columbia University Press, 1997），pp.213-214.

[45] 此點為譚永亮（Patrick Taveirne）神父2013年指導所得，特此致謝。

[46] 梁廷枏撰，駱寶善、劉路生點校：《耶穌教難入中國說》，收入氏著：《海國四說》，頁46。

嗜夫骨董書畫，養性情而消清晝，其勢然也。[47]

　　梁廷枏於此處以儒本佛末的方式，解釋了在他的歷史觀中中國流行佛教之因由。誠然，今日大部分的歷史學家都不會認可這說法，惟於梁氏而言，他的簡約敘述亦不會承認上文涉及「誠信問題」。而這裡所謂的「中國士大夫」，透露了一個對作者而言「中國」（或「中華」）與「儒教」幾乎可以互換而用。日本歷史小說家陳舜臣曾指中國之儒者往往將「儒教」與「中國」視為「等身大」，此處可謂典型例子。[48]引伸下去，當作者說「耶穌教難入中國」時，所謂的「中國」，是指作為政治實體的「大清帝國」還是「儒教」呢？

　　其中一種可行的解釋方法是，梁廷枏筆下的「中國」乃指「儒者的中國」。因之，「中國」以「對現世社會維持繁榮安定的效能」量度其他宗教，亦由此建構了以「儒教」為標準判別「正」、「邪」、「聖」、「俗」的宗教體系。所謂宗教體系，必有其排他性，並往往視異於我者為「邪」、「惡」、「亂」之象徵。伊利亞德（Mircea Eliade; 1907-1986）對「聖」與「俗」之分野有詳盡之闡釋，今姑以其於宗教人的空間概念為例，說明有關理論：

　　　　他們（傳統社會）認為在他們居住的地區，以及圍繞在
　　　　這地區旁的未知而含糊的空間，這兩者之間是對立的。
　　　　前者，就是我們所在的世界、這宇宙；而外在於這世界之
　　　　外的每一件事，便不再是宇宙的一部分，而是「另一個世

---

[47]　同上註，頁45-46。
[48]　詳參陳舜臣：《儒教三千年》（桂林：廣西師範大學出版社，2009）。

界」，一種外來的、混沌的空間，被一些魔鬼、邪靈，及類似邪靈及亡靈的外來者所盤據。[49]

對宗教的信仰者而言，「神話」所闡釋的世界，乃代表一個理想而真實的世界。「神聖就是最卓越的真實本身（the real），同時是力量（德能）、有功效（at once power, efficacy）、是生命與創造的泉源」。[50] 若言理想世界即為價值，則對之遵循者，則為秩序之一部分。與之相反者，則可視之為「劣」。但在梁廷枏的處理中，儒教作為無堅不摧的宗教，只要與異教徒長久相處便能轉化，故有對異教有所寬容的能力。以這宗教體系為基礎發展出來的判別標準，自然也不是絕對的「正」、「邪」二分，而是有迴轉的空間。這個迴轉的空間，可以為儒者「真實」的想法，而不必是權宜之計。很可能梁廷枏是充滿信心地向政府建言開放，並期許儒教在帝國繼續開放通商的過程中，成為世界宗教：

> 泰西人既知讀中國書，他日必將有聰慧之人，翻然棄其所學，而思從堯、舜、禹、湯、文、武、周、孔之道，如戰國之陳良者。然則，今日欲以彼教行於中國，聞予言其亦可以返思矣。[51]

本書相信，梁廷枏包容基督徒，既是以「官」的身分追求帝國必要的白銀，也是以「師」的身分期許著普世的「教化」。

---

[49] 伊利亞德（Mircea Eliade）著，楊素娥譯：《聖與俗──宗教的本質》（臺北：桂冠圖書，2001），頁79。

[50] 同上註，頁78。

[51] 梁廷枏撰，駱寶善、劉路生點校：《耶穌教難入中國說》，收入氏著：《海國四說》，頁45-46。

　　相較第五章討論的魏源，前一章介紹的梁廷枏與我們現在要談及的姚瑩均非顯學。本書亦找不到有關姚瑩研究基督宗教和西方世界的專書。然而，我們卻可以在本章發現，姚瑩比同時代大部分的儒者經歷了更多的涉外事務。無論在廣東、臺灣抑或川藏，姚瑩的主要工作均係與異文化者的接觸相關，這些異文化者包括了大清帝國治下的非漢族部落，也包括澳門的葡萄牙人、與清國作戰的英國人、西藏和尼泊爾的小型政權。而《康輶紀行》更曾在克里米亞戰爭前十年，預言英俄二國必在當地交兵。姚瑩代表了有清儒者中最具「國際視野」的聲音，他以儒教的教義提出了一套多元共融的解釋方法包容了基督宗教，並理解世界各地的信仰。這套解釋方法，類同於基督宗教神學中的「宗教神學」（Theology of Religions），頗有特色。

　　可惜的是，姚瑩有關外國事物及宗教信仰的著述並不豐富，亦無系統。雖然他信仰鬼神的存在，亦曾多次參與問卜之類的儀式，但就他個人的著述而言，未曾對儒教以外的任何宗教傳統表現出認信的態度。本書只能「有幾分證據，說幾分話」，以他在不同文本中的材料重構他的觀點。

姚瑩：累功貶官後的宗教思考

　　姚瑩的有關世界宗教的思考主要見於《康輶紀行》，乃他因對英戰爭中勝利而獲罪貶官川邊的著作。我們的討論，也要從他的生平說起。[1] 姚瑩生於1785年安徽桐城內北後街祖宅內，為桐

---

[1] 此處主要參考姚瑩之著作、姚瑩之子姚濬昌《年譜》、桐城徐宗亮〈誥授通議大夫署湖南按察使廣西按察使姚公墓表〉、門人合肥徐苓〈誥授通議大夫廣西按察使司按察使姚公墓志銘〉、南豐吳嘉賓〈廣西按察使前福建臺灣道姚公傳〉、近人施立業《姚瑩年譜》、《清史稿》、

城麻谿姚氏世家。[2] 姚瑩六歲入學，然不及一載，家道中落，需鬻田還債，父姚騤（?-?）遊幕在外，姚瑩兄弟隨母借居外祖家。不數載，家中僕婢俱遣，姚瑩兄弟四人，瑩為三子，次子與四子俱夭，可見遊幕在外之父親，未能維繫大家族的開支。故姚瑩雖

《清史列傳》及臺灣中央研究院歷史語言研究所明清檔案工作室「明清檔案人名權威資料查詢」網站等史料及研究，整理出姚瑩的生平，史料如非具爭議性，將不一一註明出處。

[2] 姚瑩，字石甫，號明叔，晚號展和，又號幸翁。其名為乃祖姚斟元（春樹府君）生前所定。晚之號則始於道光二十四年（1844）入川之時。方東樹《儀衛軒詩集》卷五〈石甫蒙恩釋獄詔發往四川以同知知州補用於甲辰二月由里赴蜀〉載姚瑩交給方東樹的書封面結稱「展和」，自注「石甫晚號」。「展和」之號，自況展禽、柳下惠遭貶。展禽，見《荀子・成相》云：「世之愚，惡大儒，逆斥不通，孔子拘，展禽三絀，春申道綴，基畢輸。」參王先謙撰，沈嘯寰、王星賢點校：《荀子集解》（北京：中華書局，1988），頁459；柳下惠，見《論語・微子》：「柳下惠為士師，三黜。」參朱熹：《四書章句集注》，頁183。「和」之當指柳下惠，乃據《孟子・萬章下》所言：「伯夷，聖之清者也；伊尹，聖之任者也；柳下惠，聖之和者也；孔子，聖之時者也。」朱熹：《四書章句集注》，頁315。施立業：《姚瑩年譜》更指出《康輶紀行》卷十四有書於道光二十五年十一月上旬（1845年12月初）之〈柳下惠〉條，可見其自況之情。參施立業：《姚瑩年譜》（合肥：黃山書舍，2004），頁1-3及335。參姚濬昌：《年譜》、徐宗亮：〈誥受通議大夫署湖南按察使廣西按察使姚公墓表〉、徐子苓：〈誥受通議大夫廣西按察使司按察使姚公墓志銘〉、吳嘉賓：〈廣西按察使前福建臺灣道姚公傳〉收於沈雲龍主編：《近代中國史料叢刊》第六輯（臺北：文海出版社，1974）；施立業《姚瑩年譜》、趙爾巽等撰：《清史稿》（北京：中華書局，1986）、王鍾翰點校：《清史列傳》（北京：中華書局，1987）及臺灣中央研究院歷史語言研究所明清檔案工作室「明清檔案人名權威資料查詢」網站，http://archive.ihp.sinica.edu.tw/ttsweb/html_name/search.php，瀏覽於2014年9月28日。桐城麻谿姚氏為吳興姚氏一支，為桐城五大世家之一，始於姚元季，號勝三公，初隨父居官安慶，後自餘姚遷入桐城，居大有鄉之麻谿，據《姚氏先德傳》謂其富有德，為該鄉之望族。重孫姚旭，字景暘，號菊泉，為自明代景泰（明景帝年號）庚午（1450）舉人，辛未（1451）進士，授刑科給事中，成化二年（1466）任雲南布政使司右參政，麻谿姚氏始以顯貴。賀長齡、林則徐亦於同年出生，龔自珍生於六年以後，黃爵滋生於八年以後，魏源生於九年以後，梁廷枏則生於十一年以後。

為世家，然其幼年實於寒苦中渡過。姚瑩十九歲時，初應童生試不第。兩年後（1805），姚瑩獲從祖姚鼐（惜抱公；1731-1815）資助再次入場，[3] 得到府試第一名入郡庠，終於成為秀才。[4] 翌年，姚瑩再赴安慶「科試」名列二等，[5] 之後便修學姚鼐主講之敬敷書院，結交不少文章道義之交，其中最重要的為姚鼐著名弟子方苞（1668-1749）的後人，方東樹（1772-1851）。

---

[3] 姚鼐。姚鼐可謂桐城派之一代宗師。彼幼年傾心浙東戴震，欲奉為師而為之拒。後乾隆二十八年（1763）中進士，選庶起士，散館改兵部主事，曾任禮部主事、鄉試考官、會試同考官、刑部郎等職，晚年曾先後主講江南、紫陽、鐘山等書院。嘉慶十五年（1810）重宴鹿鳴，加四品銜。嘉慶二十年（1815）卒。姚鼐有學生方東樹，寫《漢學商兌》反對戴震學派。方逐條反駁漢學，說漢學是「屠酤計帳」，加劇了漢宋之間的爭論。姚鼐之生平可見趙爾巽等撰：《清史稿》（北京：中華書局，1977），卷485，冊44，〈列傳〉272，頁13395-13396；趙爾巽等撰：《清史稿》（1928年清史館鉛印本影印），卷390，〈林培厚李宗傳王鳳生俞德淵姚瑩列傳一百七十一〉，頁4-6，收入《續修四庫全書》，冊299，總頁442a-443a。有關其與漢宋之爭的關係，則可見余英時著：〈清代儒家智識主義的興起初論〉（1975），載氏著，程嫩生、羅群等譯、何俊編：《人文與理性的中國》（上海：上海古籍出版社，2007），頁103-139；梁啟超，朱維錚導讀：《清代學術概論》（上海：上海古籍出版社，1998），頁64-70；皮錫瑞著，周予同注釋：《經學歷史》（北京：中華書局，2012），頁214-255。

[4] 有清童生試例分三場，二月考縣試，四月考府試，八月後考院試，府試即為次場，參李新達：《中國科舉制度史》（臺北：文津出版社，1995），頁267-293及沈兼士：《中國考試制度史》（臺北：考試院考試技術改進委員會，1971），頁173-206。

[5] 姚濬昌編《年譜》謂考「歲試」，施立業《姚瑩年譜》則謂之為科試，實則俱為「院試」的一部分。沈兼士《中國考試制度史》謂：「院考分『歲考』和『科考』兩種，大都是考完生員，再考童生，其時間雖然是三年當中舉行兩次，即俗語所言『三年兩頭考』，但在邊遠省分的府、州，則例外可以同時先後舉行，名為『科歲並行』。」（歲考的目的：在考取童生「進學」，和考察已經進學的生員的勤惰。科考的作用：則以次年大比，先以此試，考覈優劣，錄取若干人，預備參加次年的鄉試。）」，頁175。姚瑩在此試中有名次（「名列二等」），故知當年之考試當為「科考」。

　　一年後，姚瑩又赴金陵鄉試，以第十八名發解，得舉人之銜；又次年，赴1808年的戊辰科會試，以第三十二名中進士，殿試更入三甲。但姚瑩因為不工於小楷，而未能入翰林院，只能歸班銓選，以待任官。同年出生的賀長齡也於此年中進士，二甲及第，選分翰林院庶起士，散館授編修。賀長齡日後成為了東南名臣，也成為了魏源的長期「僱主」和支持者，與我們介紹的三位儒者可說是同一群體中的同志。一年後，姚瑩因父親在粵，便應聘入新任兩廣總督百齡（?-1816）幕，[6] 七月到任不久，已參與了應付著名海盜張保仔（1786-1822）的作戰及廣州十三行英國水手殺死中國人黃亞勝（?-1809）案。翌年，百齡主持了葡清聯軍在香港大嶼山赤鱲角海面圍剿張保仔、鄭一嫂（1775-1844）海上力量的大戰，並在後來招撫張保，封為大清國水師三品武官。姚瑩在此事一直協助總督，但科舉「正途」出身的姚瑩卻一直擔心招撫張保仔會有損國威且為外國所鄙。雖然最後張保歸降，但姚瑩仍以張保仔在南海結怨太多，勸告百齡與張保仔不宜留粵。然而，姚瑩的意見沒有得到採納。百齡後來很快乞假離任，張保仔亦旋赴澎湖剿匪，而姚瑩不久後也就離開了當地。[7]

　　一直至三十一歲前，姚瑩在兩廣及南中國各地遊幕、講學，他主要的關懷乃在於當時東南的鹽政改革。嘉道二朝，鹽、漕俱為舉國之要政，居此位者俱為能吏，阮元、賀長齡、魏源等菁英

---

[6]　百齡。原姓張，字菊溪，漢軍正黃旗人，1772年進士，散館以來，歷任大江南北不同要職，勸降張保仔時，身赴其舟而成功，《清史稿》有傳，見趙爾巽等撰：《清史稿》（1928年清史館鉛印本影印），卷349，〈書麟弟廣厚覺羅吉慶覺羅長麟費淳百齡伯麟列傳一百三十〉，頁5-7，收入《續修四庫全書》，冊299，總頁289b-290b。

[7]　參松浦章：《中國的海賊》（北京：商務印書館，2011）及Dian H. Murray, *Pirates of the South China coast, 1790-1810* (Stanford: Stanford University Press, 1987)。

也在當時致力於此。到三十一歲這一年，姚瑩在秋天乃赴京「謁選」（即吏部試，又名釋褐試），結果得到福建平和縣知縣的位置，兩年後調任龍溪縣令。《清史稿》對他當時的政職稱為「治行為閩中第一」。[8] 1819年姚瑩攜眷同赴臺灣縣任縣官，由於聲名優良，很快又兼署海防同知、噶瑪蘭同知。任內，姚瑩處理了不少土客之爭的問題。好景不常，姚父三年後卻病故鹿耳門，姚瑩丁憂歸里至1825年。

在這數年，姚瑩仍關心粵、閩、臺有關土客、外國商人、鴉片貿易等時務，與臺灣鎮總兵趙裕福（?-?）、按察使銜分巡臺灣兵備道孔昭虔（1775-1835）就時務書信往來不絕。服闋完成後，姚瑩以早前獲盜的功績，改為降二級調用，遵例捐復原官，歸部銓選戶部，終於執掌了他少年時已留心的閩中鹽課事。以後數年「改發江蘇，歷金壇、元和、武進。遷高郵知州，擢兩淮監掣同知，護鹽運使。先後疆吏趙慎畛（1762-1826）、陶澍、林則徐皆薦其可大用」。[9]

值得一提的是，在1826年時姚瑩與桐城友人李宗傳（1765-1840）邀集張祥河（1785-1862）、吳嵩梁（1766-1834）、龔自珍（1792-1841）、姚元之（1773-1852）、胡方朔（1791-1833）、端木國瑚（1773-1837）、鄧顯鶴（1777-1851）、周儀暐（1777-1846）、管同（1780-1831）、馬沅（?-?）、魏源等廿人在北京宴

---

8 原文為：「調龍溪，俗健悍，械鬥仇殺無虛日。瑩擒巨惡立斃之，收豪猾為用，予以自新。親巡問疾苦，使侵奪者各還舊業，誓解仇讎。擇強力者為家長，約束族眾，籍壯丁為鄉勇，逐捕盜賊，有犯，責家長縛送。械鬥平，盜賊亦戢，治行為閩中第一。」趙爾巽等撰：《清史稿》（1928年清史館鉛印本影印），卷390，〈林培厚李宗傳王鳳生俞德淵姚瑩列傳一百七十一〉，頁4-6，收入《續修四庫全書》，冊299，總頁442a-443a。

9 同上註。

聚。這一批儒者多為南方的學子與中下層官員，他們既長於理學，亦嫻熟於經典和歷史的研究，更重要的是，他們都關注到清帝國在當時的困難和改革。當然，正如我們不能因為這群儒者在北京宴饗就證明他們當日享用了北京填鴨和二鍋頭，我們也不能說因為他們是當時致力「經世」改革的知識分子，而說明此一宴會就是「經世」思想的「研討會」。然而，我們卻可以藉此得知這群世界觀相近的中下層儒者之間確有交流，而在這一人脈網絡的確加快了知識和思想的交流。[10] 姚瑩在1844年獲得魏源送贈五十卷本的《海國圖志》，促成了他在《康輶紀行》討論世界宗教的問題，就是其中一個重要的例子。

　　1837年，姚瑩獲陶澍等保舉為福建臺灣道員，翌年赴任。[11]姚瑩在臺灣致力收養遊民，捕盜平亂。在1841年，姚瑩迎來仕宦的高峰。在清英交惡的後期，英兵兩度進軍臺灣雞籠海口（即今基隆港），次年正月，又進兵大安港。然數次俱為姚瑩與同僚退卻。這是整個大清帝國東南防線中最亮麗的戰果，獲道光帝下詔嘉獎，加二品銜，予雲騎尉世職。然而，閩浙總督怡良（1791-1867）為防英軍再次進軍，並急於索回失陷的鼓浪嶼，強令臺灣交還英軍戰俘。怡良1843年入臺，以「冒功」為名將達洪阿（?-1854）和姚瑩逮捕，激起民憤，八月十三日送入北京刑部獄。然而，卻姚瑩卻在十二日後獲得清帝特旨出獄。這一年的十月，以同知知州發四川用，明年六月方抵達成都。

---

[10] 參羅檢秋：〈嘉道年間京師士人修禊雅集與經世意識的覺醒〉，收入鄭大華、鄒小站主編：《西方思想在近代中國》（北京：社會科學文獻出版社，2005），頁292-317。

[11] 《清史稿》誤指為道光十年，見上註，頁4，總頁442a。

　　當時，川藏交界的理塘[12]有兩「呼圖克圖」[13]權爭搆兵事
宜，由於同年二月新任的駐藏大臣琦善（1786-1854）於六月時
以地距藏地太遠不歸其治，清廷乃於九月命川遴員前往調解。
四川總督覺羅寶興（17777-1848）[14]遂委任姚瑩赴其地處理。結

---

[12] 理塘於今為理塘縣，地處四川省西部、甘孜藏族自治州西南部的金沙江
　　與雅礱江之間，橫斷山脈中段，東毗雅江，南鄰木里、稻城、鄉城縣，
　　西接巴塘，北連白玉、新龍縣。理塘以廣闊之草壩得名，本為藏語「勒
　　通」，「勒」意為青銅，「通」即草壩、平地之義。此地於隋屬利豆，
　　唐屬吐番，元屬山西行省。元至元九年（1272）置李唐州，後設奔不兒
　　亦失剛招討使司；至元二十五年（1288）設錢糧總管府。明置裡塘宣撫
　　司，後為紫兀東思麻千戶所；明末清初為固始汗屬地；清康熙四十八年
　　（1709）設正副營官，屬青海和碩特部；康熙五十七年（1718）內附四川
　　省；雍正七年（1729）置理塘正副宣撫司，屬打箭爐廳；光緒三十二年
　　（1906）置理化縣；宣統三年（1911）奏準理化廳，轄稻壩（稻城）、
　　定鄉（鄉城）、順化（理塘）等縣。土司制度始於元，至清而興。民國
　　元年（1912）設理化府，民國三年（1914）置理化縣。1950年5月31日理
　　陷共，翌年5月更名為理塘縣。見中國理塘縣人民政府網：http://gzlt.gov.
　　cn/Article/ShowArticle.asp?ArticleID=22，瀏覽於2014年9月28日。

[13] 「呼圖克圖」為活佛之一封號，為蒙古語之漢語音譯。「呼圖克圖」本
　　義為「福有」，後自元代起於漢族地區被用以作藏傳佛教高僧之銜。
　　「呼圖克圖」意譯為「聖者」、「有壽」、「化身」等，其地位於藏傳
　　佛教僅次於達賴喇嘛、班禪額爾德尼之下為清朝五等喇嘛職銜之最。其
　　時，清廷於藏傳佛教僧人有達賴喇嘛、班禪額爾德尼、呼圖克圖、諾門
　　罕、班智達、堪布、綽爾濟以及國師、禪師等號，可參《欽定理藩院
　　則例・呼圖克圖職銜名號定制》：「凡呼圖克圖、諾門罕、班第達、堪
　　布、綽爾濟係屬職銜。國師、禪師係屬名號。」詳見賀其葉勒圖：〈藏
　　傳佛教呼圖克圖職銜考釋〉，《中國藏學》1997年第3期，頁37-44。

[14] 覺羅寶興，字獻山，隸鑲黃旗。1810年進士，選庶起士，授編修。累遷
　　少詹事，入直上書房。1813年天理教突入皇宮時，覺羅寶興散直，在東
　　華門遇到林清黨人，乃急入內宮告之。當時尚為皇子的宣宗剛好在上書
　　房，得覺羅寶興警誡，預先準備槍械，乃擊斃來軍而保命。至仁宗還
　　京，乃擢為內閣學士。後來宦海浮沉，屢有黜跡，尋於道光十七年署四
　　川總督，逾年實授，四年後，再拜文淵閣大學士，留四川總督任。1846
　　年回北京管理刑部，及充上書房總師傅，兼翰林院掌院學士，兩年後
　　又加太保，同年十月以七十二歲卒。可謂道光一朝之名臣。見趙爾巽等
　　撰：《清史稿》，卷365，冊38，〈列傳〉152，頁11431-11433。

果，姚調解兩「呼圖克圖」不得，二派仍各持原見，乃以回川將二派之爭上奏為脅，遂於十一月二十五日東還。對此，上司覺羅寶興不滿而貶之。[15]姚瑩遂於翌年隨同太守宣瑛再赴理塘，結果當地派系俱因姚先前之威嚇而妥協。

姚瑩留川約五年，至1848年二月英屬東印度公司與廓爾喀（Gurkha）聯合，並打通廓爾喀與藏地之通路，故要求與藏地通商，清廷許之。由於這個兩地通商，四川的地方政府自此便需處理對英的事務。但姚瑩自思在四十年代的戰事起已為英國所仇恨，他亦與上司關係不和，故不願留任，稱病辭去。翌月歸里，時年六十有四，《康輶紀行》主要在此時期作成。[16]

兩年後，道光帝薨，姚瑩、林則徐等人的政敵，在對英戰爭主和的穆彰阿（1782-1856）被新君咸豐帝（1831-1861，在位時期：1850-1861）指為「保位貪榮，妨賢病國」，立時革職，「穆黨」崩潰。[17]這時，姚、林等主戰派重被起用以對治當時

---

[15] 當時覺羅寶興奏稱：「……委員姚瑩，前在海疆，閱歷有素，非不能辦事之人，即因呼圖克圖不遵開導，固執挾制，亦當於具稟後聽候批示遵行。今途中先行自折回，非惟畏難諉卸，抑且有乖體制，該員已補蓬州知州，應請旨摘去頂戴……」。參《康輶紀行》卷一〈節相入奏〉條。

[16] 姚瑩：〈又與梅伯言書〉，收入《東溟文後集》卷八，《清代詩文集彙編》冊549複印清同治六年姚濬昌安福縣署刻《中復堂全集本》（上海：上海古籍出版社，2010），頁18-19，總頁505。《清史稿》稱「在州二年，引疾歸」為誤，見趙爾巽等撰：《清史稿》（1928清史館鉛印本影印），卷390，〈林培厚李宗傳王鳳生俞德淵姚瑩列傳一百七十一〉，頁5，收入《續修四庫全書》，冊299，總頁442b。

[17] 穆彰阿，字鶴舫，郭佳氏，滿洲鑲藍旗人。嘉慶十年進士，歷任於仁宗、宣宗二朝，因道光年間主持海運有功，後升任軍機大臣，後來又兼任翰林院掌院學士，歷兵部、戶部尚書、協辦大學士、太子太保、上書房總師傅、武英殿大學士、文華殿大學士等顯職。在中英戰爭其間，穆彰阿力主和議，為海內士人（尤其漢臣）所叢詬，但由於清宣宗亦不欲與英對戰，故穆彰阿「終道光朝，恩眷不衰」。

再者，穆彰阿在嘉、道年間屢主科試，門生故吏遍於朝野，有「穆黨」

帝國首要之問題：廣西洪楊暴動。姚瑩於1851年授湖北武昌鹽法道，旋即擢升為廣西按察史於桂林，[18] 協助大學士賽尚阿（1794-1875）的戰事，但卻不獲重用。一年後，自稱太平軍的亂軍已至湖南，清廷改雲南總督張亮基（1807-1871）任湖南總督，屢屢失機的賽尚阿亦赴該地，姚瑩隨軍而至。賽尚阿於九月革職拿問，解交刑部治罪。而張亮基奏表姚瑩權署湖南按察使，希望對英戰爭中的英雄可以再造奇跡。然姚瑩當時以六十八歲，勞累軍旅經年，憂憤致疾，於不到一年便棄世而去。

《康輶紀行》是姚瑩謫於川藏時期之札記，姚瑩開始該書寫作之時，已有廣東與葡人合兵對治海賊之跡，亦曾主兵與英人對壘於臺海，更於川藏瞭解中亞之宗教及國際情勢。[19] 他於基督宗

之稱。清文宗自登基以先已對之極為厭惡，即位後因夷務特詔罷之，其為姚瑩、林則徐平反，其謂：「穆彰阿身任大學士，受累朝知遇之恩，保位貪榮，妨賢病國。小忠小信，陰柔以售其奸；偽學偽才，揣摩以逢主意。從前夷務之興，傾排異己，深堪痛恨！如達洪阿、姚瑩之盡忠盡力，有礙於己，必欲陷之；者英之無恥喪良，同惡相濟，盡力全之。固寵竊權，不可枚舉。我皇考大公至正，惟以誠心待人，穆彰阿得肆行無忌。若使聖明早燭其奸，必置重典，斷不姑容。穆彰阿恃恩益縱，始終不悛。自朕親政之初，遇事模棱，緘口不言。迨數月後，漸施其伎倆。英船至天津，猶欲引耆英為腹心以遂其謀，欲使天下群黎復遭荼毒。其心陰險，實不可問！潘世恩等保林則徐，屢言其『柔弱病軀，不堪錄用』；及命林則徐赴粵西剿匪，又言『未知能否』。偽言熒惑，使朕不知外事，罪實在此。若不立中國法，何以肅綱紀而正人心？又何以不負皇考付託之重？第念三朝舊臣，一旦置之重法，朕心實有不忍，從寬革職永不敘用。其罔上行私，天下共見，朕不為已甚，姑不深問。朕熟思審處，計之久矣，不得已之苦衷，諸臣其共諒之！」參趙爾巽等撰：《清史稿》（1928年清史館鉛印本影印），卷369，〈曹振鏞文孚英和王鼎穆彰阿潘世恩列傳一百五十〉，頁7-9，收入《續修四庫全書》，冊299，總頁370a-371a。

18 《清史稿》稱「未行，擢廣西按察使」為誤。趙爾巽等撰：《清史稿》（1928年清史館鉛印本影印），卷390，〈林培厚李宗傳王鳳生俞德淵姚瑩列傳一百七十一〉，頁5，收入《續修四庫全書》，冊299，總頁442b。

19 參姚瑩：《中復堂全集》附錄姚瑩年譜，收入沈雲龍主編：《近代史

教的觀點並非單一的「耶儒」二元對話，而是站在宗教多元的國際交流環境下，以桐城儒家名門嫡傳的學養，探討不同宗教的關係。《康輶紀行》的著作目的並非學術的宗教研究，而係個人的札記、遊記、隨筆。即使姚瑩有其寫作目的，亦必為對治國難而非探討不同宗教的地位與教義問題。但這裡的資料，已足以幫助我們重構作者對世界宗教（尤其本書針對的基督宗教）的理解。

《康輶紀行》的「天道」與「殊途」

　　《康輶紀行》有關基督宗教的敘述主要集中於卷二〈復設天主堂〉、三條〈天主教源流〉、卷十三〈魏默深論諸教〉、〈諸國教門考〉、卷十五〈回教源流〉、卷十六〈艾儒略《萬國全圖》說〉、〈西人湯若望《地球剖圓圖說》〉、〈夷猶顛林（英兵俘虜）繪圖進呈說〉。這些文章的參考資料可從下表觀之：

表4-1　《康輶紀行》基督宗教論述參考資料

時代（中國朝代）	作者	著作
漢	許慎	《說文解字》
漢	班固	《漢書》
三國・魏	魚豢	《魏略》
西晉	杜預	《杜預注左傳》
南朝・宋	范曄	《後漢書》
南朝・梁、陳	顧野王	《玉篇》
唐	景淨	《大秦景教流行中國碑》
唐	李肇	《新唐史補》

料叢刊續編》（臺北：文海出版社有限公司，1974）及張代芬：〈姚瑩《康輶紀行》述論〉，《西藏民族學院學報（哲學社會科學版）》第26卷第5期，2005年9月，頁22-26。

時代（中國朝代）	作者	著作
唐	舒元輿	《重岩寺碑》
唐	舒元輿	《元輿紀》
唐	閻立本	《四夷朝貢圖》
唐	段成式	《酉陽雜俎》
五代·後晉	劉昫等	《唐史·回鶻列傳》
五代·後晉	劉昫等	《唐書·西域傳》
五代至宋	徐鉉	大徐本《說文解字》
宋	王欽若、楊億等	《冊府元龜》
宋	陳彭年等	《大宋重修廣韻》
宋	姚寬	《西溪叢語》
宋	王溥	《唐會要》
宋	釋志盤	《佛祖統紀》
宋	宋敏求	《長安志》
宋	宋敏求	《東京紀》
宋	岳珂	《桯史》
南宋至元	胡三省	《通鑒胡注》
元	脫脫等	《宋史》
元	馬端臨	《文獻通考》
明	艾儒略	《西學凡》
明	艾儒略	《職方外紀》
明	錢謙益	《景教考》
清	張廷玉	《明史》
清	王昶、陸耀遹、方履籛等	《金石粹編》
清	于敏中	《欽定日下舊聞考》
清	杭世駿	《續景教考》
清	紀昀等	《欽定四庫全書總目提要》
清	印光任、張汝霖	《澳門紀略》
清	魏源	《海國圖志》（五十卷本）
清	林則徐	《四洲志》

　　從上表可見，姚瑩探討基督宗教時，引用與參考了三十七種史料，唐前佔六種，唐代六種，五代、宋、元十四種，明三種，清八種。當中包括了正史、方志、史料彙篇、紀志等等，大部分均為漢人論著，只有三種文本由兩位非漢族編著，包括唐代的中亞基督宗教東方教會修士景淨（?-?）和明代的耶穌會士艾儒略（Giulio Aleni; 1582-1649）。

　　從史料的應用上，我們不能證明姚瑩大量參考外國史料。與梁廷枏《耶穌教難入中國說》相比，梁書直接引用了更多的原始史料。當然，我們可以從兩書的著作背景，得知姚瑩與梁廷枏引用史料差異的原因。姚瑩有關基督宗教的文章出於其出使川藏期間，西南不比兩廣，其地與歐美交往較少。姚瑩雖然在青年時入兩廣總督幕，更可能與歐洲人合剿海盜，但實不可能在當時已留心粵幕有關宗教的史料；然而，梁廷枏一生大多時間留於兩廣，更曾出任廣東海防書局總纂，後更成為《粵海關考》總編。而《耶穌教難入中國說》更出於五口通商以後，時梁正於廣州粵秀書院，故該書乃可參考更多不同史料。[20]

　　本書並不旨於探討《康輶紀行》如何「睜眼看世界」，姚氏學說創新與否，亦與本書探討《康輶紀行》的基督宗教觀無關。本段主要希望提醒讀者，即使《康輶紀行》的引用資料未曾大量參考基督宗教的一手資料，我們亦不能以此稱其於基督宗教純屬無知。舉例說，孔飛力（Philip A. Kuhn）討論魏源及馮桂芬（1809-1874）的政治、社會改革思想時，指出「現代中國」形成的推動力集中於「中流士人」的思想變動。而他們對改革清國的想像多從固有的思想中出發，西方的資料只是輔助的角色。事實上，在認識新事物時主要引用中國資料確實會令研究的有效性

---

[20] 參第三章。

不足，但卻是十分合理的學習進路。正如孔飛力指出，魏源的
《海國圖志》植根於十六世紀以來的南洋研究和學術傳統之中，
魏源不過是引用了新穎的資料於原有的堅實學術基礎上。[21] 在這
裡，我們將要介紹的是姚瑩及其對基督宗教的理解，從他所參考
的材料已可見，他的宗教觀顯然也是由傳統儒教的世界觀建成。

　　思考《康輶紀行》的基督宗教觀時，我們必先疏理姚瑩對
我們現在稱為「宗教」的事物和行為之理解及其個人信仰。姚瑩
在《康輶紀行》呈現的基督宗教觀建立在其儒者的宗教觀之上。
與梁廷枏的論述相比，姚氏的見解並沒有緊扣當時帝國內外的狀
況，而是從儒教的思想中，以心性學說的語言建構出一套宗教包
容的論述。以下的探討也因此較前一章偏向思想史的表述形式，
將直接引用更多原典供讀者參考。我們藉重構姚瑩對以下兩個問
題的答案：「甚麼是宗教？」與「為甚麼有多於一個宗教及其間
之差別為何？」，理解其宗教寬容概念的由來。

甚麼是宗教？

　　對姚瑩來說，宗教的由來非常清楚。他提出不同的宗教都是
出於「天道」：

> 福善禍淫，雖本天道，然此不過天道之一端耳。至天道之
> 精微廣大，與人道之所以參贊化育，克配天地為三才者，
> 豈可以禍福言哉！此義，不但吾儒，釋、老二氏，亦皆知

[21] 孔飛力著，陳兼、陳之宏譯：《中國現代國家的起源》（香港：香港中
文大學出版社，2014），華文版序言及第一、二章。雖然我們在下一章
會發現，魏源對基督宗教的研究，卻是一個特例。在論述基督宗教時，
《海國圖志》參考的資料主要是基督宗教信仰者所著的一手資料。

之。彼回教、天主教者，大旨精微，止於敬事天神，求福
免禍，正西域之婆羅門耳，佛法未興時即有之，彼所謂傍
門外道也。以其粗淺鄙陋，愚人易於崇信，故行之最易，
而何足以當明智之論辯哉！[22]

按此處之謂，雖然回教（伊斯蘭教）、天主教、婆羅門等祈
福免禍之宗教為愚人所信奉的「傍門外道」，卻仍為「天道之一
端」；而較優之儒、釋、老則得「天道之精微廣大，與人道之所
以參贊化育、克配天地為三才者」。然而，這段引文呈現了一個
清楚的觀點：一切宗教都是「天道」的呈現。姚瑩於卷六〈天人
一氣感應之理〉嘗試說明「天道」如何運作：

或問天穹在上，其於人事無不察者，果以日月照臨乎？
抑以鬼神鑑察乎？曰：是矣。而不止此也……天無不在
矣……天以氣為體，如人以血肉為身。人在氣中，如蟻蝨
在人身，隨動即覺，豈有告之者乎！故人一舉動，天即知
之，不待日月之照臨，鬼神之鑑察也。雖然天德廣大，苟
即事物而禍福之，則天不勝其勞，亦不若是之苟也。故陽
授其權於日月，陰授其權於鬼神，日月鬼神者，天之一氣
凝聚之至精者也。日月可見，鬼神不可見。可見者為陽，
司陽之權為天子，日月不明，則天子失其治矣。司陰之權
為鬼神，鬼神之知能亞於日月，能自禍福人而輔相天為治
者也。人事萬殊，天子有知有不知，鬼神則無不知。故天
子之禍福，有所及有所不及，鬼神則無所不及；鬼神之無

所不及也，一天之無所不及而已矣。[23]

據姚瑩在此的記述，可見他認為「天」是一個以「氣」為形軀的主體，而生活於其中的人之舉手投足，俱可為「天」所察覺，並藉由「禍福」回應其日常行為。「氣」乃為姚瑩對超越世界理解的基礎，其於《東溟外集》〈說鬼〉一條進一步解釋：

> 商人好鬼（有溺人曰鬼）之崇也。為浮屠鎮之，曰：鬼畏是。果少溺。或笑之曰：鬼豈能禍人者？抑豈真畏浮屠哉！是人偶溺眾恐之而見怪異焉，則以為崇俗，固謂浮屠有神鬼所畏，藉以鎮之。其始也，心有所怖而氣衰，怪異得以乘之其既也；心有所賴而氣盛，邪不能敵其正。故無所見非鬼之能崇，而浮屠果能神也。姚子曰：鬼亦猶人耳。生畏鬼謂其能崇，故死即以所畏者崇人生。畏浮屠謂其有神，故死即以所畏者自畏，而不知鬼與浮屠自若也。人之知不愈於鬼，豈鬼顧知於人耶？則謂鬼畏浮屠也。宜故君子觀人，則知其鬼。[24]

姚瑩在本段引文指出，為作為「氣」（「天」的本體）的一端之「鬼神」卻會為「心」（心思、思維、感觀、精神狀態）的認知和判斷所改變。當「心」之「氣」盛時，「怪異」、「邪」更會因之而不能敵。此段引文專論「佛」能否抑制「神」、「鬼」。姑勿論姚瑩對佛教的理解如何，我們可以看到「氣」被

---

[23] 《康輶紀行》卷六〈天人一氣感應之理〉條。

[24] 姚瑩：〈說鬼〉，收入《東溟文後集》（清同治六年姚濬昌安福縣署刻《中復堂全集本》影印），卷1，頁2，收入《清代詩文集彙編》（上海：上海古籍出版社，2010），冊549，總頁386。

姚瑩視為人和超越界共有的本質。雖然「氣」的活動有時會形成「邪」，但卻為「天」、「天道」和與之相契的「心」所抑制。也就是說，「天」、「天道」和「心」在這套系統中統馭了「氣」的運行。這一種將「心」置於主宰超越事物並與「天」相通的觀點，甚類於下章魏源之見。事實上，以「氣」作為天地鬼神，以至人身之「體」，在儒教中有頗長的傳統。故推出依於「正」（氣）的人不畏「邪」的鬼神。早於十一世紀，儒者對此已有系統化的論述。[25]

---

[25] 張載曾謂：「鬼神者，二氣之良能也。」見張載：《正蒙・太和篇》，收入《張載集》（北京：中華書局，1978），頁9；朱熹繼承是說，引申謂：「屈伸往來，是二氣自然能如此。」見而朱熹實更以為「鬼」、「神」、「仙」的本體皆為「氣」：「世俗大抵十分有八分是胡說，二分亦有此理。多有是非命死者，或溺死、或殺死、或暴病卒死，是他氣未盡，故憑依如此。又有乍死後氣未消盡，是他當初稟得氣盛，故如此，然終久亦消了。蓋精與氣合，便生人物，『遊魂為變』，便無了。如人說神仙，古來神仙皆不見，只是說後來神仙。如《左傳》伯有為厲，此鬼今亦不見。」朱熹著，黎靖德編：《朱子語類》（上海：上海古籍出版社；合肥：安徽教育出版社，2002），卷63，頁2086-2091。「邪」的鬼神不能侵害依於「正」的人，亦向為儒者所持。程頤釋《周易》乾卦時謂：「大人與天地日月四時鬼神合者，合乎道也。天地者，道也；鬼神者，道化之跡也。聖人先於天而天同之，後於天而能順天者，合於道而已。合於道，則人與鬼神豈能違也？」見程頤：《周易程氏易傳》，收入《二程集》（北京：中華書局，1981），頁705。范仲淹亦有類同之說。其有謂「積善之報集於仁人」、「聖人積善之誨，不吾欺焉」，更曾作《竇諫議陰德錄》，以祈「以示好善者，庶見陰陽報應之理，使惡者知所戒焉」。參劉靜貞：〈略論宋儒的宗教信仰──以范仲淹的宗教觀為例〉，載《中國歷史學會史學集刊》第15期，頁153-164。有關宋儒以「氣」為主的世界觀論述可見勞思光：《中國哲學史》（桂林：廣西師範大學出版社，2005），卷3上，章3及4，頁67-272；錢穆：《宋明理學概述》（北京：九州出版社，2011），頁31-94、133-154；另中國學者殷慧：〈祭之理的追索──朱熹的鬼神觀與祭祀思想〉剪裁了不少宋儒有關鬼神觀的論述，惟其析論卻未稱完備見殷慧：〈祭之理的追索──朱熹的鬼神觀與祭祀思想〉，載《湖南大學學報（社會科學版）》，2012年1月，卷26，期1，頁28-33；Hubert Michael

但姚瑩的宗教觀點更值得注意的是，「天」並不直接管理人事，而是授權天子和鬼神分別代為處理。具體的事例可見於卷八〈天人感應〉條，其謂：

> 見《邸抄》云：四月，京師缺雨，上命查庫內本身及子孫賠限滿未完，現經在部及直省監追者，俱即釋放。五月，復缺雨，上命刑部清滯獄，流徒罪以下減免。福建道監察御史朱琦，請推廣直省。上命刑部查案行之。即日，雨。天人感應如此！[26]

由此「天道」與人日常行為間之相互感應，乃說明了姚瑩的基礎信仰。事實上，姚瑩亦以《易經》卜課為常事，《年譜》常有紀之。[27]《康輶紀行》中亦有不少篇幅集中討論卜課之事。在卷十三〈卜卦用錢代蓍草〉條討論了不同時期的卜卦所用器具和

Seiwert, in collaboration with Ma Xisha, Chapter 4 "Popular Sectarianism during the Song and Yuan dynasties," in *Popular religious movements and heterodox sects in Chinese history* (Leiden; Boston: Brill, 2003), pp.165-213從「正統」與「異端」的角度分析了宋明之際的儒者與民間宗教的關係；Richard von Glahn, "The Song Transformation of Chinese Religious Culture," & C.K. Yang, "Diffused and Institutional Religion in Chinese Society," in Vincent Goossaert ed., *Critical readings on Chinese religions* (Leiden: Brill, 2013), pp.153-208, 415-456亦從類同角度分析此一問題，甚具參考價值。

[26] 《康輶紀行》卷八〈天人感應〉條。

[27] 據施立業：《姚瑩年譜》，姚瑩幾乎每月皆會卜卦。其《後湘續集》卷五〈占卜〉有謂「愁人好占卜，積歲或不應，龜筮有短長，世亦相詬病，五行與太一，辯訟誰政，或言事吉凶，因氣為衰盛，變化環無端，奚能究其竟，今日大吉卜，聊復為君慶。」姚瑩雖然指出占卜之術未必常應，但卻仍甚關心，亦會為「大吉卜」而高慶。（參姚瑩：《後湘續集》，載《中復堂全集‧東溟奏稿》，收入沈雲龍主編：《近代中國史料叢刊續編》（臺北：文海出版社有限公司印行，1974），輯6，卷54，頁8，總頁1539。

儀式不同，但儀軌之變實於卜課之功效無重大妨礙，「蓋鬼神教人，無乎不在，惟存乎其人，精神心氣所感而已」。[28]

為甚麼宗教不只一個及其間之差別為何？

確認姚瑩認為「天道」與人世互動後，我們乃應進一步思考生活在多國並立，多教同存環境下的姚瑩，如何看待同一的「天道」何以衍生出不同宗教？此問亦即基督教神學中的「宗教神學」。[29] 以今日學術用語言之，姚瑩對此的答案，即歸於「天道」對人類之間差異的回應。姚瑩的介紹，可見於《康輶紀行》卷七〈人類萬殊聖人不一其教〉：

> 天之生物也萬殊，而翹出為人；人之為類也萬殊，而各為君長。天不欲人疾病夭折也，復生萬物以養之；君長不能人人衣食之也，使人自以技為養；不得其養則爭，而殺奪侵陵之禍起；有餘其養則侈，而淫佚驕縱之念萌；天既為君長以督約之，復生聖人以教化之，君長以約其身，聖教以化其心，而天之能事畢矣。夫人類萬殊，一聖人不能盡天下也，天若曰：聖者覺吾民而已，何必其一哉！中國有孔子又老、莊焉，西域有釋迦又有三大士焉，至於回部，

---

[28] 《康輶紀行》卷十三〈卜卦用錢代著草〉條。

[29] 「宗教神學」（Theology of Religions）是基督宗教「系統神學」（Systematic Theology）的一個部門，以神學的進路探討其他宗教的意義和價值。作為神學的一部分，「宗教神學」不同於以科學地呈現客觀現實為目的的「宗教研究」（The Study of Religions），而是以基督宗教的信仰為基礎，說明不同宗教在基督宗教當中的位置與價值。典型的例子可見John Hick, *A Christian Theology of Religions: The Rainbow of Faiths* (Louisville, KY: Westminster John Knox Press, 1995)。

歐羅巴，亦各有穆哈默德與耶穌其人者。他外夷吾不能
知，知天必不能恝然置之也。此數子者，皆體天道以立教
者也，其教不同，至於清心寡欲，端身淑世，忠信好善而
不殺，則一矣。[30]

在姚瑩的理解中，天道是不同的「宗教」的起源。「天」在
前段引文中被視為與人相關聯的神聖，亦會授權於不同的事物對
人賞善罰惡以教化之。其中政府（天子）和宗教（鬼神、聖人）
分別擔任了最重要的兩個角色。然而，生活於多國、多教環境下
的姚瑩，有必要回應清帝和儒教並不是世界唯一政府和宗教的現
實。姚瑩由是指出，由於人類的多樣性（萬殊），「天」亦必須
以多樣化的宗教（聖人）對治之。他尤其聲明的是，對「天」
而然，聖人和宗教並不是終極目的，真實的終極目的是使人類
「覺」（聖者覺吾民而已，何必其一哉！），故「聖者」對彼而
言只有工具價值。這一種將思想、教化、信仰、宗教視為工具的
觀點可以在先秦儒家中找到苗頭。荀子分明在〈王制〉與〈禮
論〉篇指出教化和禮樂是為了對治人類因資源分配而生之亂象而
生。[31] 姚瑩的觀點與荀卿如出一轍，考其異者，亦不過將最高之

30　《康輶紀行》卷七〈人類萬殊聖人不一其教〉條。

31　《荀子》之原文為：「分均則不偏，執齊則不壹，眾齊則不使。有天有
地而上下有差，明王始立而處國有制，夫兩貴之不能相事，兩賤之不
能相使，是天數也。勢位齊而欲惡同，物不能澹則必爭，爭則必亂，亂
則窮矣。先王惡其亂也，故制禮義以分之，使有貧、富、貴、賤之等，
足以相兼臨者，是養天下之本也。《書》曰：『維齊非齊。』此之謂
也。」（〈王制〉第九）；「『禮起於何也？』曰：『人生而有欲，欲
而不得，則不能無求；求而無度量分界，則不能不爭；爭則亂，亂則
窮。先王惡其亂也，故制禮義以分之，以養人之欲，給人之求，使欲必
不窮乎物，物必不屈於欲，兩者相持而長，是禮之所以起也。故禮者、
養也，芻豢稻粱，五味調（香）〔盉〕，所以養口也；椒蘭芬芳，所以
養鼻也；彫琢、刻鏤、黼黻、文章，所以養目也；鐘鼓管磬、琴瑟、竽

權威由「先王」更易為「天道」，並將之應用於多元宗教的現實。在上引引文以後的部分，姚氏進一步解說諸宗教不宜互相攻詰，否則亦有違「天道」：

> 道者何？猶路也。道之大原出於天，猶王人奉使，同出京師，其之四方，則南北東西不能一轍矣。水以舟，陸以車，山以樏，泥以橇，有故使人皆躋仁壽者，天之心也，必非議而相攻，是舍本而求末。豈天之心哉！雖然，吾中國之民也，中國有孔子，吾終身由其道而猶未能盡，烏能半途而棄之，更從他道哉？岐道而傍惶，雖畢其生，必無一至矣。如六月盛夏，見美裘而好之，豈能釋吾葛而從裘也乎？人能無惑乎此，斯可為知道者歟？（孔子繫《易》曰：「天下同歸而殊途，一致而百慮」，朋從則非矣。故又曰：「道不同，不相為謀。」）[32]

雖然自視為儒者（吾儒）的姚瑩在其他篇章中表明他對儒門極具信心，更視儒教遠較別教為優，[33] 但卻他在這段文字卻以為

笙，所以養耳也；疏房橌䫉、越席、床笫、几筵，所以養體也。故禮者、養也。」（〈禮論〉第十九），參《荀子》〈王制〉第九及〈禮論〉第十九，參王先謙撰，沈嘯寰、王星賢點校：《荀子集解》，頁152及346。

[32] 《康輶紀行》卷七〈人類萬殊聖人不一其教〉條。

[33] 如本章首段引文中以儒、釋、老俱係得天道之精微，然姚瑩實以儒教為最高之教。如《康輶紀行》卷八〈佛言福德聖人不言福利〉、〈釋氏不切於用〉、〈唐三代迎佛骨〉三篇俱以釋教不如儒教。〈釋氏不切於用〉謂：「釋氏之說，余反復推究，其言心性之旨，未嘗不與吾儒同其始終，故程子、朱子，旨謂其言近理。然不可捨吾儒而從之者，高而不適於用，遠而不切於事，則不中之過也。未生以前，本有未生前事，既已往而不可問；既死以後，自有既死後事，方未來而不可求。惟此現有之身，則有此身之事，修其五德，敬其五倫，推己及人，推人及物，身

各國皆從其教方合乎自然。不同的道（教）相互攻詰，本來就大有違旨於維持人類社會秩序的「天道」之願。（非議而相攻，是舍本而求末。豈天之心哉！）必須釐清的是，姚瑩並不以爲一切的宗教組織都是平等而可接受的。如其論藏傳佛教時有謂：

> 紅教剌麻有法術，能咒刀入石，復屈而結之；又能爲風雪、役鬼神，非虛也。然自屈服於黃教。蓋黃教惟講誦經典，習靜禪坐，不爲幻法，而諸邪不能侵之。故蕃人雖愚，其敬黃教，尤在紅教之上。此佛圖澄所以不如鳩摩羅什，而鳩摩羅什不如達摩也。[34]

更有甚者，姚瑩認爲儒教之中亦有優劣之分。姚瑩以爲，清帝國在此時期出現的種種問題，核心根源之一就是考證運動的風行。在《東溟文外集》卷一的〈覆黃又園書〉：

> 竊歎海內學術之敝久矣！自四庫館之後，當朝大老皆以考博專事，無復有潛心理學者。至有稱頌宋、元、明以來儒者，則與誹笑，是以世俗人心日壞，不知禮義廉恥爲何事。至于外夷交侵，輒望風而靡，無恥之徒以悅媚夷人爲事，而不顧國家之大辱，豈非毀訕宋儒諸公之過哉！[35]

修而家齊，國治而天下平……佛老旨究人生前死後之事，吾儒之學，只說現在爲人之事；佛書專談六合以外，吾儒只談六合以內；三教或主出世，或主治世，各行其是，不相爲謀也。」
參《康輶紀行》卷八。

[34] 《康輶紀行》卷七〈黃教紅教之異〉條。

[35] 姚瑩：〈覆黃又園書〉，收入《東溟文外集》（清同治六年姚濬昌安福縣署刻《中復堂全集本》影印），卷1，頁34，收入《清代詩文集彙編》（上海：上海古籍出版社，2010），冊549，總頁570b。

　　而《東溟文集》卷二的〈贈朱澹園序〉更認為傾向「考證」的「漢學」令儒者「空迂而好華美驕侈」、「偷風薄俗」：

> 時聞長老言，乾隆四十年前，士大夫皆愛惜廉恥辨名分，衣冠容儀有法度。教子弟，必先授朱子小學，談先儒名諱，如道父師。其誠厚可想也。數十年來，世風尤三變矣。其初，好博聞強記，薄先儒身心性命之學，為空迂而好華美驕侈；既乃尚通達，騁宏辯譏訕禮法之士；如寇讎近日，并通達宏辯亦少，惟事苟便而已。士大夫聚會，至解衣露體，嬉笑詬罵相娛，或齒高位尊，而與少年為輕薄，所見所聞，無不可驚愕者，舉世方恬然不為怪也。余曰：風俗係（繫）乎人心，人心係乎學術。今之教弟子者，皆非學也，取利祿之術而已。先世父兄望其子弟，未嘗去利祿而猶以小學教者，使知有根本也。今則拔其本，而掘其根。人心日以偷風薄俗，烏得無壞乎？……雖然先儒之說具（俱）在，苟以禮法為門，進究六經之旨，日講而月習之，以求去其薄人心壞風俗者，則澹園之道日新……[36]

　　和下一章所討論的魏源不同，姚瑩的「儒教觀」中並沒有一個「分工」的概念（下詳），對他來說，心性之學是所有儒者的當然責任。而他口中的「漢學」只會玩弄文字，而無益於世道人心。而士大夫解衣露體等輕薄之所為，亦被認為與考證學者不再推尊朱子及性理學說相關。這裡說「無益」，或許對姚瑩來說仍

---

[36] 姚瑩：〈贈朱澹園序〉，收入《東溟文集》（清同治六年姚濬昌安福縣署刻《中復堂全集本》影印），卷2，頁15-16，收入《清代詩文集彙編》（上海：上海古籍出版社，2010），冊549，總頁333。

不夠準確，這群壟斷了儒教「話語權」，一意誹笑宋、元、明理學家的「考博」專家，不特是有歪風俗，更係玩忽職守於朝堂之上，使有清喪權辱國，稱之「有害」，恐亦不過，視之為與先儒與理學之儒比肩，更係斷乎不可。[37] 由此，我們大抵可以確認姚瑩對不同傳承的宗教及宗派，均有嚴明的等級層次。

如果姚瑩於各教高下尚有差別之心，則必進而問其於宗教「正邪」之判準為何。姚瑩於卷六〈獲青蓮教匪〉中稱「青蓮教」、「無生老母」、「嘓匪」（哥老會）為「邪說」、「教匪」、「盜」。此一稱謂遠較對釋、老以至回回、天主之教為劣。雖然姚瑩並未明言何以此類明清流行之民間信仰為惡，但從其建議的對治方法為儒者常用的「誠心」、「清心寡慾而後可」等論述，則我們大抵可以理解姚瑩認為時人需以「天道」教化方可解決邪教、教匪等問題。我們亦可由此知道姚瑩於宗教善惡之判準在於是否有違「天道」教化。更為具體之例可參考姚瑩於1820年任官臺灣時禁民間五通神（五妖邪神）之〈焚五妖神像判〉。這篇判文鮮為學者留意，但卻對我們理解姚瑩的宗教觀點有重要貢獻，故不厭其煩，完整引錄如下：

> 皇帝治世，勤政愛民，天眷隆顯，百神效命，各盡其聰明正道，以佑我黔黎。皇帝嘉之。凡有功德於民，皆命有司修其祭祀，禮官職載，於古特備。其民俗土神祈禱求福者，雖祀典所未入，以庇民之故，不為屬禁。蓋能庇吾民者皆祀之，則害吾民者必除之。此大經也。閩俗好鬼，漳、泉尤盛。小民終歲勤苦，生送死且不足，輒耗其半以祀神。病於神求藥，葬於神求地，以至百事營為不遂者，

---

[37] 施立業：《姚瑩年譜》，頁375。

皆於神是求。愚民之情，亦可哀矣。然皆求福而祀，未有
害虐我民如五妖者也。稽爾五妖，本五通之遺孽。昔在三
吳為祟，撫臣湯以天子命驅除之。吳民至今安堵。妖頑不
泯，竄入閩中，以至海外，爾宜造福此方，即潛匿民間，
竊血食，有司體皇帝愛民之意，豈不爾容？胡乃怙惡不
悛，肆其兇慝！臺灣民人許某者，兄弟和愛，負販養親，
年未三十，鄰里咸稱謹願。昨者無故體病，謂爾五妖責求
祭祀。其兄貧莫措，爾益為厲，以致於死。許某將死，語
兄若不祀爾者，且禍一家。其兄大懼，因稱貸毀家，作爾
像，盛禮迎祀。闔郡喧然。吾既為天子守土宰，境內之
事，吾得主之。今爾敢虐吾民，肆為妖妄，豈可容縱？且
人之死生有命，非爾魑魅所能擅權。不過適見許某將死，
爾欺愚民無知，遂憑之為祟耳。惑世誣民，莫此為甚！今
遣役械繫爾像，公庭鞫爾。爾之妖妄已著，是宜杖碎投
火，絕爾妖邪之具，開吾赤子之愚。儻爾有靈，三日內降
禍吾身，使吾得聞諸上帝。此判。[38]

---

[38]　參姚瑩：〈焚五妖神像判〉，載《東溟外集》（清同治六年姚濬昌安福縣
署刻《中復堂全集本》影印），卷4，收入《清代詩文集彙編》（上海：
上海古籍出版社，2010），冊549，頁3-4，總頁409。及其事參姚濬昌：
《年譜》，收於沈雲龍主編：《近代中國史料叢刊》（臺北：文海出版
社，1974），輯6，頁9，總頁4291-4292；有關五通神被儒者視為淫邪，早
見於有宋。朱熹曾言及早年返家鄉徽州（新安）拒絕從俗崇祀「五通神」
的事跡，其謂：「風俗尚鬼，如新安等處，朝夕如在鬼窟。某一番歸鄉
里，有所謂五通廟，最靈怪。眾人捧擁，謂禍福立見。居民才出門，便帶
紙片入廟，祈祝而後行。士人之過者，必以名紙稱『門生某人謁廟』。某
初還，被宗人煎迫令去，不往。是夜會族人，往官司打酒，有灰，乍飲，
遂動臟腑終夜。次日，又偶有一蛇在階旁。眾人哄然，以為不謁廟之故。
某告以『臟腑是食物不著，關他甚事。莫枉了五通』。中有某人，是向學
之人，亦來勸動，云：『亦是從眾。』某告以『從眾為何？不意公亦有
此語！某幸歸此，去祖墓亦甚近。若能為禍福，即請葬某與祖墓之旁，甚

　　從上引文可知姚瑩判定邪教的標準有二：一曰有違天子之命（蓋天子為天道　呈現之一端）；一曰「虐民」，亦即妨害民生日用（蓋為百姓（人類）建立生活之秩序為天道之終極目標）。但極為有趣的是，姚瑩不止以功能和社會影響的角度批判五通神的信仰，更直言作為官員的他，作為「天子守土宰」，因此「境內之事，吾得主之」。這裡的「事」，除了日常政務，更包括了事涉鬼神的超越世界。對姚瑩來說，儒官從「天子」與其所學習的經典，得到了統轄「此世」和「彼世」的權力。在判辭的最後，姚瑩更指出如五通神為一合乎「天道」的信仰，則他自會被該神降禍，身死以後，為上帝告知。這亦即是說，姚瑩認為判定其判斷為誤的權柄，乃在於「上帝」。〈焚五妖神像判〉的口吻，與其說是行政人員的公文，更像是異端裁判所（Inquisitio Haereticae Pravitatis）的判辭。

　　既理明姚瑩理解宗教之判準以至其「宗教神學」，則我們可以進入本書關注的主題，即在姚瑩的「宗教神學」中，基督宗教如何被理解？以下我們將從姚瑩的思路闡釋以上一問的答案。

「殊途」還是「異端」？

　　基督宗教對姚瑩來說是「天道」的「一端」抑或像「五通神」一般屬於不可接受的「異端」呢？他對基督宗教的介紹先從

便。」見朱熹著，黎靖德編：《朱子語類》，卷3，頁178-179。有關五通神的信仰與儒門的關係，可參Richard von Glahn在"The Enchantment of Wealth: The God Wutong in the Social History of Jiangnan"一文藉非正統的淫邪、財富之神「五通神」的信仰變化之路，分析了自有宋至清中葉江南人的財富和經濟觀念。Richard von Glahn, "The Enchantment of Wealth: The God Wutong in the Social History of Jiangnan," *Harvard Journal of Asiatic Studies*, Vol. 51, No. 2 (Dec., 1991), pp. 651-714；中譯見韋思諦（Stephen C. Averill）編、陳仲丹譯：《中國大眾宗教》（南京：江蘇人民出版社，2006），頁143-196。

其歷史源流開展。據姚瑩考據所得，「天主教」源出中唐三夷教（祆教、末尼教、景教）。姚瑩在卷二〈天主教源流考〉中先引用《後漢書》、《漢書》等中國史志，考證古代歐洲的位置與信仰、文化，指出大秦、拂菻為同一地，再引《明史》謂大西洋人（即耶穌會士）之謂「如德亞」即「古大秦國」。為引證中國史志所言，姚瑩乃進而引用義大利傳教士艾儒略於明天啟三年（1623）據同行的龐迪我和熊三拔等所著的底本編譯而成之《職方外紀》，而得知「天主教」出於「如德亞」（猶太）。

隨後，姚瑩引用了錢氏《景教考》、《冊府元龜》、《長安志》、《唐會要》等史料，考證了古大秦國有何信仰，得知該地有三夷教，分別為「摩尼，即末尼也；大秦，即景教也；祆神，即波斯也」（據舒元輿《重岩寺碑》），並嘗試逐一理明其關係。最終結論為三者其實本同而末異，不過派系之別。其有言曰：

> 末尼為白雲白蓮之流，於三種中最為劣。以元輿三夷寺之例，覈而斷之。三夷寺皆外道也，皆邪教也，所謂景教流行者，皆夷僧之點者，稍通文字妄為之詞，非果有異於摩尼祆神也。[39]

最後，姚瑩據清人王昶（1724-1806）撰《金石萃編》（一百六十卷本）引述其《大秦景教流行中國碑》中有「判十字以定四方之語」，肯定「西洋奉天主耶穌」為「大秦景教」。姚瑩對此結論甚有信心，並進而指出1788年英廉（1707-1783）等奉敕編《欽定日下舊聞考》（一百六十卷本）載「天主堂構於西洋利瑪

---

[39]　《康輶紀行》卷二〈天主教源流考〉條。

竇，自歐羅巴航海九萬里，入中國，崇奉天主云云。若大秦一名如德亞，今稱西多爾，其在歐羅巴南，印度之西，相距甚遠，似不能合為一也」為誤。姚瑩認為：「此語迂謬。天主教自大秦，流行於大西洋耳，今且自大西洋流入中國矣，況唐至明，越千數百年乎？」接著姚瑩再從「祆」、「天」同義而謂復視「天主教」為景教（三夷教）之末流：

> 所謂景教者，實自波斯，而溯其源大秦也……而言西北諸國事天最敬，故君長謂之天可汗，山謂之天山，而神謂之天神，延及歐羅巴，奉教謂之天主，旨以天該之。[40]

又復耶穌會士之行證明上引之說：

> 利瑪竇初來，乃詫為亙古未睹，艾儒略作此書既援唐碑以自證，則其為祆教更無疑義。[41]

最後，姚瑩以「按」的形式作出判斷，謂天主教只得天道之一端，與伊斯蘭教、婆羅門同為低級宗教。其理由則為二教都只言及禍福，而無法完整地呈現「天道」。[42] 根據上文對姚瑩的「宗教神學」之討論，我們可知對姚瑩而言宗教有等級層次之分，最上為完整闡釋天道的儒教；其次為得知「天道」大要而誤置其終極關懷於「生前死後」的釋、道二教；其下又為婆羅門、回回、天主等能呈現天道之一端，即「敬事天神、求福免禍」的「傍門外教」；最下乃為青蓮、無生老母、三夷教等「邪教」和

40　《康輶紀行》卷二〈天主教源流考〉條。
41　《康輶紀行》卷二〈天主教源流考〉條。
42　參本章首段引文，見《康輶紀行》卷二〈天主教源流考〉條。

「邪說」。由此可見，在〈天主教源流考〉中以為基督宗教並非邪教。

然而，〈天主教源流考〉卻為我們引出另一懸而未決的問題，即姚瑩未為我們解釋作為三夷教末流的基督宗教和伊斯蘭教，如何從「邪教」轉化為「傍門外教」？（天道最低級的呈現，但卻不是邪教的宗教）配合上引《康輶紀行》卷七〈人類萬殊聖人不一其教〉揭示有關姚瑩的「宗教神學」，指「穆哈默德與耶穌」均為「天道」為人而設之聖人，本質無異於孔、老、釋等傳統的中國聖人，姚瑩清楚地指出基督宗教出於天道，亦不可能為邪教。但是，姚瑩並無從教義討論三夷教與基督宗教的分別，則何以他們的本質有如此重大的分別？

如果當時的社會普遍地接納了基督宗教為一合於傳統價值體系的宗教，則這一問題並不值得我們關注，因為姚瑩的理解自然是社會的主流觀點，即無獨特性可言。但事實上，視天主教為邪教，反為當時菁英之共見，梁廷枏、姚瑩等以為可以包容基督宗教反倒是特例。蓋早於乾嘉時，洪亮吉（1746-1809）〈征邪教疏〉已有云：

> 今者楚、蜀之民，聚徒劫眾，陸梁一隅，逃死晷刻。始則惑於白蓮、天主、八卦等教，欲以祈福，繼因受地方官挾制萬端，又以黔省苗氛不靖，派及數省，賦外加賦，橫求無藝，忿不思患，欲藉起事以避禍。[43]

---

[43] 洪亮吉：〈征邪教疏〉，收入賀長齡輯、魏源編、曹堉校勘：《皇朝經世文編》卷89，兵政20‧剿匪，收入《魏源全集》（長沙：嶽麓書社，2004），冊17，頁820。

　　白蓮與八卦教俱為乾嘉年間清廷之「重點」剿滅對象，[44] 而天主得以比肩於此二，可見其於時儒者心中已為邪教之要者。〈征邪教疏〉一文出於1798年，然實則仍舊為乾隆帝專掌的時代。乾隆朝晚年，教門政策日益嚴厲，近於苛刻，如黃天教等不言政治的民間宗教亦慘遭屠戮，1793年更有川、楚、陝白蓮等教大暴動，其勢至嘉慶初年而不止。[45] 可以想像的是，當時「正統」的儒者對「邪教」如何恐懼，而白蓮、天主、八卦等教在洪亮吉的奏文中並列，更比類前朝直接參與反政權暴動的五斗米道等教門。

　　也有學者解釋，當時人皆因「天主教」之名而視之為邪教。他們指出對當時熟識「教」、「門」的讀者，都會聽過天地會、天水教、天方教、天理教等不獲國家支持的宗教。他們大部分都曾參與反清活動。對士庶而言，天主教至少在稱號上與他們並無重大分野。[46] 以1744年江西南安府南康縣及四川重慶府江津縣何國達等人一案為例，地方官吏對天主教徒的審問，多重視教徒是否抄傳、出版經籍及有否大型聚會。這一種審訊方式，明顯是針對以「佈經→聚眾→結社→起事」模式的中國民間宗教而行。[47]

---

[44] 劉平：〈剖析明清「邪教」〉，載《江蘇教育學院學報（社會科學版）》，2004年11月第20卷第6期，頁63-66。

[45] 鄭永華：《清代秘密教門治理》（福州：福建人民出版社，2003），頁128-192；Hubert Michael Seiwert, in collaboration with Ma Xisha, Chapter 8 "The Dynamics of Popular Religious Movements During the Qing and Ming Dynasties," in *Popular religious movements and heterodox sects in Chinese history*, pp.438-484.

[46] 詳參秦寶琦、孟超：《秘密結社與清代社會》（天津：天津古籍出版社，2008）。

[47] 馬西沙：〈羅教的演變與青幫的形成〉一文對有清民間宗教如何成立與擴充最後成為大型幫會有深入的討論，收入王見川、蔣竹山編《明清以來民間宗教探索——紀念戴玄之教授論文集》（臺北：商鼎文化，1996），頁1-28；亦參Daniel L. Overmyer, *Folk Buddhist religion: dissenting sects in late traditional China* (Cambridge, Mass.: Harvard University Press, 1976)。

被視為邪教的天主教，在乾、嘉、道三朝被清廷以邪教政策對待，終使其行跡日益神祕化，更加深了它的「邪教」形象，[48] 此說亦為不同學者所同意。[49]

然而，姚瑩起碼肯定了基督宗教和伊斯蘭教在一定程度上能呈現天道，亦認為儒者亦無非議的必要，不同於對待青蓮教、五通神等民間宗教，必俟文攻武鬥。姚瑩雖然明言其中曲折與過程，但本書根據其「宗教神學」與對其他宗教的論述，卻有以下猜想。

首先，姚瑩之所以能接納基督宗教並非「邪教」，乃出於他認為該教有助社會安寧。從《康輶紀行》卷十五〈回教源流〉發現，姚瑩對伊斯蘭教未有大張撻伐，同樣可能出於其具禮儀、經典，亦致成信仰者所在社會的和諧；[50] 更為直接的證據乃為〈天主教源流考〉及引《職方外紀》所載天主教義，以及〈人類萬殊聖人不一其教〉均指出基督宗教有助社會和諧，減少人類社會放任自然所必衍生的紛爭。

其次，在姚瑩的「宗教神學」中，「天道」呈現之途不一定出於鬼神、聖人、宗教等事物，亦出於人主，蓋天子實為「天道」維繫人類社會穩定的重要因素。因此，天子（政權）對不同宗教的判斷，也代表了「天道」是否接納該宗教為「天道」的一種顯現。筆者一個很有趣的發現是，在姚瑩對三夷教的論述中，該些宗教之所以被判為邪的原因皆是引用當時天子的諭旨或述說其反政府的性質，例如〈天主教源流考〉引《志盤統紀》、開元

---

[48] 費正清編：《劍橋晚清史》（北京：中國社會科學院出版社，1985），頁602。

[49] Robert Entenmann, "Chinese Catholics and their Relations with the state during the campaign against White Lotus," in Peter, Chen-main Wang ed., *Contextualization of Christianity in China: An Evaluation in Modern Perspective*, pp.227-242.

[50] 《康輶紀行》卷十五〈回教源流〉條。

二十年赦等。[51]

　　如果我們加入了姚瑩寫作的時代背景，我們便會發現〈天主教源流考〉實寫於1845年4月23日（道光二十五年乙巳三月十七日），而清國於1844年及1846年已在與外國簽訂的不同條約中解除了自康熙年間以來的天主教禁令。[52] 根據中國第一歷史檔案館編《清中前期西洋天主教在華活動檔案史料》，道光帝於1844年11月6日（道光二十四年甲辰九月二十六日）〈奉旨著耆英等婉轉開導夷人中國禁教並非禁止夷人信教〉及1844年12月14日（道光二十四年甲辰十一月初五日）〈寄諭兩廣總督耆英所奏天主教弛禁一事自屬可行著轉行各督撫一律查照辦理〉分別已開教禁並擬將此措置通行全國。[53] 姚瑩於《康輶紀行》同卷的〈復設天主堂〉一條載其已收悉上言之諭旨，而該消息亦為〈天主教源流考〉的寫作原由。

　　從此觀之，姚瑩在評論、分析基督宗教時，已得知當時的「天子」（也即「天道」的一種呈現）已表明基督宗教並非邪教。由是聯想，我們亦可猜想姚瑩根據其「宗教神學」，以政府（天子）對某宗教的態度，判斷該宗教的「正」、「邪」。惟姚瑩本人並無言明此一理路（rationale），故實無從判明此猜想。但綜合上文所說，我們已經可以說明姚瑩的對不同宗教的評價。為求清晰，以下以表列說明：

---

[51]　《康輶紀行》卷二〈天主教源流考〉條。

[52]　Paul A. Cohen, "Christian Missions and Their Impact to 1900," in John K. Fairbank edited, *Cambridge History of China*, Vol. 10 Late Ch'ing, 1800-1911, Part 1 (New York: Cambridge University Press, 1978), p. 550.

[53]　中國第一歷史檔案館編：《清中前期西洋天主教在華活動檔案史料》（北京：中華書局，2003），冊3，頁1294及1297。

表4-2　姚瑩「天道」與宗教關係觀

與天道之關係	宗教			程度
天道的完整呈現	儒教	理學		最佳
		考據學（錯誤的方法）		↑
天道的部分呈現	道教、佛教	道教、中國佛教		
		藏傳佛教	黃教	
			紅教	
天道的「一端」（傍門外教）	基督宗教、伊斯蘭教、婆羅門教			
違反天道（邪教、邪說）	青蓮教、無生老母、五通神、三夷教			最劣

　　與傳統中國基督宗教史不同，姚瑩的基督宗教觀顯示了儒者在十九世紀初對基督宗教已有一定認識。不少學者曾認為，一直至二十世紀初，華人對基督宗教仍未認識清楚。如呂實強曾向林治平言：「基督教與中國文化吵架吵了一百多年，卻從沒有見過面。」[54] 此即言基督宗教與中國文化並非有本質的差異，其對立只因二者的誤解。當然，現代學界亦有指出這種觀點並不正確。邢福增就曾指出此觀點忽略了基督教信仰與中國文化間確實有「不可共量性」（incommensurability），而是有神學／教義上的矛盾。[55] 從姚瑩完備的「宗教神學」可見，當時的儒者對不同的「宗教」已有一定的既定觀點，即使他們的理解未算精準，但我

---

[54] 林治平：〈編者導言〉，氏主編：《近代中國與基督教論文集》（臺北：宇宙光出版社，1981），頁21。

[55] 邢福增：〈恩典與德行——基督教救贖論與中國文化的衝突〉，宣讀於世界循道衛理宗華人教會聯會主辦的第四屆神學研討會「衛斯理約翰的恩典觀」（2011年6月1至3日）。亦見邢福增：〈恩典與善行——基督教救贖論與中國文化的衝突〉，《建道學刊》，第19期（2003年1月），頁39至58（修訂後收於邢福增：《衝突與融合——近代中國基督教史研究論集》，臺北：宇宙光出版社，2006）。

們不能以為他們對基督宗教一無所知。

我們必須指出，如果儒者在十九世紀初已對基督宗教具一定認識，亦已將基督宗教置於其理解的一部分，歸入其「宗教神學」的體系之中，則在晚清及以後的中國與基督宗教衝突，並不能化約為單純的無知，或民族情緒。其答案必須從中國傳統思想發展的進路探討。與梁廷枏不同，雖然姚瑩也在政治生涯上與外國人相遇，更在最前線經歷帝國與大英帝國的戰爭，但他卻沒有從政治形勢方面立論說明何以儒者應包容基督宗教。以任何標準來看，在戰後包容敵國的宗教誠屬異數，而從己身的宗教內容建構出一套包容對方信仰的思想體系更是困難。

姚瑩包容基督徒，主要是對「儒者」及「天道」的意義重新思考，並將原先中國不同宗教之間的包容，擴及基督宗教和伊斯蘭教。認為「天道」有「殊途」在中國思想與宗教史上也並不是重大創新，但在十九世紀初有系統地檢視儒教的教義如何可以包容基督宗教，卻是一個重大的貢獻。

第五章

「秉氣」與「異俗」：
魏源的《默觚》與《海國圖志》

姚瑩與梁廷枏均是大清帝國的中層官員，但他們的學識不為所有儒者所共有，一般庶民的世界觀亦未必如此宏大。宗教寬容，實在不是當時廣為時人所接受。然而，他們這群活動於全國範圍的儒者，卻是帝國管治體系的骨幹，並具體地應對帝國內外的各種問題。在芸芸眾多的問題中，最為可視的問題誠為異國的勢力在帝國內日益增強。同樣作為帝國管治體系骨幹的魏源提出的回應，較梁廷枏與姚瑩更為全面。梁廷枏的論述集中於海防、白銀與國際貿易，對異國宗教的包容很可能是一個衍生的論點；姚瑩則是以隨筆的形式表述自己對儒教與其他宗教關係的重新詮釋，思考在諸教並存的現實中儒教與帝國政府自處的問題。但對《海國圖志》來說，系統地介紹「外國」的情況，並論及他們與大清帝國的關係方就魏源著述的主題。是以魏源介紹異國宗教時，總是從行政的角度出發，包容他教，也在很大程度上以政治的觀點立論。

魏源絕對堪稱十九世紀華人最受歡迎研究對象之一，有關《海國圖志》者尤其琳瑯滿目。但為免將這時代的儒者對基督宗教的理解抽離於其整體的世界觀與價值體系，使他們對外來宗教的見解成為無源之水，本章不會單單從《海國圖志》探討他的宗教寬容如何異於梁廷枏與姚瑩。因此，我們將會從魏源在《默觚》所建立的思想體系出發，介紹其「宗教觀」而後延及魏默深中年寫成的《海國圖志》，對基督宗教觀的包容亦由此得以解釋。正如前一章的對姚瑩的描寫，我們在本章的工作是回答以下幾條問題：一、對魏源來說甚麼是宗教？二、為甚麼有多於一個宗教及其間之差別為何？當我們明瞭了上述兩問的答案後，我們便可以回答本書最關心的問題：對魏源而言，基督宗教是甚麼？

魏源：中層改革者的務實思維

在寫作《海國圖志》以前，魏源的有關「經世」、「宗教」、「外國」的思想如何形成呢？。是以，我們要先從魏源的生平開展論述。[1] 由於魏源的生平經歷遠較梁廷枏與姚瑩複雜，

---

[1] 此處主要參考魏源之著作，魏源之子魏耆：《邵陽魏府君事略》、清末黃象離《重刊古微堂集》序、跋、湘軍元老、大清駐英、法國公使郭嵩燾：《魏默深先生古微堂詩集》、《清史稿・魏源傳》俱收入魏源著，國營青雲儀器廠北京第六機床廠工人理論組：《魏源集》（北京：中華書局，1975）；李柏榮：《魏源師友記》（長沙：嶽麓書社；湖南省新華書店，1983）；魏寅：《魏氏軼聞》，收入莊玉圖、魏氏大族譜編輯部編：《魏氏大族譜》（臺中：正義出版社，1973）；魏寅：《魏源傳略》（北京：光華書局，1990）；陳耀南：《魏源研究》（香港：九龍昭明出版社，1979）；李瑚：《魏源詩文繫年》（北京：中華書局：新華書店北京發行所發行，1979）；李瑚：《魏源研究》（北京：朝華出版社，2002）；李漢武：《魏源傳》（長沙：湖南大學出版社；湖南省新華書店經銷，1988）；Peter MacVicar Mitchell, *Wei Yuan (1794-1857) and the early modernization movement in China and Japan* (Indiana: Indiana University, 1970); Peter MacVicar Mitchell, "Wei Yuan and Westerners: Notes on the Sources of the Hai-kuo t'u-chih," in *Ch'ing-shih wen-t'I*, Vol. 2, No. 4 (November 1970), pp.1-20; Peter MacVicar Mitchell, "The Limits of Reformism: Wei Yuan's Reaction to Western Intrusion," in *Modern Asian Studies*, Vol.6, No. 2 (April 1972), pp.175-204; Jane Kate Leonard, *Wei Yuan and China's rediscovery of the maritime world* (Cambridge, Mass: Harvard University press, 1984); Philip A. Kuhn, *Origins of the modern Chinese state* (Stanford: Stanford University Press, 2002), chapter 1（中譯本見孔飛力著；陳兼，陳之宏譯：《中國現代國家的起源》，第一章；Ho Ping-ti 何炳棣, "The Salt Merchants of Yang—Chou: A Study of Commercial Capitalism in 18th Century China" in *Harvard Journal of Asiatic Studies*, 1954 (17)；惟筆者認為，最為完整的紀傳，當數中國學者夏劍欽、熊焰：《魏源研究著作述要》（長沙市：湖南大學出版社，2009），第一章〈魏源生平簡介〉，是書多引用不同文獻比對史事，惟其中其夾雜不少渲染之事，如其介紹魏源故鄉筆架山時，謂「據說魏源少年時就常常憑欄佇望筆架山，翹首望明月，浮想聯翩」（頁3）、謂其母夜夢神人而生子（頁四）、謂京城流傳「記不清，問漢勛；記不全，問魏源」等未見於其他史傳之孤說，頗難徵信，故文中一概不取。臺灣學者王家儉：《魏源對

故這裡的敘述將較以上兩章更為詳細。魏源，字默深，生於1794年湖南邵陽隆回金灘村。[2] 今可知者，魏源祖上不仕，卻力田經商，財用豐足，雖係素封之家，卻廣惠鄉間。至魏源高祖魏永崇（?-?）一支，更屢出官宦，除魏源以外，清末名臣魏光燾（1837-1916）亦源出於此。[3] 在康熙中葉時，因邵陽百姓積欠租稅過多，為縣官勒繳，結果民情洶洶，幾成激變。魏永崇長子魏大公（?-?）乃變賣家產，代完一郡之餉。時邑令盧大經（?-?）獎以郡邑醇良額，以感其使民變得寢。[4]

這段家史亦見於魏源之子魏耆（?-?）所著《邵陽魏府君事略》中，相信乃為魏家喜頌的美談。然而，魏耆卻同時指出，此為魏

西方的認識及其海防思想》（臺北：大立出版社，1984）及《魏源年譜》（中央研究院近代史研究所專刊（21））（臺北：中央研究院近代史研究所，1967）與中國學者李瑚：〈魏源事跡繫年〉及〈魏源詩文繫年〉，收入氏著：《魏源研究》（北京：朝華出版社，2002）最為準確，言必有所據。故以下論述大抵比對兩位學者的研究為本。夏劍欽與熊焰曾為有關魏源之研究著作作一詳細分類及闡述，文獻極為豐富，未能卒讀，上引書目，只為筆者目力所及的著作而已。

2　魏源，原名遠達，後易名源，字默深，一字默生，又字漢士。王家儉：《魏源年譜》，頁1。邵陽隆回之境，至有明尚係瑤漢雜居，明洪武五年壬子（1372）設隆回巡檢司，下分八都，金潭屬一都，此據清《嘉慶一統志》載：「隆回巡司在邵陽縣西北百八十里隆回市。明洪武五年置。」而清道光《寶慶府志》又載「明時邵陽為鄉十七、廂二、里十二曰隆回，領里八又以縣西北瑤境置十六峒，分屬隆回司，而統于邵陽縣一廂。」參夏劍欽，熊焰：《魏源研究著作述要》，頁2-3。

3　魏家自魏源十五世祖萬一公魏法青於明永樂年間避亂遷至邵陽，後延魏源時已為一方大族。熊焰〈魏源宗族源流考略〉號稱考證得魏源是魏良佐、魏文侯、畢萬、周文王、後稷以至軒轅黃帝苗裔，惟時日其久遠，史料的可信性亦難以考訂，姑置之不論。熊焰：〈魏源宗族源流考略〉，載《邵陽學院學報（社會科學版）》，2014年第02期，頁2-3。

4　魏大公生七子，魏源祖父魏志順排行第七，以孝母聞名，方志亦謂其多有善行，得十子，第五子邦魯為魏源父。王家儉：〈魏先生源家世〉，《魏源年譜》轉引鄧顯鶴總纂：《道光寶慶府志》卷138〈善行‧魏大公‧魏志順〉（臺北：中國地方文獻學會，1975）。

家家道中落之始。我們不能知道魏源本人是否讚同此說，惟在其讀書箚記《默觚》〈治篇一〉卻對入仕經世，有以下的理解：

> 山林之人欲濟物，必分己之財；鄉閭之子欲去弊，必資官之勢。不必己財而可以惠物，不藉人勢而可以袪蠹者，其惟在位君子乎？操刀而不割，擁檝而不度，世無此蠢愚之人。故君子用世，隨大隨小，皆全力赴之，為其事而無其功者，未之有也。彼穡而我殽之，彼織而我溫之，彼狩而我狟之，彼馭而我軒之，彼匠搆而我帲之，彼賦稅商賈而我便之，彼干盾扞衛而我安之。彼于我何酬？我于彼何功？天于彼何嗇？于我何豐？思及此而猶泄泄於民上者，非人心也。《詩》曰：「彼君子兮，不素食兮！」[5]

對魏源而言，「濟物」與「去弊」是君子的終極的關懷，即使他們只是無位無職的「山林之人」和「鄉閭之子」，而入仕為官的目的在於「不必己財而可以惠物，不藉人勢而可以袪蠹者」，故得其位者，無可推諉其經世濟民之大任。我們不必強定魏源的經世意識與魏家家風有必然的因果關係，惟魏耆生時，當事者早已仙遊，故其得知此事，大抵亦為彼父輩所告知。至魏源末後，魏耆仍將此事紀入為乃翁短短的事略之中，可知此百年前之善事，仍為魏家子孫所重視。這些家族事情大概也對魏源的思想有不少影響。

魏源家族對他的另一個影響在其父親魏邦魯（1768-1831）。魏邦魯為國子監生，科途不濟，遵例捐巡檢位，歷任嘉定諸翟、

---

[5]　魏源：《默觚‧治篇一》，收入氏著，國營青雲儀器廠北京第六機床廠工人理論組編：《魏源集》，冊上，頁38。

吳江平望等地，終於寶山水利主簿等職。[6] 魏邦魯以廉、能著稱，後來主蘇州錢局，多有更革，史稱其「破除積習，不因陋規」，因而前後布政司林則徐、賀長齡及蘇州巡府陶澍俱「禮遇之，不以小吏待也」。[7] 這些父執，亦成為了日後魏源事業的一大輔助。不少學者認為，魏邦魯捐任巡檢職乃因自魏大公輩以來生養過多，家道中落。此說固然有理，惟魏邦魯不從正途入仕（很可能是科試失敗），仍能捐監捐官，可見家中仍算殷實。另一方面，魏邦魯由監生捐官，事當在乾、嘉年間。其時，帝國因旱潦之事、金川、雲貴等地征伐不止，國用早已不足，朝廷乃廣開捐例應付。最高可至五品郎中、員外郎、治中，外省可至道員、知府、鹽運司運同，魏邦魯捐但卻只捐地方從九品小官，可見魏家雖則豐足，卻非一鄉鉅富。[8]

6　巡檢一職，屬乎巡檢司，為元、明與清縣衙以下之低級官僚。巡檢司又名巡司，設於蒙元，本為軍職，旨在對治居民不多，不易設縣的地帶。明時依元舊例沿用此職，惟使其兼治民政，常設長官，使其官位類同於低級的縣官。巡檢為巡檢司之屬員，以清朝例官居從九品。乾隆年間，承平日久，人口激增，而貢舉、損貲人數又多，故多安排低級的備員擔任巡檢，分擔縣官職能，而免增益縣官數目。參孫文良：《中國官制史》（臺北：文津出版社，1993）。蕭公權為我們提供了這一地方小官數量大增的解釋：「由於帝國的疆域遼闊，通信和交通又不發達，再加上絕大多數人民不識字且不關心政治，因此政府公佈的法律與命令，要讓百姓知道都極為困難，更不用說要去加以實施或貫徹。職責應該是要直接去解決百姓需要的州縣官，每人平均要管轄10萬名（據1749年的官方數據計算）或25萬名（1819年的官方數據）居民。由於職責範圍寬廣而且模糊不清，州縣官的負擔過重，就算他真的有這樣的意願或能力，也沒有時間或條件讓他把任何一樣做好。」見蕭公權著，張皓、張升譯：《中國鄉村：論19世紀的帝國控制》（臺北：聯經出版事業股份有限公司，2014），頁5。

7　參鄧顯鶴總纂：《道光寶慶府志》卷128〈國朝耆老傳二‧魏邦魯傳〉，頁20-21。

8　1774年至1808年，郎中的捐例是明碼實價九千六百兩銀（除嘉慶三年戊午（1798）因川楚教亂用銀應急，漲價至一萬零五百六十兩以外），而

　　魏大公於康熙時，能為一鄉完積壓數年之賦稅，至魏邦魯時，卻只能措出二百兩銀捐得巡檢，其中差別，除魏家人丁滋生（夏劍欽和熊焰之說）和魏大公於康熙時為止鄉人暴亂而散毀家財（魏耆說）以外，恐尚因自乾隆末葉以來的川楚教亂與苗民起事。蓋邵陽一帶正處在這些戰亂的區域，尤其1796年的白蓮教民變，前後九年使楚、川、豫、陝、甘盡為戰場，此對當地經商營田的魏家顯然為重大打擊。[9] 此類變亂實使魏源有極為深刻的印象。在《聖武記》敘中，魏源開首即點明：

> 荊楚以南，有積感之民焉。生於乾隆征楚苗之前一歲，中更嘉慶征教匪、征海寇之歲。迄十八載畿輔靖賊之歲，始貢京師，又迄道光征回疆之歲始。筮仕京師，京師掌故海也，得借觀史館秘閣官書及士大夫私家著述，故老傳說，於是我生以後數大事及我生以前上訖國初十大事，磊落乎耳目，旁薄乎胸臆，因以溯洄於民力物力之盛衰，人材風俗進退消息之本末。[10]

監生捐知府則大約一萬三千三百兩至一萬四千兩（雖然職位較低，但知府因為地方官員，收取陋規的機會較多，「回報率」遠高於京官，故價格類同）。而魏邦魯以監生所捐的小官巡檢，不過一百六十至二百兩銀。有關捐官之例，參許大齡：〈清代捐納制度〉，載氏著：《明清史論集》（北京：北京大學出版社，2000），頁3-173，原文載1950年哈佛燕京學社《燕京學報》專號。此文附表列明不同官位價格，參考價值極高。

9　喻青松：《明清白蓮教研究》（成都：四川人民出版社，1987），頁14-24。

10　魏源：《聖武記》（道光二十二年元默攝提格（壬寅）孟秋（七月）江都絜園敘本），頁1；上引文謂「十八載畿輔靖賊之歲」，亦即嘉慶十八年癸酉（1813）的天理教起事。其時可參喻青松：《明清白蓮教研究》，頁163-198。

　　《聖武記》的著述在魏源任中書舍人時展開，其時爲魏源三十六歲之際，默深當時編著、歷練已多，卻仍謹記自幼以來的戰亂，對之深惡痛絕，對起事的各種宗教之厭惡，亦可見於《聖武記》之行文。從此可見，魏源的在編著《海國圖志》以前，於儒、釋、道以外的「異端」起事，不特毫無好感，更可謂有切身之痛恨。筆者認爲，魏源對「異端」觀感的成形，此點實甚爲重要，卻往往爲學者所忽略。[11]

　　魏源七歲入學家塾。[12]當時主理的二伯父魏輔邦（?-?），曾就學於長沙名校嶽麓書院。[13]魏輔邦之就學嶽麓書院，正值其巔峰之時，而他更得山長漢學名家羅典之（?-?）器重，[14]可見其學

---

[11] 其中一條被忽略但值得關注的史料是，魏源早於十八歲就學時，爲當時過身湖南按察使傅鼐立文以志其平定苗亂之功。本書後來收入《皇朝經世文編・兵政十九・苗防編》，《聖武記》卷七〈嘉慶湖貴征苗記〉亦收此文。參王家儉：《魏源年譜》，頁6。

[12] 據李瑚《魏源研究》載，當時魏家家塾共聘得邵陽歐陽炳明、劉之綱、寧鄉劉若二共三位鄉間老儒爲師，夏劍欽與熊焰《魏源研究著作述要》亦採此說。李瑚：《魏源研究》，頁11-12。

[13] 嶽麓書院建於976年。北宇潭州太守朱洞於嶽麓山下的抱黃洞一帶建嶽麓書院，後毀於兵事。1165年湖南安撫使知潭州劉珙重建之，兩年後朱熹與當時山長張栻論學，「一時輿馬之眾，飲池水立涸」書院由是名聲大振，元人吳澄於《重建嶽麓書院記》更謂：「自此之後，嶽麓之爲嶽麓，非前之嶽麓矣！」二十七年後，時紹熙五年甲寅（1194）朱熹以湖南安撫使的身分主理嶽麓書院。此後，嶽麓書院隨朱熹名聲蒸蒸日上，故雖屢屢陷入戰火，卻又往往得以重建。至1652年，清廷下令：「各提官督率教官、生儒，務將平日所習經書義理，著實講求，躬行實踐。不許別創書院，群聚徒黨，及號召地方遊食無行之徒，實談廢業。」但這禁令下發的一年後，湖南巡撫彭禹峰就徑自聘用長沙儒者劉自主理嶽麓書院，朝廷亦未見議罪。至1744年，時人主更賜御書「道南正脈」於書院，由是觀之，嶽麓書院已非簡單的地方名校，而係全國性的儒教重鎮。參江堤、彭愛學編著：《嶽麓書院》（長沙：湖南文藝出版社，1995）。

[14] 羅典精於訓詁詮釋之法，屢有創新，既長制藝，更通詩學。自掌嶽麓書院以來，倡議「堅定德性，明習時務」之說。參楊布生：《嶽麓書院山長考》（上海：華東師範大學出版社，1986），頁167-179。

養之濃。[15] 魏源就學兩年，九歲出應童子試得利。[16] 1803年魏源祖母年衰病瘓，家計艱窘，惟父親魏邦魯當時居官於江蘇，未能照拂，故魏母多方籌措，得以勉強維持，而魏源所就家塾，亦向好施予，「雖傭佃有弟子就傅者，亦捐其租入之半給膏火，有全不納者，亦聽之」，故魏源於家鄉之學業得以不輟。[17] 至十四歲，魏源隨父至江蘇任所，首次對江南的情況有所瞭解，後來更憶述當時「幼隨父居蘇，於東南形勢、海防、夷情、鹽課、軍餉、兵制，靡不宣究」。[18] 但我們知道魏源在江南不曾留居多於一年，蓋彼十五歲時補縣學弟子員額，開始涉足陽明學、史學，更為湖南學政李宗瀚器重，使他得以於兩年後於縣學獲食廩。[19]

1812年，魏源十九歲，仍就讀於縣學，次年始為拔貢。[20] 但魏源這一年卻遊學嶽麓書院。[21] 這一段就學於嶽麓書院的經歷對

---

[15] 李柏榮《魏源師友記》載：「魏輔邦……待人最寬厚，且和平。惟課子侄及孫輩甚嚴，必延訪名師，不惜重聘，禮貌特隆。每日除塾師外，口講指劃，徹夜不休。故子孫輩書馨世繼，甲第不絕。猶子默深……多輔邦有以教之。」見李柏榮：《魏源師友記》（初版於1947），收入湖湘文庫編輯委員會：《船山師友記‧魏源師友記》（長沙：嶽麓書社，2009），頁14-15。

[16] 王家儉：《魏源年譜》，頁3。

[17] 王家儉：《魏源年譜》，頁4

[18] 李瑚：〈魏源詩文繫年〉引光緒《湖南通志‧魏源傳》，參李瑚：《魏源研究》，頁235。魏源以十四歲之齡，是否真的已對上述的問題深入研究，我們於此點不宜盡信。雖然，默深於鄉就學之時，在五經制藝以外，已因好史學而為魏輔邦所責，其留心時事亦不足為奇。參王家儉：《魏源年譜》，頁5。

[19] 王家儉：《魏源年譜》，頁5。

[20] 王家儉：《魏源年譜》，頁7。

[21] 李瑚據魏源詩文發現，他在這一年曾入讀伯父魏輔邦的嶽麓書院。雖然此說如李瑚所言未見於詩文，亦不見於王家儉的《魏源年譜》，惟李說論據充分，從魏源四首不同時期的詩作中考得此事，明白可信。李瑚：〈魏源詩文繫年〉，載氏著：《魏源研究》，頁239。

魏源思想的形成極為重要。[22] 魏源《默觚下・治篇一》謂：「歷山川但壯遊覽而不考其形勢，閱井疆但觀市肆而不察其風俗，攬人才但取文采而不審其才德，一旦身預天下之事，利不知孰興，害不知孰革，薦黜委任不知孰賢孰不肖，自非持方枘納圓鑿而何以哉？夫士而欲任天下之重，必先其勤訪問此，勤訪問，必自其無事之日始，《皇華》之詩知之矣。」[23] 考其以「才德」為「文采」之本，以「勤訪問」為知時務之始，俱與當時嶽麓書院山長袁名曜（?-1835）之見解行事雷同，當非巧合之故。更重要的是，袁名曜的思想大抵亦是嶽麓書院的傳統，蓋下一任山長，就是以留心時務聞名，魏源的父執，日後的上司賀長齡。[24]

---

[22] 蓋默深於縣學時向習陽明學，但至嘉道之際編著《老子本義》及《大學古本》時，卻於程朱理學大為讚賞，更以朱學的批評陽明的〈四句教〉。參國立臺灣大學學者賀廣如1997年博士論文對此有深入的討論，參賀廣如：《魏默深思想探究──以傳統經典的詮說為中心》（臺北：國立臺灣大學出版委員會出版；國立臺灣大學文學院發行，1999），頁47-96。這一學術上的轉向，甚為重要，但如果不考慮就學於嶽麓書院一事，已有史料卻未能解釋。事實上，如果我們稍為研究魏源就讀時期的嶽麓書院，我們就會發現在1812年至1817年期間，理學大家袁名曜入主嶽麓書院為山長。袁名曜主理嶽麓書院時，多有更革，更大興土木，彼同時提倡有宋理學與經世之業，始建濂溪祠，更捐資重修朱張渡，以紀念朱熹與時任山長張栻論學一事。袁名曜的教學方針亦圍繞上言兩事，其有言訓諸生謂「先器識而後文藝訓士」、「惟德性深醇，文章乃有靜氣」。如果我們再參考後人對他的評價，實能發現袁名曜的思想與此魏源日後的核心思想大有相近之處。袁名曜之弟子、友人稱「其為文意格高渾，不落恒蹊，自達其所見」、「文詞敏，贍居詞館，朝廷制作，多出其手」、「遇事議論鋒發，鄉先達藩司嚴如熤、總監陶澍推為楚南人物」、「稱其才氣縱橫，不可一世」、「足跡遍天下，尤留心輿圖厄塞，河渠險隘，古今沿革」、「並及星學，官京師與歐人過從，得其窺測占驗之術並三角切線法」。楊布生：《嶽麓書院山長考》，頁183-187。

[23] 魏源：《默觚・治篇一》，收入氏著，國營青雲儀器廠北京第六機床廠工人理論組編：《魏源集》，冊上，頁38。

[24] 楊布生：《嶽麓書院山長考》，頁188-192。

　　魏源留學嶽麓書院最長不過一年，明年就以縣學成績優異，以明經科拔貢。[25] 有關魏源在這一年的經典在學界出現一個很有趣的爭議。夏劍欽與熊焰《魏源研究著作述要》據魏耆《邵陽魏府君事略》載1814年魏源隨父入都，故謂「魏源二十歲『舉明經』後，似乎未曾入都」；[26] 但另一方面，李瑚〈魏源詩文繫年〉卻指出魏源於此年曾離鄉北上，更有詩賦問世，但卻旋即南回。[27] 這一北上而又旋即南回的原委未見論於學者，但筆者卻認為此點於對魏源的宗教觀形成有很大的影響，不得不多花一點筆墨處理。

　　根據李瑚〈魏源詩文繫年〉引魏源拔貢的座師湯金釗《嘉慶癸酉科湖南拔貢齒錄序》云：「歲辛未冬（筆者按：即拔貢前兩年），金釗欽承簡命，視學楚南……按部甄錄，寬取嚴樸……得八十九人」。由是可知，貢士名單早於兩年前已開始選拔，如魏源沒有恰當的理由，不可能私下延遲一年入學。那麼，魏源是甚麼時候從湖南赴京呢？本書發現〈魏源詩文繫年〉認為作於此時的《道中雜言八首》之一有謂：

> 去歲大兵後，大祲今苦饑。黃沙萬殍骨，白月千戰壘。至今禾麥地，極目森蒿藜……匏瓜不可摘，高舌掛南箕，中野種蕎麥，春風吹麥新。二月麥花秀，三月花如銀。麥秋不及待，人饑已奈何！

---

[25] 拔貢是清帝國獨有的貢舉制度，每十二年（逢到酉年）由學政在各府州縣學生員於歲科考試時，得過兩次優等，而又於文章品德兼優的貢至京師深造，日後準於京師應考鄉試（順天鄉試）。參沈兼士：《中國考試制度史》（臺北：考試院考試技術改進委員會，1971），頁173-206。

[26] 夏劍欽，熊焰：《魏源研究著作述要》，頁7。

[27] 李瑚：〈魏源詩文繫年〉，收入氏著：《魏源研究》，頁467-469。

如果魏源在途中遇見禾麥田時尚未及秋，我們大抵可以斷定魏源抵達北京時不會遲於秋天。而事實上，1813年的秋天直隸、河南、山東三省便生了巨變。當時，有天理教的信仰者由林清、李文成，馮克善帶領起事，約定於當年九月十五日分兵同時進攻直隸、河南、山東省。惟因事泄，天理教預早於九月初七已佔河南滑縣，殺知縣、巡檢，更推李文成爲「大明天順李真主」，十五日前，已克山東西南的定陶、曹縣。至九月十五日，林清率二百餘人直入官幃，雖爲皇長子綿寧（即後來的道光帝）以火槍隊擊退，卻是有清開國以來未有之巨變。此事至十二月，方爲欽差大臣那彥成與提督楊遇春平定。[28]

從上引《聖武紀》序文可見，魏源「迄（嘉慶）十八載畿輔靖賊之歲，始貢京師」，第二次親身體會到「異端」宗教的破壞力。此一切身的體會，與童年所感又有所不同。孔飛力對此點的闡釋尤爲重要，其以爲：

> 由於魏源的背景，他對於中國的社會危機極富關切之心。他出生在一個處於地方紳士階層邊緣的小地主與小商人家庭，直接體驗到了社會動盪不安（18世紀90年代發生於西部的叛亂）的經濟後果，並見證了國家權力對於地方社會的影響。在魏源青年時代的每一個重要時刻，他也十分清楚地知道，對於現在秩序的威脅來自於何方。魏源關於政治問題的理論寫作因而牢牢地植根於農村生活的嚴酷現實，也牢牢地植根於不斷弱化的國家所一再經歷的危機。[29]

---

[28] 事見托津等修、姚祖同等纂：《欽定平定教匪紀略》（臺北：成文出版社，1971）。

[29] 孔飛力著；陳兼，陳之宏譯：《中國現代國家的起源》，頁87及109。

　　孔飛力此段論述的根據同樣是我們所引用的《聖武記》序文。然而，孔飛力未發現在天理教起事時，魏源不單知道此事，更在風暴的中心！其次魏源顯然認為，「對於現在秩序的威脅」與各種「異端」宗教，包括外來的宗教和流行在中國民間的宗教形式，有極為密切的關係。在該序文所載的五件「威脅」之中，就有三件與「異端」宗教相關。

　　1814年，魏源再次隨父入都，初涉足於在帝都的文化圈，亦得到一定的名聲。[30] 兩年後魏源歸省成婚。[31] 1819年魏源赴京應順天鄉試，[32] 卻只中副榜，得不到舉人的資格應徵下一階段的考試。[33] 更不幸的是，1821他在因新君（道光帝）即位而設的「恩科」中，再度以副榜之名不舉。[34] 屢次的打擊使魏源的朋友都為

---

[30] 魏源在隨後的兩年之內，從胡承珙習漢學，又就宋學於姚學塽，問學《公羊》於劉逢祿，而年紀較為相近的董桂敷、龔自珍、陳沆等人亦多與之切磋砥礪。應當留意的是，魏源在此一時期已開始著述出版，例如詩集《北道集》之類，亦已開始治《大學古本》，王家儉：《魏源年譜》，頁8-9；亦參賀廣如：《魏默深思想探究——以傳統經典的詮說為中心》，頁14-15。

[31] 王家儉：《魏源年譜》，頁10。

[32] 順天鄉試是一種特別的應考鄉試制度。由於各省鄉試名額不同，往往有士子往他省應考，有清政府為制止「冒籍」，故規定秀才應考鄉試必須留於本省。然而，「順天府」既為帝都，則全國士人俱應有應考的權利，故特別開放予一些在京就學之考生在此應考，當中包括加捐一百零八兩銀而得的「監生」與十二年一遇的「拔貢生」，而魏源正屬於後者。由於這一安排對直隸士子不公平，故朝廷乃限定順天鄉試的解元必取本籍士子，但這又招來他省秀才的理怨，故又規定每科次名稱作「南元」，專門安置他省士子。沈兼士：《中國考試制度史》，頁180。

[33] 副榜，亦稱「副貢」。自明代以來，凡科試不論鄉試、會試，俱於正卷以外取錄若干考生入「副榜」。延至有清，「副榜」之制只見於鄉試，凡試卷優良而名額已滿，則納入「副榜」，稱「副榜貢生」送入國子監讀書（雖然沒多少人真的會到國子監就學）。鄉試正榜稱「舉人」，可參與下一階段的「會試」；但「副榜貢生」卻沒有此資格，只能再考鄉試而矣。沈兼士：《中國考試制度史》，頁178。

[34] 王家儉：《魏源年譜》，頁13-17。

之擔心，同鄉何紹基（1799-1873）便在1822年以詩勸勉魏源於這一年的正科鄉試中不要再立奇論、引異例。[35] 結果，魏源於此年終於不負眾望，中了順天鄉試「南元」舉人。[36]

在討論魏源仕途的下一幕前，我們必須在此處瞭解魏源在兩次不舉的三年間經歷了甚麼事情。在秋天舉行的己卯鄉試前，魏源與他畢生摯友龔自珍共赴時任禮部主事的劉逢祿（1776-1829）處受《公羊春秋》；當年夏天，又曾參與父執陶澍赴四川的餞別之行，更參與了京師名儒祭祀東漢大儒鄭玄（127-200）的儀典。在秋闈失利以後，魏源又短暫受聘於另一位父執，時任山西學政的賀長齡。二人隨後從山西往四川探望陶澍。魏源藉此機會考察了不少風土人情與地理水文，為以後的著述奠下基石。這一年，魏邦魯轉職荊宜縣張渚司（?-?）巡檢，於是，魏源直接從四川回湖南邵陽會合老母與妻室，並於第二年春天赴江蘇尋父，從此全家定居江蘇。[37] 這年秋天七月下旬，嘉慶帝（1760-1820，在位時期：1796-1820）駕崩於承德避暑山莊。由於新君繼位一般會開恩科取士，故魏源乃再赴北京備試。果然，道光帝繼位後不及一年，即於六月下旨開恩科取士。[38] 如上所言，魏源再次不第。

---

[35] 何紹基著，龍震球、何書置校點：《何紹基詩文集》（長沙：嶽麓書社，1992），頁57。

[36] 王家儉：《魏源年譜》，頁20。

[37] 夏劍欽，熊焰：《魏源研究著作述要》，頁10-12；王家儉：《魏源年譜》，頁14-16。

[38] 我們從清人王引之〈道光元年辛巳恩科浙江鄉試前序〉得知，道光元年的恩科鄉試下旨於六月。其文曰：「皇上御極之元年，開物成務，綱舉目張，實心施於實政，治法行以治人。思任官之惟賢，由取士之必得，詔開鄉會試恩科，以廣開門籲俊之路，典至巨也。歲六月禮臣以浙江考官，請得旨以臣引之……」參王引之：〈道光元年辛巳恩科浙江鄉試前序〉，收入氏著：《王文簡公文集》（無序跋，出版資料不詳），卷3，頁16，中國哲學書電子化計劃網站影印資料，見http://ctext.org/library. pl?if=gb&res=3972，瀏覽於2014年9月28日；此文亦收於羅振玉輯印：

　　整體而言，從1819年不舉至1822年正科中南元三年之間，魏源雖則在科試不曾獲取功名，但卻多有遊幕、交友。這幾年，魏源曾訪姚學壎（1766-1826）以求教有關《大學古本》之見，又於京師與龔自珍、湯鵬（1800-1844）、張際亮（1799-1843）等交往，並與姚瑩結成知己，更出席各種詩文之會。[39] 數年之間，魏源私下著述更係不乏。這三年間，除詩賦、酬答友人之碑銘以外，尚有《默觚》等不同著作。[40] 簡單說，魏源在京中廣交名流人脈，不論家派學藝，出身專長，一一網羅；而其著作所及，亦漢亦宋，不以家法為限。這樣的學術觀點亦為魏源的親密好友龔自珍所持。[41]

　　魏源在這段時間亦不斷入幕名將顯宦之間。1822年得南元以後，魏源先授館於京官趙慎畛，後又赴北京與盛京之間的古北

《高郵王氏遺書》（南京：江蘇古籍出版社，2000），頁203。

[39] 王家儉：《魏源年譜》，頁21。

[40] 當時著作尚包括《大學古本發微》、《老子本義》、《孝經集傳》、《曾子章句》、《子思子章句》、《論語三戒九思箴》、《孔孟贊》、《曾子贊》、《顏冉贊》、《孟子補贊》、《周程二子贊》、《朱子贊》、《陸子贊》、《朱陸異同贊》、《楊子慈湖贊》、《王文成公贊》、《明儒高劉二子贊》、《公羊春秋古微》、《兩漢今古文家法考》、《董子春秋發微》、《書古微》、《詩古微》、《易象微》等等。見李瑚：〈魏源事跡繫年〉及〈魏源詩文繫年〉，均收入氏著：《魏源研究》，頁266-228及487-502。

[41] 龔自珍脩書予長輩江藩謂讀其《國朝漢學師承記》的名目，有「十不安」，就是表明對「漢」、「宋」爭端的不滿。龔自珍：〈與江子屏箋〉，收入氏著，王佩諍校：《龔自珍全集》（香港：中華書局香港有限公司，1974），頁193-194。龔自珍與魏源的親密關係，大抵亦在此段時期開始。龔魏之為學，博採廣集，人們不禁要問，究竟這樣的學習方式意義為何？又與他們作為儒者的身分與自持有何關係？一般來說，很少會有士人在其壯年中為自己的思想寫下概括性的文字，向世人釋述其見。然而，我們卻可以從其讀書的箚記和日常引錄的筆記，參考其思想之大要。魏源在往後數年的工作和此一時期的寫作的《默觚》諸篇正可以為我們解決上述的幾個問題。

口，助贊成名於白蓮教亂的直隸提督楊芳（1770-1846）。一年後，又隨改湖南提督的楊芳赴常德。不久，魏源自常德返歸江蘇，當時不但家人在江蘇之境，其父執陶澍及賀長齡分別以江蘇巡撫及江蘇布政使官當地。1825年，魏源又爲他在父親的上司、嶽麓書院的學長、自身以往的舊僱主賀長齡所聘，主要負責編輯《皇朝經世文編》，及參與賀、陶推動的漕糧海運計劃。魏源在此事用心頗多，當年就在編輯《皇朝經世文編》和準備明年會試的同時，爲賀長齡代作〈覆魏制府詢海運書〉和〈籌漕篇〉（上篇）。[42] 至下一年，魏源入都與龔自珍一同應會試，雖然他們的舊師劉逢祿爲當年任分校，更在糊名的情況下認出他們的考卷，卻無法向主考推薦，二人結果雙雙不第。但因劉師以詩文紀此事，令此故事火速傳揚，兩位親密好友之名亦自是並稱。

　　不數月，會試不第的默深便告別定庵，重回南京協助賀長齡等人完成《皇朝經世文編》與海運兩件大業。《皇朝經世文編》於同年十一月告成，一個月後，海運實驗成功，又輯成《江蘇海運全案》總結陶、賀兩位大員亦在此次試驗的經驗，並準備倡議永續方案。逾明年，賀長齡調任山東布政使，魏源轉入陶澍幕，繼續推動海運。在陶幕中，魏源復有〈籌漕篇〉（下篇）及〈覆蔣中堂論南漕書〉之作。[43] 魏源在陶幕至1828年，當時業已放棄了復考會試，按例捐爲內閣中書舍人，與龔自珍同入內閣任事，聲名大噪。[44] 就在此處，魏源開始編寫上引的《聖武

---

[42] 王家儉：《魏源年譜》，頁25。

[43] 王家儉：《魏源年譜》，頁30-35；有關魏源在這場改革運動的種種，參鄭大華、陸寶千、王家儉、呂實強著：《包世臣・龔自珍・魏源・馮桂芬》（臺北：臺灣商務印書館股份有限公司，1999），頁164-170。

[44] 據王家儉《魏源年譜》，此事乃當在1829年，魏源與友人龔自珍及陳起詩同應禮部試，然龔、陳皆獲進士及第，魏源則名落孫山，乃遵例納貲爲內閣中書。參王家儉：《魏源年譜》，頁39。

記》。[45]

　　同年夏天，魏源赴杭州從龔自珍之友伊庵居士錢林學佛。[46] 後隨拔貢的座師湯金釗赴西北遊歷，又復回北京，活動京師的菁英圈中。[47] 這群菁英官員在道光帝對英戰爭時期政見相近，成為了日後與穆彰阿等反戰派相抗的對手。這一年，楊芳被派往甘肅協助征伐張格爾餘黨，魏源自請從軍入故主之幕，剛到埗，起事已平，又聞父親魏邦魯病重旋即返回江蘇。[48] 一年後，魏源又赴北京應禮部試，又未中。魏源乃重入陶澍之幕，於往後數年間致力改革鹽法、區田法、整頓江南水利工程直到陶澍去世。這段時間魏源生活均圍繞鹽、漕、糧等最關乎有清民生日用的關鍵問題，雖屢有著述，但參加禮部試時，卻再次不第。[49]

　　同時，魏源亦繼續廣結良朋，由於生活豐裕，與友相交出手豪闊。早於1835年，魏源便在揚州買下名園，雖號稱作為奉母養天年之用，但亦多有與朋友宴游的紀錄。[50] 1831年魏源父卒時，

---

[45] 據《郎潛紀聞二筆》卷四所言：「道光朝，內閣中書舍人多異材儁彥。龔自珍定盦以才，魏源默深以學，宗稷辰越嶼以文，吳嵩梁蘭雪以詩，端木國瑚鶴田以經術，時號薇垣五名士」。見陳康祺：《郎潛二筆》（據光緒乙酉暨陽梓本影印），卷4，頁17，收於《續修四庫全書》（上海：上海古籍出版社，1995），卷1182，總頁353。

[46] 魏源當時寓居於錢伊菴居士之宅月餘，潛研禪理，後來更聘曦潤、慈峰三僧習《楞嚴經》及《法華經》，魏源發心深入經藏，由是而始王家儉：《魏源年譜》，頁37。

[47] 至1830年，魏源與友人如龔自珍、林則徐、黃爵滋、張為屏等再次舉行嘉慶末年組成的宣南詩社。王家儉：《魏源年譜》，頁47；亦參謝國楨：《明末清初的學風》（北京：人民出版社，1982）。

[48] 至1831年七月，魏邦魯病故。由於魏源父親早年已習堪輿術數，臨終曾言寶山有死氣，不宜為家，故即使家貧無力歸葬邵陽，亦當於江蘇另覓居所。魏源從之，亦從此究心於堪輿之術。王家儉：《魏源年譜》，頁51-52。

[49] 1834年，魏源四十一歲，居南京，作《南村耦耕圖》及〈海曙樓銘〉；次年，作〈三江口寶帶橋記〉。王家儉：《魏源年譜》，頁61-63。

[50] 李瑚：〈魏源事跡繫年〉，收入氏著：《魏源研究》，頁341-344。

魏邦魯尚需擔心家無餘資無力歸葬荊楚，到四年之後，魏源竟得以購入揚州名園，其間差異，堪稱暴發。默深發家的經過，可以從魏源在1838年或1839年的六月五日寫成的〈致柘農信稿一〉得以參考。[51] 這一封信件的收件人「柘農」是賀熙齡（1788-1846）的號。賀熙齡與左宗棠極為友好，亦師亦友，更為兒女親家。左宗棠尊賀為師，賀熙齡則視左為友。賀熙齡是魏源道光初年的舊主賀長齡之弟。[52] 從信件可見，賀熙齡的前信來詢淮北票鹽經營情況，希望相詢魏源因「票鹽」致富的方法。所謂「票鹽」，就

---

[51] 以下摘其要引之：「……源自遭大故，全家廿餘口，流落無歸，因而營葬江南，又無山可買。經營跋涉，於今八載，始向陽羨鄧尉諸處，擇有數基。今秋如何成功，即當遄返家鄉，為先祖考妣卜之計……承別紙俯詢淮北票鹽情形，此事試行一二載之初，原有倍利。其時源以不諳事之書生，又無將伯之助，且遊山相地之日分身，大半未能親手經理，以致連年負累，幾於身家蕩盡。兩歲以來，始覓一心計之友湖北徐君與之合辦，一切交其握算。而源以身往來其間，始有把握。故地既成，而宿負亦償，非真有鴟夷之術，累致千金，亦有享林之才，囊貯餘智也。今春買鹽販多號少，不過三折，受害者居其大半。即使買一號得一號全無折扣而擁運到壩，亦不過三分利息，迥非試行初年之比，況買不足數乎？家鄉糧食各項貿易，三分利息者甚多，何必涉險數千里以圖此不可必之事。若源則流落江、淮，無可謀生，不得已就近經營，以為免死之計，非擇其利厚而為之……至別紙所詢各條，其情事年異月不同，原無一定局面，亦非筆墨所能盡，是以不復縷縷瀆陳。總之，謀生一事，視乎人之命運，人棄我取，固不必舍近而求遠，舍逸而就勞也。承執事十載舊知，千里下訪不敢不竭誠以對……」見魏源：〈致柘農信稿一〉，收入氏著，國營青雲儀器廠北京第六機床廠工人理論組編：《魏源集》，冊上，頁839-840。

[52] 賀熙齡名永清，字光甫，號蔗農、柘農，清湖南善化人。1814年進士，授編修，遷河南道御史，提督湖北學政，復補山東道監察御史。後因目疾乞歸，任長沙城南書院山長，倡立湘水校經堂。默深與柘農之間常有書信往來，大量藏於湖南省博物館。見中國湖南省博物館網站藏品數據庫：http://www.hnmuseum.com/hnmuseum/index_gb.jsp，瀏覽於2014年9月28日。2004年長沙嶽麓書社魏源全集編輯委員會編校的《魏源全集》第十二冊就出版了不少有關書信。魏源全集編輯委員會編校：《魏源全集》（長沙：嶽麓書社，2004），冊12。

是取消大賈鉅商的專營權，開放販鹽（轉運）的資格，是當時改革的重點。[53] 魏源1831年時已參與陶澍的兩淮票鹽法改革，但舊鹽商會及兩淮大賈均不欲參與，而新商亦往往觀望之。因此，改革者魏源、包世臣（1775-1855）等等唯有親自下海倡導。[54] 陶、魏等人的變法重點不止於邀來私商民販，更在於他們營運兩年以後，根據自身的經營經驗，找出民販失利的原委，原來在於從「淮北食鹽出場，經壩至批驗所，入洪澤湖須經五壩十槓之煩，

---

[53] 所謂淮北票鹽法，亦即取消大賈鉅商的專營權，開放販鹽（轉運）的資格。運營司會在不同區域設立「場局」，收買灶戶（生產者）的鹽產，民販便在當地交納一兩八錢八分的定額鹽價、鹽稅及辦公費以購得引鹽四百斤（價格隨後有更易）。民販除鹽以外，尚可會得到鹽票一張，說明民販名籍、運鹽引數、銷售州縣。民販在運存時必須保留鹽票，票與鹽不得分離。運營司另在司署留下票根，另一分留於分司隨時存查。劉常山：〈陶澍與兩淮鹽務的改革〉，載《逢甲人文社會學報》，期11，2005年12月，頁223-251。然而，在經營鹽業時引入自由市場的競爭以促進效率，並非稀有之事，類近的方針早見於八世紀。早於八世紀，劉晏就以民製官收，再將鹽稅入於鹽價，最後轉售於民販作零售之用。就其理念而言，未見大異於淮北票鹽法。參吉成名：〈論劉晏鹽法改革〉，載《鹽業史研究》，2002年，期4，頁24-27。

[54] 《清史稿》載：「時窟穴鹽利之官胥吏舉囂然議其不便，澍不為動，委員領運宣導。既而人知其利，遠近輻輳，鹽船銜尾抵岸，為數十年中所未有。未及四月，請運之鹽，已逾三十萬引。是歲海州大災，饑民賴此轉移備值，全活無算。」趙爾巽等撰：《清史稿》（1928年清史館鉛印本影印），卷129，〈志一百四‧食貨四‧鹽法〉，頁1-23，收入《續修四庫全書》，冊296，總頁458a-469a。又參金安清《水窗春囈》云：「淮鹽額銷引一百二十九萬餘道，每引四百斤。湖南、北居十分之六，江西次之。嘉慶中，浮費日增，情形日壞。至道光十年，陶文毅任兩江，始力加整頓。然淮北改票，淮南則仍舊也。有鎮江包某，行南鹽起家，思出綱商之籍，於陸制軍建瀛初任時，創改票之議，其時董石塘、謝墨卿、魏默深三人爭助成之。初改大旺，幾以一年之銷，盡兩年之引。次年各商裹足不前，岸鹽壅滯，方且為包岸認銷，寓散於總之計……淮北改票之始，一年三運。利至倍蓰。其徒手掛號者，亦得厚利，遂改為驗貲，集銀至八百餘萬。而驗貲之中，又有以借貸充數者。票販中有五虎之目，魏默深、范吾山皆其一也。」見歐陽兆熊、金安清：《水窗春囈》（北京：中華書局，2007），頁76-77。

改包改捆三次，每為官吏夫役要挾，耗費之數，倍於鹽本」。[55]
於是1832年，陶澍結合屬下的經驗與訪問海州鹽場、鹽商的心
得，乃改其制度。[56]

　　魏源在書信中謂其在下海「兩歲」以後，「以身往來其間」
始得大利，其時間亦與立法「改道不改捆」吻合。可以相信，
魏、包等「委員領運」，並不單旨在「宣導」，更在於以身參
與，以為政策研究之用。魏源倡言的是社會政事的改革，不以空
想理念改造社會，而需根據社會的具體去立法；改革的最大特色
在於確認民販謀利的確當性與對社會的貢獻，另一方面，改革
的進展亦基於如何便商以利民，好使商安民樂。經過了多年的
實踐，魏源於1839年從不同角度分析了鹽法的政略，作成《籌鹾
篇》。這一年，魏源的東主陶澍謝世，鹽政改革暫緩了一段時
間。此時，魏源故友林則徐代督兩江，惟因粵地外商與清廷矛盾
日增，而清廷面對入口鴉片的問題上愈益嚴峻，故又轉調得聖寵
於一時的林則徐往赴總督兩廣。次年，清英戰釁已啟，有關此戰

---

[55] 商會、大賈不欲參與，自有原因。魏源經營之初，也幾乎因此破產。蓋
1830年魏父棄世，他正於江南觀察風水名穴，無閒經理；二則魏源雖然
留心經濟，但書生徒以宏觀的議論理政，實則不識營商之道。但在兩年
後，魏源不但獲有厚利，更將前債盡清。劉常山：〈陶澍與兩淮鹽務的
改革〉，載《逢甲人文社會學報》，第11期，2005年12月，頁242。

[56] 《清史稿》載：「其立法在改道不改捆。蓋淮北舊額未嘗不輕，而由暢
運至口岸，每引成本已達十餘兩，價不償本，故官不敵私。今票鹽不
由樵壩淮所舊道，而改從王營減壩渡河入湖，且每包百斤，出場更不改
捆，直抵口岸，除鹽價錢糧外，止加運費一兩，河湖船價一兩，每引五
兩有奇，減於綱鹽大半。其江運數萬引亦仿此。自改章後，非特完課有
贏無絀，兼疏場河、捐義廠、修考院，百廢俱興，蓋惟以輕課敵私，
以暢銷溢額，故以一綱行兩綱之鹽，即以一綱收兩綱之課。時頗欲推
行於淮南，不果。」趙爾巽等撰：《清史稿》（1928年清史館鉛印本影
印），卷129，〈志一百四・食貨四・鹽法〉，頁1-23，收入《續修四庫
全書》，冊296，總頁458a-469a。

的研究前人已備，無須詳論於此。[57] 我們在這裡主要敘述魏源在這場戰爭的角色。

1840年，魏源在林則徐赴粵後因入幕繼任的陳鑾府中，被派往江蘇鎮江。然而，魏源旋即奉命應友人黃冕邀赴浙江寧江伊里布幕，觀審英軍俘虜，並以該些史料作《英吉利小志》，後來收入《海國圖志》。當知這既是清國的首次介紹英國的作品，亦為魏源首本為外國而寫的專著。[58] 一年後，清英和議未定，戰火旋復。當年正月，魏源又起從戎之心，以友人之薦，為時主戰的署兩江總督欽差大臣八旗察哈爾裕謙（1793-1841）延入幕府，二月隨軍前往定海處理英軍退出善後事宜。六月，林則徐被遣戍伊犁，時林則徐與魏源會晤於江蘇鎮江，林則徐將翻譯而成的《四洲志》稿本交予魏源，並囑彼撰《海國圖志》。[59] 當在裕謙幕時，魏源主棄守定海，集兵於城，裕謙未以為然。[60] 結果，裕謙於九月敗於英軍，定海陷，全軍除逃兵以外，幾乎盡墨，主帥投水而死，魏源以隨員的身分，旋即往助皇侄揚威將軍奕經（1791-1853）。魏源在奕幕見用事者皆「紈絝少年」，意興闌珊，乃攜《四洲志》稿本自定海返揚州，開始脫離前線的戰場，回歸較為熟稔的著述工作。

在《南京條約》簽定的一年，魏源致力於經世應用的著述，《聖武記》、《海國圖志》五十卷本、《籌河篇》均於是年告

---

[57] 新近的研究，可參林啟彥、朱益宜編著：《鴉片戰爭的再認識》（香港：中文大學出版社，2003）；W. Travis Hanes III and Frank Sanello, *Opium wars: the addiction of one empire and the corruption of another* (Naperville, Ill.: Sourcebooks, 2002); Julia Lovell, *The Opium War: drugs, dreams and the making of China* (London: Picador, 2011)。

[58] 值得一提的是，在戰亂期間，魏源亦未忘於著作，《老子本義》及《詩古微》均於此年著成。王家儉：《魏源年譜》，頁71-72。

[59] 李瑚：〈魏源事跡繫年〉，收入氏著：《魏源研究》，頁358-368。

[60] 王家儉：《魏源年譜》，頁75-76。

成。[61] 但至1844年，戰火告終，惟鹽業改革之經營所得盡成明日黃花。魏源以五十一歲的高齡重返考場，萬般無奈。[62] 豈料，魏源竟應禮部試中第十九名，惟因試卷塗抹被罰停殿試一年。這一年，魏源在北京重修《聖武記》。[63] 在回江南前，默深亦參與了不少當時的名儒聚會。[64] 不久，他返回江南，會見了準備出使蜀中的同志姚瑩，乃贈以《海國圖志》，此書對姚瑩在此後著成的《康輶紀行》深有啟發。[65] 次年，魏源入京補行殿試，終於中三甲九十三名，賜同進士出身，以知州用，分發江蘇。七月獲擢權揚州府東臺縣事；同年作《畿輔河渠議》。

至1846年魏源以丁母憂辭官家居，生計又匱，於是入江蘇巡撫陸建瀛幕，又多為兩江總督壁昌（？-1854）延與商議。在此其間，多聞壁昌（1776-1853）論及天山南北兩盆地的風物，乃補

---

[61] 王家儉：《魏源年譜》，頁77-80。魏源這年亦為一年前暴卒於丹陽的摯友龔自珍編《龔定盦文集》，於次年而成。王家儉：《魏源年譜》，頁101；李瑚：〈魏源事跡繫年〉，收入氏著：《魏源研究》，頁371。

[62] 魏源在《予鄧顯鶴書》表示：「自海警以來，江淮大擾，源之生計，亦萬分告匱。同人皆勸其出山，夏間當入京師，或就彭澤一令，或作柳州司馬矣。中年老女重作新婦，世事逼人至此，奈何！」見李瑚：〈魏源事跡繫年〉引《金潭訪逸》，收入氏著：《魏源研究》，頁375。

[63] 王家儉：《魏源年譜》，頁104。

[64] 當中我們必須提及的是阮元學生何紹基創建顧炎武祠的公祭。顧炎武在阮元筆下，所傳者尚在經史，而其經濟學說往往被視為矯枉過正。然而，在此次公祭中，群儒公推顧炎武的經濟之學，而參與者隨魏源以外，亦多係以經世為志的儒者，著名者有馮桂芬等。王汎森於此次祭祀及道光以來大盛的顧炎武崇拜有深入的析論。王汎森：〈清代儒者的全神堂——《國史儒林傳》與道光年間顧祠祭的成立〉，氏著：《權力的毛細管作用：清代的思想、學術與心態》（臺北：聯經出版事業股份有限公司，2014），頁567-604。

[65] 然而從上文可見，在姚瑩所閱的五十卷本《海國圖志》中，魏源並未寫出他的對宗教的意見，因此我們在上一章有關姚瑩理解世界宗教和基督宗教的部分，無須指出他的理解與魏源的理解有何直接關係。亦參王家儉：《魏源年譜》，頁109。

作《道光回疆善後記》入《聖武記》，第三次重刊。[66] 魏源在此年間再次轉目於江蘇兩淮之改革運動，並曾上書江蘇巡議錢漕更弊及補救之法。[67] 一年後，魏源又意欲重推鹽政改革，乃上其《籌鹺篇》予時任兩江總督李星沅，但不甚了了。魏源在這一年曾走訪張維屏、陳澧等，遊嶺南地區包括番禺、澳門、香港等；其《海國圖志》經其增補在香港購入的分冊地圖後，增益十卷，於揚州重刊，是為《海國圖志》之六十卷本。[68]

至秋天，魏源孝期已盡，乃服闋，奉命監督挑河事宜。[69] 道光二十九年己酉（1849）七月，魏源奉檄權知揚州府興化縣事，九月奉檄委查下河水利；[70] 次年春，與姚瑩等獲故東兩江總督陸建瀛檄調議淮南鹺務，重新涉足於江蘇的改革運動。至九月，更獲薦遞補高郵知州。這時，在清國乃未普行於世的《海國圖志》及《聖武記》已傳入日本，《海國圖志》之日本部分亦分別被英人及德人翻譯，成為歐洲日本研究的重要材料。[71]

1852年魏源仍任高郵知州，兼署海州分司，不時來往海州、揚州；同年再次整理輯補《海國圖志》，補入姚瑩之《康輶紀行》、徐繼畬之《瀛環志略》、葡萄牙人瑪吉（Machis；?-?）之《地理備考》、[72] 裨治文的《美理哥合省國志略》等資料，兼有

---

66 李瑚：〈魏源事跡繫年〉，收入氏著：《魏源研究》，頁399-402。

67 王家儉：《魏源年譜》，頁112-113。

68 同上註，頁114-118。

69 同上註，頁119-120。

70 同上註，頁121-123。

71 同上註，頁124-125。

72 鄒振環《晚清西方地理學在中國》、郭廷以《近代史綱》均認為該書作者是瑪吉（Machis），然此說實未有大量憑證。Walravens Hartmut則認為該書作者是澳門土生的葡萄牙人José Martinho Marques。參Walravens Hartmut, "The Ti-li Pei-k'ao [Jose Martinho Marques, 1810-1867, Chinese translator for the Portuguese government in Macao]," in *Ch'ing-shih wen-t'i*, Vol.2.6, pp.55-58.

其對民主政治的認識及西潮東漸之預感等，共增編四十卷，與前編合為一百卷，於高郵付梓。[73] 另外，又有《夷艦入寇記》之作，歷述清英交戰時和戰得失之機。[74]

　　1853年二月，為抗距高郵城僅四十里之洪、楊亂軍，魏源倡練團自保，格殺城中響應洪、楊亂軍者，後亦因此遭劾；九月歸興化，不與人事。一部《海國圖志》傳入日本，因涉被禁文句而不准發售。[75] 次年，魏源已屆花甲之年，十一月獲詔復官，然固辭不就；《海國圖志》一百卷本又有十五部傳入日本，並於市面出售，更於年間風行日本，連帶《聖武記》亦有節譯本。[76] 1855年魏源《書古微》一書於高郵告成，可視為其晚年思想之概要。[77] 次年遊杭州，其《元史新編》亦於杭州脫稿，[78] 1857年二月，魏源偶感微疾，病中錄《淨土四經》並作序，避世潛修於佛寺之間，三月朔，歿於杭州僧舍，時年六十四歲。[79]

《默觚》與《海國圖志》的宗教與現實問題

　　在探討魏源的宗教觀前，我們必須處理一些版本和資料來源的問題。《默觚》的版本歷史較為簡單，未有多次改版，無需特

---

[73]　王家儉：《魏源年譜》，頁131-132。

[74]　此書雖然明責林則徐，但實則指斥清宣宗遙控外交與戰事使前線失機，時和時戰，又使大臣陷於兩難。為避免麻煩，故刻本乃不署名。同上註，頁139。

[75]　早於一年前的正月十一日，洪秀全同馮雲山等人已於金田起事，惟直至一年前，該事在重災區江蘇一帶仍未大受關注。同上註，頁143-146。

[76]　同上註，147-152。

[77]　同上註，頁157；亦參賀廣如：《魏默深思想探究──以傳統經典的詮說為中心》，頁181-236。

[78]　王家儉：《魏源年譜》，頁171-172。

[79]　同上註，頁177。

別說明。學界不乏《海國圖志》的研究，惟就它引用了甚麼史料處理其宗教論述而言，卻鮮有問津。[80]《海國圖志》在魏源去世前最少有三個不同的版本，分別是五十卷本、六十卷本及一百卷本，相關的出版經過和背景已於上文交代。

如上所言，魏源於1842年出版《海國圖志》五十卷本，1847年出版第二版的六十卷本，與前書相距五年。前人以為版本增益是因魏源香港之旅後，購得較好的分冊地圖。然而筆者發現六十卷本的《海國圖志》尚有其他增益。在「道光丁未仲夏古微堂鐫板」的影印本上，筆者發現不少篇章均有「原無今補」字樣，由於六十卷本為第二版，故憑「原無今補」足以合理地推測《海國圖志》的五十卷本並無該些部分。它們包括卷二的一些新增地圖、卷三十三至三十五〈英吉利國廣述〉中有關英清戰爭的紀錄，也包括了在各地地理介紹後的「沿革」部分，和外國宗教的介紹等。事實上，如果我們細心留意《海國圖志》五十卷本和林則徐《四洲志》的關係，我們就會明白第一版的《海國圖志》絕大部分是《四洲志》的重輯和魏源的舊文，如卷一的〈籌海篇〉等即是。

蓋魏源在1841年六月入署兩江總督欽差大臣裕謙幕時，晤林則徐於鎮江而得《四洲志》稿本。魏源至當年初冬方攜《四洲志》稿本返揚州著述。《海國圖志》五十卷本稿本成於一年之後，同魏源在這一年卻同時致力於《聖武記》、〈籌河篇〉的修訂，又為這一年棄世的摯友龔自珍編《龔定盦文集》。魏源縱然正當盛年，亦不可能在一年之間另外大量尋史料及外國資料為《海國圖志》五十卷本補充。此初版之所以急就章出版，與魏源

---

[80] 有關《海國圖志》的參考和引用資料研究，參陳耀南：《魏源研究》（香港：九龍昭明出版社，1979），頁185-190。

長時期著述修訂一書的習慣大有不同。[81] 可以推想爲默深受林則徐之囑而急謀以是書應付時局之艱難。

據本書研究所得，《海國圖志》六十卷本魏源才有系統的探討各國宗教的問題。在五十卷本中，有關基督教的紀錄只在介紹各國情勢的部分出現，當中又主要集中於歐洲各國的部分。然而，這些資料大部分均係譯自《四洲志》，而非魏源自己的著述，唯一的例外，就是上述1841年魏源審理戰俘的紀錄（題爲《英吉利小記》），當中亦有以自己的筆墨略爲介紹英國的基督宗教概況。

魏源對宗教的主要論述見於六十卷本的卷十四〈西南洋諸國：西印度之巴社回國・西印度之阿丹回國〉、卷十五〈西南洋諸國：西印度之如德亞國〉及卷四十四〈南洋西洋各西教國表・中國西洋曆法異同表〉三處。根據筆者逐字比對，這些篇幅在一百卷本均無意思上的更易。由是觀之，魏源在1847年對基督宗教（和伊斯蘭教）的理解，至1852年一百卷本出版時，應無重大變易。爲方便起見，以下對《海國圖志》的引用均取六十卷本爲準。

以下，我們將表列《海國圖志》六十卷本的卷十五〈西南洋諸國：西印度之如德亞國〉及卷四十四〈南洋西洋各西教國表・中國西洋曆法異同表〉所徵引有關基督宗教的參考資料。《英吉利小記》的資料均出自「夷俘安突德」之口，故不另表列之。[82]

81　如《聖武記》自1828年開筆，至1842年方才出版，耗時共十四年。

82　魏源：《海國圖志》道光二十七年丁未（1847）仲夏古微堂鐫板（臺北：成文出版社，1967），原書影印本卷35，頁26，總頁1949。

表5-1 《海國圖志》基督宗教論述參考資料

時代	作者	著作
東漢	許慎	《說文解字》
西晉	杜預	《春秋經傳集解》
南朝	顧野王	《玉篇》
隋	裴矩	《西域圖記》
唐	李文饒	《景教續考》
唐	景淨	《景教流行中國碑》
唐	玄奘	《西域記》
唐	義淨	《大唐西域求法高僧傳》
唐	杜佑	《通典》
唐	段成式	《酉陽雜俎》
唐	閻立本	《四夷朝貢圖》
後晉	劉昫	《舊唐書》憲宗紀
後晉	劉昫	《舊唐書》西域考
宋	陳彭年等	《廣韻》
宋	姚寬	《西溪叢語》
北宋	歐陽修、宋祁等	《新唐書》西域考
北宋	王溥	《唐會要》
北宋	宋敏求	《東京記》
北宋	宋敏求	《長安志》
北宋	王欽若等	《冊府元龜》
南宋	岳珂	《桯史》
南宋	釋志磐	《佛祖統紀》
元	脫脫、阿魯圖等	《宋史》
明	文秉	《烈皇小識》
明	蔣德璟	《破邪集》
明	王肯堂	《鬱岡齋筆塵》
明	蓮池袾宏	《竹窗三筆》
明	李之藻	《天學初函》
明	傅汎際（Francois Furtado）、李之藻	《寰有詮》

時代	作者	著作
明	艾儒略（Giulio Aleni）	《萬物真源》
明	艾儒略（Giulio Aleni）	《西學凡》
明	艾儒略（Giulio Aleni）	《職方外紀》
明	陽瑪諾（Emmanuel Diaz）	《天問略》
明	利瑪竇（Matteo Ricci）	《二十五言》
明	利瑪竇（Matteo Ricci）	《天主實義》
明	利瑪竇（Matteo Ricci）	《畸人》
明	利瑪竇（Matteo Ricci）	《西琴曲意》
明	利瑪竇（Matteo Ricci）	《辨學遺牘》
明	利瑪竇（Matteo Ricci）	《交友論》
明	利瑪竇（Matteo Ricci）	《坤輿萬國全圖》
明	龐迪我（Diego de Pantoja）	《七克》
明	畢方濟（Francesco Sambiasi）撰，徐光啓編錄	《靈言蠡勺》
明	高一志（Alphonse Vagnoni）	《空際格致》
清	郭裴等	《廣東通誌》
清	錢謙益	《景教考》
清	張廷玉	《明史》
清	紀昀	《四庫全書總目提要》
清	江蘩	《四譯館考》
清	王錫祺	《每月統紀傳》
清	王昶	《金石萃編》
清	于敏中、英廉、竇光鼐、朱筠等	《日下舊文考》
清	劉統勳	《西域圖誌》
清	七十一	《西域聞見錄》
清	印光任、張汝霖	《澳門紀略》
清	趙翼	《簷曝雜記》
清	俞正燮	《癸巳類稿》
清	楊光先	《辟邪論》
清	杭世駿	《道古堂文集、景教續考》

時代	作者	著作
清	林則徐	《四洲誌》
清	林侗	《來齋金石刻考略》
清	李祖白	《天學傳概》
清	錢大昕	《潛研堂金石文跋尾》
清	徐繼畬	《瀛環誌略》
清	劉智	《天方性理》
清	劉智	《天方典禮》（引用諦言篇、民常篇、居處篇、冠服篇、飲食篇）
清	郭士立（Karl Friedrich August Gützlaff）	《東西洋考每月統紀傳》
清	馮秉正（Joseph-Anne-Marie de Moyriac de Mailla）	《聖言廣益全編》
清	南懷仁（Ferdinand Verbiest）	《坤輿圖說》
宗教經典		
《詩經》、《尚書》、《易經》、《國語·魯語》、《論語》、《孟子》、《中庸》、《易傳》、《幹爾塞經》（即《古蘭經》）、元魏慧覺等譯《賢愚因緣經》、馬禮遜（Robert Morrison）譯《舊遺聖書》及《新遺詔書》（包括《馬泰傳福音書第一》、《馬可傳福音書第二》、《路加傳福音書第三》、《約翰傳福音書第四》、《聖徒言行傳第五》、《聖徒保羅寄人書》十篇、《聖徒約翰寄人書》三篇、《聖徒耶哥伯書》、《彼得羅猶大士書》、《聖人約翰天啟之傳》）、《神理論》（筆者案：按魏源引錄的內容，疑為聖湯瑪斯·阿奎那所著《神學大全》（*Summa Theologica*），惟此書在清帝國的漢譯本至今未見，故亦可能是其漢譯之摘要本。）		

　　我們在此需要補充兩點。首先，魏源在《皇朝經世文編》中亦曾編入了不少介紹基督宗教的作品，但筆者在本書卻不能將這些資料視為魏源的觀點。原因有二。其一，《皇朝經世文編》的編著原則在於「廣存」。[83] 事實上，在《皇朝經世文編》的其他

部分，亦往往有意見相反的文章同時收入。其二，正如潘光哲所言，魏源在這些編著的態度是「斯有述，我必錄」。[84] 由於《皇朝經世文編》的編文均未曾見魏源的案語，筆者認爲難以得知魏源對這些篇章的立場和理解，故下文的析論，將不會將之加入考慮。

第二點需要補充的是，我們在上一章提到孔飛力指出有清儒者的改革思想多從中國的傳統學說中出發，西方的資料只是輔助的角色，並以爲魏源的《海國圖志》植根於明清的南洋研究和學術傳統之中，魏源不過是引用了新穎的資料於原有的堅實學術基礎上。[85] 大體而言，本書亦同意此說。惟筆者以爲此一論點並不適用於魏源有關外國宗教的著作。從上表可見，魏源大量引用信仰者（insider）自身的觀點和論著介紹基督宗教及伊斯蘭教，而在六十卷本成書以前，魏源亦因資料不足而在《海國圖志》的初本略去外國宗教的部分。魏源的宗教觀明顯不是從儒教的觀點建成，這點與姚瑩的論述截然不同。

在這裡，我們可以轉入魏源宗教觀內容的探討。[86] 魏源於1842年出版《海國圖志》五十卷本、《聖武記》、〈籌河篇〉，

洲：廣陵書舍，2011），冊1，頁1。

[84] 潘光哲：《晚清士人的西學閱讀史（1833-1898）》，頁61-62。如《海國圖志·各國回教總考》中，默深轉引《每月統紀傳》時，認爲當中文字失實居多，卻仍大篇幅引用，而在段末案語云「西洋人宗耶穌辟（闢）回教故，語皆詆斥，今去其已甚，存其大概，惟言穆罕默德生於陳宣帝大建元年，足補諸書所未備。」魏源：《海國圖志》，原書影印本卷14，頁32，總頁852。

[85] 孔飛力著，陳兼、陳之宏譯：《中國現代國家的起源》，中文版序言及第一、二章。

[86] 正如上述的生平部分所言，魏源思想經歷了幾個不同時期的變化。因此，我們對其觀念的探討亦需要從其不同時期所著的文本入手。然而，本書的重點在於理解魏源在撰寫《海國圖志》時期的宗教觀念，故此我們亦可以對其早期的宗教思想稍爲忽略，並將焦點置於其中晚期的思想。

這些著述俱係就事言事，並未有就默深的世界觀深入闡釋，我們亦難以據之重構魏源的「宗教觀」。要回答對魏源來說「甚麼是宗教？」、「為甚麼有多於一個宗教及其間之差別為何？」，我們必須轉向魏源同一時期的其他著作。其中一項最主要的文本，就是魏源的讀書筆記。魏源的筆記及文集早於在生之時已散佚不少。就今所存者，以《默觚》最為完整。[87]《默觚》並未單獨出版，因此其寫作年分亦引來不少爭議。[88] 近人賀廣如轉而從《默觚》與魏源其他著作的關係對照，發現《皇朝經世文編》、《老

---

[87] 《默觚》收於《古微堂內集》，臺灣文海出版社於1968據光緒四年（1878）淮南書局刊本影印，出版了《古微堂內外集》全書，當中《默觚》分上、中、下三卷，〈學〉佔一、二卷，〈治篇〉載於下卷。參魏源：《古微堂內外集》（臺北縣永和鎮：文海出版社，1968）。《古微堂集》的另一個版本是宣統元年己酉（1909）國學扶輪社印行本，由黃象離增補重編，較為完整。惟筆者未能求得此本。由於中共在文化大革命後期鼓吹「儒法鬥爭」時，魏源被視為「對儒家思想作了一定程度的批判」，因此被歸入法家的行列。由於魏源被吹捧，這時期的魏源研究大為興盛（這些研究與歷史上的魏源有何關係有待進一步探討）。北京中華書局在文化大革命的陰霾下，於1975年選錄魏源的短篇論著和詩篇出版之《魏源集》，實可謂應運而生。參陳耀南：《魏源研究》（香港：乾惕書屋，1979），頁1-2。此書的第一部分，即為以黃象離增補重編的《古微堂集》為底本校對而成的《默觚》，亦即國營青雲儀器廠北京第六機床廠工人理論組編《魏源集》。此版本將《默觚》分為兩篇，上篇名〈學篇〉，錄文十四篇；下篇名〈治篇〉，收文十六篇。參魏源：《默觚》，收入氏著，國營青雲儀器廠北京第六機床廠工人理論組編：《魏源集》，冊上，頁1-81。

[88] 根據李漢武的《魏源傳》，《默觚》是魏源三十三歲以前的讀書筆記，後來收入已散佚的《清夜齋文集》。見李漢武：《魏源傳》（長沙：湖南大學出版社，1988）；另一方面，錢穆〈讀古微堂集〉認為《默觚》為魏源中年之作，但沒有斷定年代。錢穆：〈讀古微堂集〉，收入氏著：《中國學術思想論叢》（臺北：東大圖書有限公司，1990），冊8，頁305-307；劉廣京與孔飛力則以之為清英交戰以後的晚年所作。見劉廣京：〈魏源之哲學與經世思想〉，收入近世中國經世思想研討會（1983）：《近世中國經世思想研討會論文集》（臺北：中央研究院近代史研究所，1984），頁360。

子本義》、〈論老子〉、《詩古微》、《書古微》的一少片段和
思想都可見於《默觚》書中。而重要的是，《老子本義》與〈論
老子〉、《詩古微》與《書古微》對老子的詮釋及天人關係，均
有顯然可見的差異。由是觀之，則《默觚》的著作時期極長。由
於《書古微》成書於1855年（魏源死前兩年），而《默觚》的所
呈現的思想卻與之呼應，我們大抵亦可得知此書面世的版本，當
爲魏源晚年修訂之作。[89]

　　《默觚》之名，有不同解說。[90] 陳耀南認爲《默觚》之
「默」爲魏源字號，卻是可取。蓋「默好深思還自守」一語，出
於魏源〈寄董小槎編修〉四首之二。[91]〈寄董小槎編修〉四首，

---

[89] 賀廣如：〈論《默觚》之著成年代〉，載《中國文學研究》12，1998年5
月，頁55-72。

[90] 香港學者陳耀南認爲，《默觚》之「默」，爲「默深先生」之「默」，
其義爲「默好深思還自守」，乃魏源之自況。而「觚」則爲「簡牘」之
意。故全書即解爲「魏源的著作」。陳耀南認爲「觚」爲簡牘之意，此
說不見於《說文解字》或《康熙字典》。陳耀南：《魏源研究》，頁
19；許慎：《說文解字》（欽定四庫全書），卷4下，頁21-22，收入《四
庫全書》（上海：上海古籍出版社，1987），冊223，總頁155b-156a；
段玉裁：《說文解字注》，卷4，頁45-46，收入阮元輯：《皇清經解四
書類彙篇》（臺北：藝文印書館，1986），冊1，卷644下，總頁758；張
玉書、陳廷敬等纂：《御定康熙字典》（欽定四庫全書），卷28，頁18-
19，收入《四庫全書》（上海：上海古籍出版社，1987），冊231，總
頁139b-140a；王向清與李浩淼則認爲《默觚》之名也是源自孔子有鑒於
當時社會禮崩樂壞，器物名實不符，發出「觚不觚」的感歎而來。因爲
魏源亦感到孔孟之學已走樣，讀書人或埋頭訓詁考據，或論玄虛之理、
唱高調，漠視現實，忽視甚至歪曲聖人修齊治平之道，大大遠離周孔之
真傳。學篇與治篇這種著述體例，也是仿荀子著述體例而來，可見魏源
立志之高：他想藉今文經學的微言大義來「解弊」，以正晚清萬馬齊喑
之學風。王向清、李浩淼：〈魏源《默觚・學篇》哲學思想探析〉，載
《湖湘論壇》，2014年4期，總第157期，頁80-90。

[91] 董小槎即董桂敷，爲安徽婺源人。彼字宗邵，號小槎，嘉慶十年進士，
爲翰林院庶起士，散館授編修，以疾歸。生平博宗經、史及先儒語錄，
爲學恪守程、朱，爲清中葉理學的重要人物之一。稱病歸後，主講豫章

乃魏源對長輩之自況，當中又道及其志向與近況，按上文下理，「默好深思還自守，動皆得救豈關窮」二句，應是魏源夫子自道。[92]「默好深思還自守」一語亦見於《漢書‧揚雄傳》，其稱揚氏「口吃不能劇談，默而好深堪之思」，而魏源更曾刻章「默好深堪之思」，「默深」之號，於魏源當有自況之意。[93] 王向清與李浩淼沒有說明「默」字作何解，認為「觚」字語出孔子的典故。《論語》〈雍也第六〉有謂「觚不觚，觚哉觚哉」一語。[94] 反觀《默觚》全書，魏源皆旨在道出當世儒者之陋，並說出其之於儒教上古「聖人」、價值觀、學習方法、社會事務等見解，旨在講明今世儒者離古甚遠。此一主旨可謂合乎「觚不觚，觚哉觚哉」一語的大義。因此，《默觚》可解為「魏源對世變的慨歎」。

　　從《默觚》的體例看，此書確有回歸先儒的傾向。《默觚》大量引用《尚書》與《詩經》，在每段論述均以《詩經》為結，以說明其學說無出於先聖之學。但是，《詩》、《書》的寥寥數語，不可能與《默觚》十六篇所包涵的內容可比。這一種儒者以上古經典為據的寫作方法，乃倡言新學、改革的儒者常用之

書院。魏源自視為晚輩，書文之間往往待以師禮。見王鍾翰點校：《清史列傳》，冊17，卷67，頁5375-5376；董桂敷與魏源的關係見夏劍欽、熊焰著：《魏源研究著作述要》，頁106-109。

[92] 全詩見魏源：《魏源集》，冊下，頁820。

[93] 魏源成年後，改名「源」，字「默深」，更於1822年順天鄉試正科獲榜眼時，於履歷表上徑書「魏源，字默深，行二」。

[94] 據阮元校刻的《重刻宋本論語注疏附校勘記》，「觚」為盛酒之禮器，容量一升曰爵，二升曰觚。「觚哉觚哉」意若「這個觚真的是觚？」的反問句。阮元轉引《五經正義》認為此章說從政，須遵從禮道，若失去禮的正道，則「觚」不成「觚」。此語比喻從政者不守禮，「不得其道則不成為政也」。阮元校刻：《重刻宋本論語注疏附校勘記》（嘉慶二十年江西南昌府學開雕本影印），卷6，〈雍也第六〉，頁8-9，收入《重刻宋本十三經注疏附校勘記》（用文選樓本校定），冊8，總頁54b-55a。

法。[95] 當然，魏源的《默觚》並不是將「自己想講的話塞入古人口中」，但顯然魏源是藉《詩經》所載，發揮自身的論述觀點。事實上，如果讀者熟悉先秦儒者的著作，《默觚》的結語，源出《荀子》論學之書。由此一角度理解，《默觚》乃魏源根據他理解的儒教發揮治學治世見解之作。在《默觚》一書，我們可以看到不少魏源晚年對「宗教」的理解。以下我們先回應對魏源來說「甚麼是宗教？」的問題。

甚麼是宗教？

魏源在〈默觚上‧學篇一〉開宗明義反對無鬼之說：

> 以鬼神爲二氣之良能者，意以爲無鬼也……聖人敬鬼神而遠之，非闢鬼神而無之也……鬼神之說，其有益於人心，陰輔王教者甚大，王法顯誅所不及者，惟陰足以懾之。宋儒矯枉過正，而不知與《六經》相違。《詩》曰：「敬天之怒，無敢戲豫；敬天之渝，無敢馳驅。昊天曰明，及爾出（往）王，昊天曰旦，及爾遊衍。」[96]

---

95 楊照認為「由『尊古』而『崇古』，而建立了一套嚴格的知識權威系統，明白地將後來產生的知識，置於先前、古老知識之下，不准它們平起平坐。……我們可以容易想像，這套知情層級系統，對於後世有想法、有看法的人，產生了多大的限制。……這不也就是說：前人沒說過、沒表達過的，我都不能說、不能表達了？……除非把我要說、要表達的話，想辦法塞入古人的口中，讓古人來替我說。『尊古』、『崇古』的另一面，就是『僞古』帶來的強烈誘惑。不只自己想講的話必須塞入古人口中，就算要和別人辯論、表達反對意見，也得找古人幫忙。」見楊照：《尚書：追尋永恆的天命》（臺北：聯經出版事業有限公司，2014），頁50-52。

96 魏源：〈默觚上‧學篇一〉，收入氏著：《魏源集》，頁3-4。

　　「以鬼神為二氣之良能者」早見於十一世紀儒教，這點已見於第四章。魏源以為，孔子只言「敬鬼神而遠之」，但卻未曾言「鬼神」之必無。而鬼神的存在，是對人間王教的輔助，默深引《詩經》說明今人所說的鬼神，正是《六經》中的「昊天」的「天之怒」及「天之渝」。他進一步指出，後儒之所以論「無鬼」，其實只是對孔、孟的誤解，更別出心裁地指出，這只是對墨子所說的盲目反對。[97] 確立了鬼神的信仰合乎天道與《六經》及聖人（孔孟）之教後，默深乃為讀者陳述他對鬼神的理解。魏源以為人具有「形神」與「魂魄」，當「魂魄」「合」、「聚」時，人謂之「生」，當其「離」、「散」時，人則係死，亦可謂之為「鬼」。但凡這一些的根本都在於「天」或「上天」，故曰「以天為本，以天為歸」。而與庶民同樣生自「上天」的聖人，卻能認清自身的由來，「歸其所本，反其所自生」。這一認清天與人的關係之能力，就是聖人之為聖人的原由。[98]

　　魏源進而闡述了人如何以「心」「通天」。他指出天人之間往往互為呼應，而「神」、「鬼」則可以居中為媒介：

---

[97] 魏源認為「墨子非樂，異乎先王，然後儒亦未聞以樂化天下，是儒即不非樂，而樂同歸於廢矣。墨子明鬼，後儒遂主無鬼，無鬼非聖人宗廟祭祀之教，徒使小人為惡無忌憚，則異端之言反長於儒者矣。孟子闢墨，止闢其薄葬短喪，愛無差等，而未嘗一言及於明鬼非樂，節用止攻，夫豈為反唇角口之孔叢？夫豈同草玄寂寞之揚雄乎？」見魏源：〈默觚上・學篇一〉，收入氏著：《魏源集》，頁4-5。

[98] 原文為：「萬事莫不有本，眾人與聖人皆何所本乎？人之生也，有形神、有魂魄。於魂魄合離聚散，謂之生死；於其生死，謂之人鬼；於其魂魄、壽夭、苦樂、清濁、謂之升降；於其升降，謂之勸誡。雖然，其聚散、合離、升降、勸誡，以何為本，以何歸乎？曰：以天為本，以天為歸。黃帝、堯、舜、文王、箕子、周公、仲尼、傅說，其生也自上天，其死也反上天。其生也教民，語必稱天，歸其所本，反其所自生，取捨於此。大本本天，大歸歸天，天故為群言極。」魏源：〈默觚上・學篇一〉，收入氏著：《魏源集》，頁5。

……是天人之參也。溺心於邪，久必有鬼憑之；潛心於道，久必有神相之。管子曰：「思之思之，又重思之。思之而不通，鬼神將通之，非鬼神之力也，精氣之極也。」（作者案：參《管子・內業》第四十九篇）道家之言曰：「千周燦彬彬兮，萬徧將可睹。神明或告人兮，靈魂忽自悟（作者案：參《周易參同契》，《正統道藏・太玄部》本作「魂靈忽自悟」）」……己之靈爽，天地之靈爽也……何微之不入？何堅之不劙？何心光之不發乎？是故人能與造化相通，則可自造自化。[99]

在上文，「鬼」或「神」與人呼應，並非「鬼神」自身可以完全控制，而係由人自身決定將「心」比鄰於「邪」抑或「道」。這裡便帶出了魏源所說「心」的功能。在《默觚》所陳中，「心」可以通「天地之心」；而儒教最為重視的「天命」亦存於「方寸」（心）之間。因此，當聖人言「敬」時，由「心」而發，但卻是志敬「天」與「上帝」，其言曰：

人知地以上皆天，不知一身之內外皆天也。「天聰明自我民聰明，天明威自我民明威。」人之心即天地之心，誠使物交物引之際，回光反顧，而天命不填然方寸者乎？……故聖人之言敬也，皆敬天也，「昭事上帝」，顧諟明命也。……故觀天心者於復……觀人心者於獨，獨知獨覺之地，人所不睹聞，天地之所睹聞也。至隱至微，莫見莫顯。[100]

---

[99] 魏源：〈默觚上・學篇二〉，收入氏著：《魏源集》，頁5-6。
[100] 魏源：〈默觚上・學篇五〉，收入氏著：《魏源集》，頁12-13。

在魏源的見解中，「心」具獨特的超越（transcendence）意義。「心」乃為人身之主宰。[101] 此說亦即「元神」之所在：

> 人賴日月之光以生，抑知身自有其光明與生俱生乎？靈光如日，心也；神光如月，目也。……故光明者，人身之元神也。神聚於心而發於目，心照於萬事，目照於萬物。目不能容一塵，而心能容多垢乎？誠能心不受垢如目不受塵者，於道幾矣……自非光明全復，烏能「與天地合德，與日月合明」哉！《詩》：曰「我心匪鑒，不可以茹。」又曰：「君子萬年，介爾昭明。」[102]

魏源接著又指出「心」（亦即「元神」）的覺悟功能在聖人、儒者與常人皆有差異，從外描繪，則可以比喻為「光明」的大小。[103] 那麼，構成「心」的覺醒的條件是甚麼呢？魏源以為儒教之學，就是「心」覺醒之根本。以儒教的用語談論，便是「格物」。[104] 由「意之所構」的意念與思緒，至人際之間的事物、倫

---

[101] 原文為：「……人心其白日乎！人知心在身中，不知身在心中也。『萬物皆備於我矣』，是以神動則氣動，氣動則聲動，以神召氣，以母召子，不疾而速而至。大哉神乎！……知天人不二者，可與言性命矣。」同上註，頁13。

[102] 同上註，頁13-14。

[103] 同上註，頁14。

[104] 原文為「何謂大人之學？格本末之物。曰：意之所構，一念一慮皆物焉；心之所構，四端五性皆物焉；身之所構，五事五倫皆物焉；家國天下所構，萬幾百慮皆物焉。夫孰非理耶？性耶？上帝所以降衷耶？圖諸意，而省察皆格焉；圖諸心，而體驗皆格焉；圖諸身，而閱歷講求皆格焉；圖諸家國天下，而學問思辨識大識小皆格焉。夫孰非擇善耶？明善耶？先王所以復性耶？常人所不著不察之倫物，異端不倫不物之著察，合之而聖學出焉。日進無疆，宥密皇皇，是為宅心之王。」魏源：〈默觚上·學篇一〉，收入氏著：《魏源集》，頁4。

理，乃至於關乎「家國天下」的事物，都是應「格」的對象。這種種的事物，均係「理」、「性」與「上帝所以降衷」。這樣的論斷，明顯是對只言「理」、「性」而不問「家國天下」的儒者之批評。[105] 整合以上的說法，魏源認為儒教（亦即以上引文的「聖學」）均由「心」出發，以「心」的功能在於「格物」，而「物」的所指包括個人的意念到經濟、政治的事情。這些現實社會的事物，其地位亦等同於「理」、「性」及「上帝所以降衷」的「道」。人使「心」學「道」，則其「人心」乃與「天心」相通，而「鬼神」亦會欣然相助。在此意義下，「天」對學道之人有一定的眷顧，「鬼神」則為其輔助，其功能與「師」或「聖人」相類。

從這一儒教之於超越世界（transcendent world）的理解看，其他宗教亦有類同之功用。在同一時期的作品《書古微‧甫刑發微》中，默深更指出佛教與上古儒教的「天治」有相類之處；在聖王顓頊以後，儒教放棄了「天治」而轉入「人治」，「釋氏」更在一定程度上補充了這一「天治」的缺憾。《書古微》卷十一〈甫刑發微〉曰：

> 古今氣運之大闔闢，其在顓頊乎？開闢之初，聖而帝者以天治，不盡以人治，純以人治者，自顓頊始……夫子刪《書》斷自唐虞，人治不始自唐虞，始自顓頊絕地天之通。乎生民之初，天與人近，天下通，人上通，旦上天，

---

[105] 事實上，有清中葉時，經世的傾向偏見於各派儒教。即使自命理學先生者，亦會謂其所重在「義理經世」。然而，這類經世的模式，卻是以道德轉化為首要的改革手段，故被魏源、龔自珍、林則徐等意在從經濟、社會制度改革的儒者視為只言「理」、「性」而不問「家國天下」。參史革新：《晚清理學研究》（臺北：文津出版社，1994），頁129-162。

夕上天，天與人旦有語，夕有語，萬人之大政，欲有語於
民則有傳語之官，或有以龍紀官，或有以雲紀官，或以鳥
紀官，龍、鳥、雲所以通天地人之上下者也。有擾龍氏，
有豢龍氏，斯有乘龍以御天之氏，有乘白雲以歸帝鄉之
氏，斯有騎箕尾上升為列星之氏，能紀雲、龍、鳥者，天
之所覆皆得而治之，其政令災祥禍福，一以天治而不純以
人治，變帝皇之統者，顓頊始命北正重司天，絕天不通
民，命南政黎司地，絕民不通天，於是天不降之，諸龍
去，諸鳥不至，諸雲不見，則不能紀遠，乃紀於近。純以
人治，不復以天治。於是王者號令賞罰，不盡與天之五福
六極相符。[106]

　　魏源認為上古聖王以神道設教的「天治」與今世轉為「人
治」的轉捩點在於顓頊。在上文的描述中，「天」與「人」在上
古的關係極為密切，庶民皆可與天交流，而上天希望傳達意思，
則有紀之以「龍」、「鳥」、「雲」等的「傳語之官」為天之使
者。由於天親自統理下文，故其「災祥禍福」皆出於天。但自顓
頊以後，人君「壟斷」了天人相交之權利，而使有司專任其責，因
此，「天」與「王」的統治由之而分離，「王者號令賞罰，不盡與
天之五福六極相符」，至大禹以後，由於人主的「德」、「道」
俱不足以與「天」契合，故他們的「人治」徑然與天相異，而上
古儒教的「天治」，亦幾近於絕跡於儒者之道。[107]

---

[106] 魏源：《書古微》，咸豐五年正月邵陽魏源高郵州序本影印本，卷11，
頁15。

[107] 魏源進而提出更多例子「禹治水土，天乃錫禹而後未之聞也，其德不足
以合天，其道不足以範圍彌綸于天者，則不足以通天地人之道，天地
日尊，人日卑，乃以造物功歸天地，故大政之主，必敬天，名日月星為
神，名山川為祇，名天之人亦曰神。天神，人也；地祇，人也；人鬼，

　　這裡必須帶出的是另一問題。魏源在文本中，描述上古與今世天人之治的差異，然而，他卻沒有直接說明天何以治人？「天治」的世界又是甚麼模樣？這個答案我們仍需要回歸上段引文解決。當魏源指出今世「人治」與「天治」相對時，今世的統治，自然是王者的「號令賞罰」，亦即政府的管治。而與之相對的「五福六極」（引自《尚書・洪範》），理應就是對「天治」世界的描繪。[108] 魏源所說的「天治」，亦即「天」視乎萬民的心

人也，非是，則毛羽角翹肖之族，非人形，則非人亦人與天之部類而已。生民之初，壽無紀，官不紀遠，則紀其極近，可知者曰三萬歲，曰萬八千歲，人日促，天地日壽，於是又以悠久不敝歸之天地，若人與天可相通也，人與天地同壽也。天地與人同敝也，則啞然群不信，皆由地天之通絕也，於是釋氏之書，專談六合以外，天治之說，又以因果報應，通人治於天，而論者猶有取焉，謂其足以輔王政之窮，此上古中古一大升降闔闢。夫子刪《書》，始自唐虞，以人治不復以天治，雖天地亦不能不聽其自變。」魏源：《書古微》，咸豐五年正月邵陽魏源高郵州序本影印本，卷11，頁15。這種論述並非希世之異說。墨深的密友龔定盦〈壬癸之際胎觀第一〉之於上古天人之說，有幾近一轍之見。龔自珍：〈壬癸之際胎觀第一〉，收入氏著，王佩諍校：《龔自珍全集》，頁12-13。

[108]「五福六極」源出《尚書・洪範》「九疇」的第九疇「九・五福：一曰壽，二曰富，三曰康寧，四曰攸好德，五曰考終命。六極：一曰凶、短、折，二曰疾，三曰憂，四曰貧，五曰惡，六曰弱。」阮元校刻：《重刻宋本尚書注疏附校勘記》（嘉慶二十年江西南昌府學開雕本影印），卷12，〈洪範第六〉，頁24-26，收入《重刻宋本十三經注疏附校勘記》（用文選樓本校定）（臺北：藝文印書館，1965），冊1，總頁178b-179b。就儒教傳統而言，儒者相信《尚書・洪範》為箕子向周武王陳述的「彝倫攸敘」，亦即治國的恆常道理。而箕子指出他所告之的〈洪範〉，原本由「帝」賜予大禹。因此，我們可以將之理解為儒教的神聖經典。《尚書・洪範》為儒教經典最重要的一篇之一。歷代有不少學者專門論之，單計有清就有四十四種著作，但在尊經的傳統下沒有學者視之為後出之偽經。這一傳統信念至晚近方才為學者私疑。故我們可以斷定這一篇《尚書》的短文被魏源應用時，默深應視之為先聖之經典。有關當時學者對此書的理解，參張兵：《洪範詮釋研究》（濟南：齊魯書社，2007），頁182-213。有關其成書年代的問題，參張懷通：〈「以數為紀」看《洪範》的性質與年代〉，載《東南文化》，2006年，第3期，頁51-57；阮元校刻：《重刻宋本尚書注疏附校勘記》（嘉

思行為，而選擇賜五種福蔭以嘉許之或以其劣行而以六種不幸懲
罰之，簡單來說就是「天道」賞善罰惡的信仰。在引文的末端，
魏源乃指出自「地」（指人）與「天」的交通斷絕以來，王者的
德行未能與「天」的意志相契合，而從「夫子刪《書》……以人
治不復以天治」一句可知，默深認為「六合之外，聖人存而不
論」。故「天治」（亦即「天道」賞善罰惡的信仰）無異於為儒
教所忽略。尤其〈默觚上·學篇一〉所說的宋儒持「無鬼論」，
更可謂將上古儒教以來的「天治」傳統割斷。

　　然而，魏源認為上古的「天治」只是因儒教失傳（有意或無
意），佛教的因果報應之說事實上補充了「天治」之說。於是，
魏源乃在上文的結尾謂「於是釋氏之書，專談六合以外，天治之
說，又以因果報應，通人治於天，而論者猶有取焉，謂其足以輔
王政之窮」。值得注意的是以《尚書·洪範》說儒釋之通，有悠
久的傳統。[109]

　　如果我們結合上引《默觚》與《書古微》的論述，至此，
我們大抵已可以回答對魏源而言甚麼是宗教的問題。魏源認為，
「天道」為萬事萬物之本，而聖人與常人的差別，就在於他們的

慶二十年江西南昌府學開雕本影印），卷12，〈洪範第六〉，頁1-26，
收入《重刻宋本十三經注疏附校勘記》（用文選樓本校定）（臺北：藝
文印書館，1965），冊1，總頁167-179。

[109] 北宋時，儒者承韓愈之餘緒，多有用心於建構「正統」的儒教而銳志闢
二氏之說，北宋佛日契嵩禪師釋契嵩《鐔津文集》就是此一時期的佛門
倡言儒釋不二，儒釋道三教並存不廢論的重要作品。當中，釋契嵩〈輔
教篇上·原教〉就以《尚書·洪範》與佛教的因果說相比較，其實只在
重點置於「一世」與「三世」之差，釋契嵩有關《洪範》契合佛經的論
述，與魏源極為類近。參黃啟江：《北宋佛教史論稿》（臺北：臺灣商
務印書館，1997）；亦參釋契嵩：〈輔教篇上·原教〉，載氏著：《鐔
津文集》（中國廣西壯族自治區圖書館藏清光緒二十八年（1902）揚州
經院刻本影印），卷一，頁3-4，收入潘琦主編：《契嵩集》（桂林：廣
西師範大學出版社，2012），總頁34-35。

「心」是否趨於「天道」。假使「心」能趨於「天道」，「天」必嘉之，而賜以「福」，「鬼神」亦會因之而相助。對魏源而言，儒教、佛教，以至「王者之政」俱以使人（心）與「天道」契合為宗旨，只不過「王者之政」往往因為「王者」自身的「德」不足以與「天道」契合，而使其「政」（人治）與「天」的「政」（天治）相違。這一點可以稱之為「王政之窮」，而儒教和佛教就要在此處輔佐。儒教教人契合「天道」的方式在於「學」與「格物」，其專擅的範圍在使「六合以內」的「人治」更合乎「天道」；佛教則在於以「六合以外」的「因果報應」，勸人行善。魏源晚年〈淨土四經總敘〉乃為上述的立場作結曰：「夫王道經世，佛道出世，滯跡者見為異，圓機者見為同。」[110]由此觀之，今天被我們理解為「宗教」，在默深的理解中均為「使人能契合於『天道』的教導」。這一論點，可以在《海國圖志》（六十卷本）魏源介紹其他宗教時得以引證，更加以引伸。在〈南洋西洋各國教門表〉敘言有謂：

> 敘曰：天祐下民，作之君，作之師，君長一國一時，師長數十國數百世。故自東海以至西海，自北極以至南極，國萬數里，億數人，恒河沙數，必皆有人焉。魁之桀之，綱之紀之，離之合之。語其縱，則西域自佛未出世以前，皆婆羅門教，以事天治人為本，即彼方之儒。[111]

如上所言，〈南洋西洋各國教門表〉乃《海國圖志》於1847年增訂為六十卷本時的增益。這一次增訂，史家以為主因在於

---

[110] 魏源：〈淨土四經總敘〉，收入氏著：《魏源集》，頁246-248。
[111] 魏源：《海國圖志》，原書影印本頁1，總頁5。

魏源於這一年南遊香港購得圖冊。同時，魏源對歐洲人的觀感亦因香港的繁榮而有所改善。[112] 從〈南洋西洋各國教門表〉敘言中，我們可以看到魏源乃將泰西文明與儒教、佛教的東方世界同視為「天」之祐蔭。從上文首先提出一個概括性的論述，以為「天祐」普世的「下民」，因此會為他們生成「君」、「師」，而代表政治制度的「君」只會管理「一國一時」，但代表了「天道」呈現的宗教（亦即「師」），卻掌管了更為重要的「十國數百世」。因此，「故自東海以至西海，自北極以至南極，國萬數里，億數人，恒河沙數，必皆有人焉」，這亦即說，只要「天」意欲祐蔭「下民」就必會為他們提供政治和宗教。因此，亦可以說在魏源的理解中，「宗教」不單是「使人能契合於『天道』的教導」，更是有志於祐蔭「下民」的「天」自身的顯現。

在此意義下，「君」和「師」的功能都可以集中於「師」的身上。而「師」所傳授的「道」，就必須同時兼顧純世俗和神聖的管治。以儒教為例，魏源認為聖人留下了《易》這本卜筮之書，就是因為世俗和神聖的管治均係儒者的職能。[113] 理順了「甚麼是宗教？」的問題，我們自必然需要進一步追問「為甚麼宗教不只一個？」及「其間之差別為何？」。默深以為，「西域」

---

[112] 在魏源〈香港島觀海市歌〉中，魏源比喻香港島的「海市」為「蓬萊宮闕」，更讚許駐港英軍「合圍列隊肅不喧，但有指揮無號令，招之不語揮不嗔。」魏源：〈香港島觀海市歌〉，收入氏著：《魏源集》，頁740-741。

[113] 〈默觚・學篇八〉曰「……聖人何以罕言《易》？曰：《易》者，卜筮之書也，天道之書也。中古以後，地天之通絕矣，天與人日遠矣，人且膜視乎天，且漸不信天敬天，聖人縱欲諄諄以天道詔人，天何言哉？使空空然叩諸卜筮，受命如響，鬼神來告，曷以舍其偏是偏非，而信吉凶悔吝易知易從哉？故卜筮者，天人之參也，地天之通也。《詩》、《書》、《禮》皆人道設教，惟《易》以神道設教……」魏源：〈默觚上・學篇八〉，收入氏著：《魏源集》，頁19-20。

（當指傳統中國概念中的中亞及南亞地區）在未有佛教時，信仰的「婆羅門教」，「以事天治人爲本，即彼方之儒」。這樣的說法，也就是以爲「此方」的儒教和「彼方」的「婆羅門教」的意義都在於「事天」和「治人」，也就是一方面上接「天道」，另一方面以之應對社會的需要，管治「下民」。可以說，魏源視此二功能爲宗教的基本。然而，上文仍未能全整地解釋宗教多元的現象，亦未能說明這些宗教在魏源的理解中有何差異，故我們必須轉入下文的討論，並徵引更多文獻說明。

為甚麼宗教不只一個及其間之差別為何？

如果我們認同上文所言，不同宗教對魏源來說其實是「天道」的不同呈現方式，我們就可以從此點出發探討「天道」何以以不同的方式呈現。事實上，魏源不但認識到不同的宗教之間的差異。生於儒教派系林立，而兼通漢、宋、公羊、治事之學的魏源，同時亦意識到儒教內部的差異。值得讀者留心的是，魏源對眾多宗教之間的差異和儒教內部差異的分析，都應用了同一套的解釋進路。〈默觚上・學篇九〉有言曰：

> 師以賢得民，子思、孟子當仁於齊、魯；儒以道得民，諸子身通六藝，友教於西河，後世「道學」、「儒林」二傳所由分與？惟周公、仲尼，內聖外王，以道兼藝，立師儒之大宗。天下後世，學焉而得其性之所近，仁者見仁焉，知者見知焉，用焉而各效其材之所宜。三公坐而論道，德行之任也；士大夫作而行之，政事、言語、文學之職也。如必欲責其德性者以問學之不周，責問學者以德性之不篤，是火日外曜而欲其內涵，金水內涵者必兼其外曜乎？

體用一原，匪聖曷全？[114]

上段引文所言「師以賢得民」及「儒以道得民」，均引自《周禮‧天官》。[115]鄭玄注解「九兩」為「九耦」，認為此段旨在說明九種「所以協耦萬民聯綴」的方法，而「師」與「儒」分別為二。康成以為：「師，諸侯師氏，有德行以教民者；儒，諸侯保氏，有六藝以教民者」。[116]由此觀之，「師」與「儒」分別都是治理萬民的人物，而他們的管治方法，卻是分別以其學問、德行化育學子。默深在此引用此說，志在帶出儒教經典亦以為上古聖王之世，佐理王者傳揚「天道」以管治人民的臣公，亦有分工為「師」與「儒」的傳統。而這一傳統發展至後來，則成為了史傳中的「明道」與「儒林」兩途，「德」與「學」、「道」與「藝」，只曾在周公與孔子的身上得以合一，後儒能力不足，只能以其「性之所近」，擇一而學。

正如讀者可能已發現，魏源有關「師以賢得民」及「儒以道得民」的解釋方法並不是同時代的唯一詮釋。例如，清儒孫詒讓就引用了各種時人之說，指出鄭康成之以師儒分別為諸侯或官位

---

[114] 魏源：〈默觚上‧學篇九〉，收入氏著：《魏源集》，頁22-23。

[115] 其說曰：「以九兩繫邦國之民：一曰牧，以地得民。二曰長，以貴得民。三曰師，以賢得民。四曰儒，以道得民。五曰宗，以族得民。六曰主，以利得民。七曰吏，以治得民。八曰友，以任得民。九曰藪，以富得民。」王燕緒編校：《周禮注疏》，《摛藻堂四庫全書薈要‧經部》影印本，卷二，頁21。

[116] 賈公彥疏解為：「『三曰師，以賢得民』者，謂諸侯已下，立教學之官為師氏，以有三德、三行，使學子歸之，故云『以賢得民』，民則學子是也；『四曰儒，以道得民』者，諸侯師氏之下，又置一保氏之官，不與天子保氏同名，故號曰『儒』。掌養國子以道德，故云『以道得民』，民亦謂學子也。」注、疏俱出王燕緒編校：《周禮注疏》，《摛藻堂四庫全書薈要‧經部》影印本，卷二，頁22。

之說不符。[117] 我們在此無需深入有關《周禮》詮釋的爭論，但從魏源引用的選擇可以看出，他在〈默觚上‧學篇九〉認為後世儒者因能力不足，不能兼習「德」與「學」或「道」與「藝」，而強行要求學者違反性格，兼通二者，亦是無聊之事。

秉氣與異俗：不為還是不能

在〈默觚上‧學篇十一〉中，魏源進一步闡述上言的觀點：

> 君子之於道也，始於一，韜於一，優游般樂於一。一生變，變生化，化生無窮。所謂一者何也？地之中也有土圭，道之中也有土圭。九流諸子裂道一隅而自霸，道在其任裂與？事在四方，道在中央，聖人執要，四方來效。……然則樹之一以為的而號於眾歟？櫝玉者不炫，舟玉者不飾，惡其文之著世也。……是以君子之學，先立其大而小者從令，致專於一，則殊塗同歸。道以多歧亡羊，學以多方喪生。其為治也亦然。……「與之齒者去其角，傅其翼者兩其足。」非天以是限之也，齒即角所變，翼即足所化也。人之智慮亦然，豐於此則必嗇於彼，詳於本則必荒於本。故勞心者不勞力，尚武者不修文；文學短於政

---

[117] 孫氏認為「此經之『師』、『儒』，即《大司徒‧本俗》之『聯師儒』，皆通乎上下之辭。『師』則泛指四民之有德行材藝足以教人者而言。上者國學，鄉遂州黨諸小學，以逮里巷家塾之師，固為師而兼儒；下者如嬪婦有女師，巫醫農工亦皆有師。蓋齊民曲藝，咸有傳授，則各亦有師弟之分，以賢得民，只謂師賢於弟子耳。奚必德行純備之賢乎？『儒』則泛指誦說《詩》、《書》、通該術藝者而言，若《荀子‧儒效篇》所稱俗儒、雅儒、大儒，道有大小而皆足以得民，亦不必皆有聖賢之道也。」孫詒讓：《周禮正義‧禮三》，光緒二十五年八月楚學社孫詒讓敘本影印，頁24-28。

事，政事多絀於文學；惟本原盛大者，能時措出之而不窮……[118]

　　默深先確立了君子之於「道」乃「始於一，韜於一，優游般樂於一」，固雖然「九流諸子裂道一隅而自霸」，而「道」亦有其「要」可以執。然而，承接上文之說，能執「道」者只能是「聖人」。對一般人而言，「道以多歧亡羊，學以多方喪生」。這些觀點，亦同於〈默觚上・學篇九〉之說。魏源在本段為後儒未能兼習提出了原因。魏源引用了董仲舒「夫天亦有所分予，予之齒者去其角，傅其翼者兩其足，是所受大者不得取小也」之說。此語本來志在指出食厚祿的官員不應「眾其奴婢，多其牛羊，廣其田宅，博其產業，畜其積委」，與小民爭利。[119]魏源轉變了此句的意思，說分工的依據不在於社會地位，而在於人的智慮、才能等等。[120]

　　這一段解釋的重要之處，不只在於說明儒者之間的差異，「勞心者不勞力，尚武者不修文」二句更說明了社會分工的合理性。結合這些觀點，我們大抵可以得知魏源認為「天」在生人時，已為人各自安排了性格、智慮、才能。這一觀點，已近乎漢末魏晉的「才性說」。[121]魏源的觀點較近於王充的「才性論」，

---

[118] 魏源：〈默觚上・學篇十一〉，收入氏著：《魏源集》，頁26-27。

[119] 班固：《漢書》，卷56，〈董仲舒傳第二十六〉，頁2495-2529。

[120] 我們沒有資料說明魏源這種思想觀點的由來，然而我們卻發現這些篇章正是寫於他在江南改革運動多有建樹，而制藝之途卻屢試不第之時，故筆者以為「如必欲責其德性者以問學之不周，責問學者以德性之不篤……」及「文學短於政事，政事多絀於文學」之語，略有自況之味。

[121] 「才性說」源出於東漢，而流行於魏晉，亦為魏晉玄學清淡之資。蓋兩漢察舉徵辟制、曹魏九品中正制均以人才論斷為任官之根據，故流風所及，月旦人的才能性情亦為時人關心的興趣。有關才性之論的研究，見勞思光：《中國哲學史》，卷二97-149；近人對才性論與其時代背景有

其以為「氣」構足了人在不同層面的性格，可以總而名之曰「氣性」[122]「秉氣」更決定了人的性格與命運。雖然藉著學習人可以轉化其「秉氣」之性，但轉化畢竟有限，故王充乃認為人性乃有上、中、下三等，不可轉逆。無庸置疑，王充主張一種近乎希臘悲劇式的「命定說」，不單富貴貧賤，甚至才能差異，亦均出於「命」。[123] 而論及「命」時，又往往與「氣」及「秉氣」而成的「性」混而為一。[124] 將魏源與王充之說並列，我們顯然可以發現二者之於人性命定的說法極為類同。魏源亦曾以「氣質之性」各有「所宜」、「所偏」，我們只能以結合不同「氣質」者「佐使互相生克」，而不能強行改造。其謂：

> ……氣質之性，其猶藥性乎！各有所宜，即各有所偏；非
> 鍛製不能入品，非劑和眾味，君臣佐使互相生克，不能調

深入論述，參澳門理工學院黃雁鴻：〈才性論與魏晉思潮〉，載《中國文化研究》，2008年，第一期，頁75-82。

[122] 王充有謂「用氣為性，性成命定。體氣與形骸相抱，生死與期節相須。王充：《論衡》（四部叢刊初編縮印明通津草堂刊本），卷2，〈無形第七〉，收入《四部叢刊初編》（臺北：臺灣商務印書館，1967），冊25，頁16b-18b。據牟宗三《才性與玄理》之說，其謂「結聚之氣性有善惡一面，有智愚一面，有才與不才一面，一是皆決之於所稟之氣之多少、厚薄與清濁，故皆可總之曰氣性，或才性，或質性。善惡、智愚、才不才，在其中互相滲透，混融而為一。」參牟宗三：《才性與玄理》（長春：吉林出版集團有限公司，2010），頁3-38。

[123] 王充：《論衡》（四部叢刊初編縮印明通津草堂刊本），卷1，〈命祿第三〉，收入《四部叢刊初編》，冊25，頁9a-11a。

[124] 其謂「凡人稟命有二品，一曰所當觸值之命，二曰彊弱壽夭之命。所當觸值，謂兵燒壓溺也；彊壽弱夭，謂稟氣渥薄也。兵燒壓溺，遭以所稟為命，未必有審期也。……人之稟氣，或充實而堅強，或虛劣而軟弱，充實堅強，其年壽；虛劣軟弱，失棄其身。」王充：《論衡》（四部叢刊初編縮印明通津草堂刊本），卷1，〈氣壽第四〉，收入《四部叢刊初編》，冊25，頁11a-12b。

其過不及。故氣質之性，君子有不性者焉。仁義禮智，孤行偏發，皆足以僨事。賢智之過，有時與愚不肖相去唯阿，況以利欲濟其氣質，但有不及無太過乎？……矧望其德性之用而無氣質之偏耶？[125]

　　「秉氣」不同致使人的性向不同，無可轉逆的觀點極為重要。我們在接著的部分就會看到魏源認為不同的宗教（即使有了世俗政權的支持）難以「兼併」其他宗教，箇中原因，就與此處關係甚大。姑不贅論。由於世儒不同於周、孔，故只能分別按其「秉氣」「各效其材之所宜」，魏源說明了儒者何以同在儒教而所習所行差別甚大。然則，其他宗教有沒有這一問題呢？從默深在上引的〈淨土四經總敘〉說明佛教內部宗派差異時，我們可以得到一個約略的答案：

　　……而出世之道（筆者案：此言與「王道」相對的「佛道」），滯跡者見為異，圓機者以為同。而出世之道，又有宗教、律、淨之異。其內重己靈，專修圓頓者，宗教也；有外慕諸聖，以心力感佛力者，淨土也；又有外慕諸聖，內重己靈者，此則宗、淨合修，進道尤速。至律則宗教、淨之基址，而非其究竟焉。[126]

　　姑勿論魏源對禪宗、淨土宗及律宗的理解與其他佛教信仰者的差異，我們可以看到魏源深信入道多途，信仰者選擇不同的宗派其實在於其才性的差異。這就與儒者分習聖人不同面向的學問

---

[125] 魏源：〈默觚上·學篇十二〉，收入氏著：《魏源集》，頁28-30。
[126] 魏源：〈淨土四經總敘〉，收入氏著：《魏源集》，頁246-248。

無異了。簡單來說，魏源以天賦的秉性差異解釋了宗教內部的差異。而這一種解釋方法，亦應用於宗教之間的差異。

在〈默觚上・學篇十二〉中，魏源對這議題有深入的探討。魏源首先指孔子與老子所學雖異但互為尊敬。而伯夷、柳下惠、箕子、比干之德、行不同，但仍同為聖人；孔子所授，又有德行、言語、政事、文學四科，而「九流」更均出於上古的聖帝。[127] 接著，魏源列舉了不同的史例和設例說明，例如默深認為假若孟子得位治世，就會聘用楊朱、墨翟，而不會用張儀、蘇秦，而唐代闢佛聞名的韓愈流落潮州之時，則與閩、粵高僧潮州大顛和尚論交為友等。[128] 魏源總結說這些「軌轍不同」的人之所以能變得偉大，就是因為他們與同道異跡者，相互砥礪，但卻並行不悖。由於他們自「道」所秉的善性俱同，因此他們雖然各行其道，但卻仍有同然的是非標準。

那麼為甚麼不同的賢者會有不同的性格呢？魏源認為，不同的賢者因各自的秉性彰顯了「天道」和「聖」的不同面向。儒教的「方內之聖」與作為「方外之聖」的墨子、老子擁有了共同的特色。亦只有〈默觚上・學篇九〉所說的「周公、仲尼」，能以「聖人」之資，「乘六龍以禦天，潛龍飛躍，無有定在」。默深的這一形容出自《易》的〈乾卦〉，「潛龍」、「飛躍」分別為乾卦的九四爻「或躍在淵，无」與九五爻「飛龍在天，利見大人」，這二爻分別說明君子遇事時在不同的情況下應有的取態。而「乘六龍以御天」，則為乾卦彖文之語，即「時乘六龍以御天，乾道變化，各正性命」。所謂「六龍」，就是此卦六爻所指的「潛龍勿用」、「見龍在田」、「終日乾乾」、「或躍

---

[127] 魏源：〈默觚上・學篇十二〉，收入氏著：《魏源集》，頁28-30。

[128] 譚世寶，胡孝忠：〈韓愈與大顛關係及成因新考〉，載《韶關學院學報》，2007年，卷28（10），頁69-74。

在淵」、「飛龍在天」、「亢龍有悔」六語。這句象文可解為「天」駕馭著不同的「氣」以化生萬物。[129]文中，「其軌轍不同者，道之並育並行所以大」，明顯引自《中庸》。[130]魏源希望引伸的意思是，只有「聖人」「秉氣」充分而能同時掌握「天道」的不同面向，使不同的「道」得以並行不悖。故即使是上古的賢人，亦只能按其「秉氣」發展「聖」與「天道」之一端。因此，今世的學者應需要依循其本性的所近學習，即使「偏至一詣」，亦不足為咎矣。歸納整段的意思，魏源的主旨在於談論今世儒者的「學術分工」和「專業分工」問題。然而，他卻在有意無意之間帶出了「儒」、「老」、「墨」以至「九流」均同出於一端的觀點，而這一端，理當是在上載引文不斷重重覆覆出現的「天道」。

依是所說，魏源固然推尊周公、孔子為大聖，但他卻點出了伯夷、楊朱、墨翟、老子等賢者和後世的儒者一樣，均只是就自身的「秉氣」而發展了「天道」的某些特質，因此，他們之間應該沒有絕對的矛盾和本質的差異，假如大聖出世，則理應可以令他們的「道」並行不悖。更為大膽的理解是，身為儒者的魏源

---

[129] 有關乾卦的解說，參周振甫：《周易譯解》（香港：中華書局（香港）有限公司，2011），頁2-20；來木臣著，蔡德貴、劉宗賢點校：《易經大全會解》（西安：陝西師範大學出版社，2010），頁58-79；阮元校刻：《重刻宋本周易注疏附校勘記》（嘉慶二十年江西南昌府學開雕本影印），卷1，〈周易兼義上經乾傳第一〉，頁1-11，收入《重刻宋本十三經注疏附校勘記》（用文選樓本校定）（臺北：藝文印書館，1965），冊1，總頁8-31。

[130] 其言曰「仲尼祖述堯舜，憲章文武；上律天時，下襲水土。譬如天地之無不持載，無不覆幬；譬如四時之錯行，如日月之代明。萬物並育而不相害，道並行而不相悖。小德川流，大德敦化，此天地之所以為大也。」阮元校刻：《重刻宋本禮記注疏附校勘記》（嘉慶二十年江西南昌府學開雕本影印），卷53，〈中庸第三十一〉，頁12-13，收入《重刻宋本十三經注疏附校勘記》（用文選樓本校定），冊5，總頁899b-900a。

承認了在某些時刻，儒教以外的賢者所持之「道」較儒者所得之「道」更適用於世。這樣的假設，可以在魏源〈老子本義序〉中得到證實：

> 天下之生久矣，一治一亂，如遇大寒暑，大病苦之後，則惟診治調息以養復其元，而未可施以肥濃腴削之劑。如西漢承周末文勝、七國嬴秦湯火之後，當天下生民大災患、大痾瘵之時，故留侯師黃石佐高祖，約法三章，盡革苛政，曹相師蓋公輔齊、漢，不擾獄市，不更法令，致文、景刑措之治，亦不啻重睹太古焉，此黃、老無為可治天下。[131]

觀乎此說，則魏源認為在天下大亂以後，黃、老的「無為」較儒者複雜的禮教更可以「治天下」。閱讀至此，讀者大抵可以約略代魏源回應「為甚麼有多於一個宗教？」的問題。默深明確地指出了不同的人「秉氣」不同，故性好有異。這一種差異，使他們所能理解的「天道」大為不同，因而發展出不同的「宗教」。當然，從「天」的角度觀之，這個答案就會是〈南洋西洋各國教門表〉敘言所說的「天祐下民，作之君，作之師」，也就是「天」為世上秉性不同的俗群，各作安排了切用於他們的「君」和「師」。而「天」所「作」之「師」，所傳之「道」亦自有所不同。

我們在此需要補充的是，在魏源理解中，流行於中國的宗教和思想之間的肝膽之別，其實並非後世眼中的楚越之異。對魏源來說，「宗教」皆出於「天道」，以聖人所秉的睿智，更能在不

---

[131] 魏源：〈老子本義序〉，收入氏著：《魏源集》，頁254。

同時空，有不同的面貌，「無有定在」。實情是，魏源行文之間，亦不時認為有出世入世之異的釋教與儒教的差別幾希。例如：

> 世儒多謂孟子言寡欲，不言無欲，力排宋儒無欲之說為出於二氏。不知孔子言無我，非無欲之極乎？[132]

雖然〈老子本義序〉認為，不同的宗教在不同情況下各擅勝場，但魏源在這些宗教之間，有沒有一個概括的準則判別高下呢？筆者認為，這樣的標準在魏源的著作中確實存在，它們分別是該宗教對天道的理解程度與對治世幫助的有效性。這兩個原則，亦呼應了上一部分所言，魏源認為宗教的意義都在於「事天」和「治人」。如果宗教意義都在於「事天」和「治人」，也就是一方面上接「天道」，另一方面以之應對社會的需要，為人民帶來足以合理生活的秩序。由於人的「秉氣」有別，每人的性格均有不同，而世上民族繁多，各有所適，其所能理解的「天道」亦有所差別，「天」既然「祐下民」，於是乃將為之提供定合宜的「君」和「師」，為之帶來秩序。既然「君」、「師」有別，其政治的模式與所傳的宗教亦自有所不同。

這些不同的宗教既有差異，亦有優劣之分。而魏源提出的標準，就在於它們理解「天道」、「天志」、「天心」的完整度與帶給庶民的倫理標準之合理性。在上文的析論中，我們已大概看到了魏源心中以上古的儒教為最佳，後儒與佛教分別在其後，而伊斯蘭教雖然在一定程度上誤解了「天道」，其倫理亦有不可行的地方，但卻仍可接受。[133] 有趣的是，「天主教」較曾為有清西

---

[132] 魏源：〈默觚上·學篇四〉，收入氏著：《魏源集》，頁11。
[133] 魏源：《海國圖志》，原書影印本卷14，頁45-47，總頁878-881。

北帶來大亂的伊斯蘭教為劣，其中原因恐不在於基督宗教只祭祀單一的上帝（筆者案：如果是這樣，持「無鬼論」的宋儒亦當較伊斯蘭教為劣），哪麼問題出在何處？在本章的最後部分，我們將探討魏源對基督宗教的理解。

　　如上一節所言，魏源首次論述基督宗教的作品乃《海國圖志》卷三十五所載的《英吉利小記》。當中，有關基督宗教的介紹只有寥寥數語。在1841年英清搆兵之時，魏源對歐洲文明及基督宗教的沿革均未瞭解。上文以為英國不信天主教，即認定其國崇信一獨特的佛教。[134] 這一觀念在後來乃有所更正。在1847年《海國圖志》六十卷本卷四十四的〈南洋西洋各國教門表〉中，則以為：

> 世傳西洋惟英吉利一國獨闢天主教，不知英夷所闢者加特力教。爾故英夷國將立，則國人必會議約新王背加特力教，而尊波羅特士頓教，始即位。英夷何嘗盡闢克力斯頓教哉。[135]

　　在這版本中，魏源瞭解到基督宗教分為加特力教（Catholic，魏源又稱之為天主舊教）、額利教（Orthodox，魏源在六十卷本中的卷三十六至三十七介紹俄羅斯的部分介紹）；一波羅特士頓教（Protestantism），而英國所闢者亦不過加特力教而推尊波羅特士頓教，乃屬於廣義的「天主教」成員之一。由是觀之，《英吉利小記》之觀點，大概已於六十卷本中推翻。尤其在〈天主教考下〉中明言《英吉利小記》之說為非，我們更可以確認在討論

---

[134] 同上註，原書影印本卷35，頁21-26，總頁1939-1949。
[135] 同上註，原書影印本卷44，頁2-3，總頁2529-2530。

魏源對基督宗教的理解時無需依魏源在清英首次戰爭時的觀點，其言曰：

> 又其書皆英夷所刊佈，而英吉利舊傳不奉天主教（見《海國聞見錄》及俘夷安突得口供），及《考每月統紀傳》，則又言英吉利民，遷墨利加洲新地，不服水土，疫氣流行，皆赴神天之堂，籲救得息，於是國人奉事天主，七日禮拜。又以耳得蘭島（Ireland），距國數里，結黨抗教，國王勒之歸順，且禁買黑奴，亦以耶穌之道，豈昔闢之而近日奉之歟。抑遵波羅特士之天主教，而不遵加特力之天主教，門戶不同，旨歸小異歟。[136]

魏源於基督宗教的深入論述，須參考《海國圖志》六十卷本卷十五〈西南洋：西印度之如德亞國沿革〉。這一卷可以分為四部分。第一部分，魏源徵引了不同史著有關拂菻國國（即魏源認為猶太國之古稱）的史料，並將之比對於《職方外紀》、《萬國全圖集》等著作對比；在第二部分，默深引錄了《景教流行中國碑》及相關研究，探討「景教」和「天主教」的關係。魏源對此問題的猜想，是基督宗教及伊斯蘭教均緣於景教，但魏源卻認為資料未足，難以定論：

> 西洋奉天主耶穌，或謂即大秦遺教，據碑有判十字以定四方之語，與今天主教似合。……西北謂國，事天最敬，故君長謂之天可汗，山謂之天山，而神謂之祆神。延及歐羅巴，奉教謂之天主，皆以天該之。……此碑稱常然真寂、

戢隱真威、亭午升真、真常之道、占青雲而載真經，舉真
字不一而足。今所建回回堂謂之禮拜寺，又謂之真教寺，
似乎今回回之教，未始不源於景教。然其中自有同異，特
以彼教難通，未能剖析，姑備錄諸說，以資博考。[137]

　　第三部分則引錄了不同有關基督宗教的明清專著、筆記、
傳說。這些引錄資料包括了不少相異的意見，或詆或譽，亦包括
不少野史的神異流言。值得留意的是，魏源引錄了不少從佛教角
度批判基督宗教的故事，如《烈皇小識》載崇禎年間天火以烈雷
「攝去」被基督徒破壞的佛像等。[138]與同時代曾探討基督宗教的儒
者比較，魏源引錄這些神異色彩的文本並不常見。[139]魏源不特在
引錄的部分引用此說，更在本卷的最後部分，以附注的形式大篇
幅補充道光二十五年法國與清廷交涉准許通商口岸漢人習教事宜
時，清廷提出不許「誆騙病人眼睛」一事，具一定的合理性。[140]
　　然而，如果我們細讀魏源的附注時，我們卻可以發現魏源在
引述此說已先行講明「查西洋之天主教不可知」，而說上述的傳

---

[137] 同上註，原書影印本卷15，頁16-17，總頁916-918。

[138] 同上註，原書影印本卷15，頁19-20，總頁922-924。

[139] 例如《耶穌教難入中國說》的作者梁廷枏雖然在早年編成的《粵海關
志》中，大段紀錄了〈知縣張甄田陶論澳門形勢狀〉有關傳教士的邪
術，如教士騙取中國教徒的眼睛煉銀等，但卻沒有在他探討基督宗教的
專著中引用。梁廷枏：《粵海關志》，冊20，卷28，頁9-17。而本書研
究的另一對象姚瑩，更於此類傳說一概不提。

[140] 據筆者考證所得，魏源所說以眼煉銀一事，最早出於雍正年間湖北黃岡
人吳德芝，但吳氏的原著今已失傳，只有魏源時人梁章鉅於《海國圖
志》六十卷出版的同年年末刊出的《浪跡叢談》中談論「取睛」傳說
時，仍載雍正年間湖北黃崗吳德芝（據《中西紀事》及《浪跡叢談》載
為雍正年間湖北黃岡人）《天主教書事》一書首載此事。魏源：《海國
圖志》，原書影印本卷15，頁48，總頁979-980；梁章鉅撰，陳鐵民點
校：《浪跡叢談》（北京：中華書局，2007），頁79-81。

說只是「中國之天主教」的行徑。因此，我們亦未能以為魏源單單因為其濃烈的佛教信仰及其於中國民間信仰的強烈厭惡，而謂魏源簡單地視「天主教」等同白蓮教等儒者眼中的邪教而倡議排斥之。更有甚者，魏源在〈西南洋：西印度之如德亞國沿革〉的第四部分對基督宗教有更深入的論述。

　　〈西南洋：西印度之如德亞國沿革〉的第四部分為分成上、中、下三篇的〈天主教考〉。在〈天主教考上〉中，魏源引用了漢文譯刊的《新遺詔書》簡單介紹了耶穌的先世、行狀、門人及釘十字架後復活的基督宗教信仰；再以馮馬諾（筆者案：即Emmanuel Diaz，按萬曆本《天問略》刻印，譯名應為陽瑪諾）著《天問略》有關「十二重天」與「天主」所處之說。隨後，又引《福音書》說明基督宗教對耶穌為上帝之子的理解。按引文所載，這裡的福音書當為今日基督宗教《聖經》的《若望福音》。

　　在簡單的引述基督宗教的沿革及崇信之神明後，魏源乃從《舊遺聖書》指基督宗教始於「摩西聖人」「言上帝之出沒」、「言萬民之本分」及「言後世之永福永禍」三條教義。並一一以基督宗教的觀點闡釋其倫理之理由。最後，乃引《神理論》說明只拜一神的原委，並比類「天地內有神，為極大全能，造化萬物，管理萬物」之說與《易經》「陰陽不測之謂神，妙萬物之謂神，不疾而速，不行而至之謂神」同然。[141]

　　我們必須提出的是，專業編撰史料的魏源並不是無意識地羅列史料。事實上，〈天主教考上〉依次介紹了基督宗教的沿革、神論（Theology Proper / Doctrine of God）、基督論（Christology）、倫理觀、終末論（Eschatology）等概念。在〈天主教考中〉，魏源則主要引述了「天主教」的戒律與教條。上

---

[141] 魏源：《海國圖志》，原書影印本卷15，頁35-38，總頁953-960。

一部分引論「十戒」，其下則引用《新約聖經》耶穌、保羅之說。[142]在〈天主教考下〉的上半部分，魏源又摘錄了《四庫全書提要》之說，引述了明代基督宗教傳教士及華人信仰者的對基督宗教及西方學術的演繹。[143] 從上述的編採可見，魏源介紹基督宗教的方法，大抵依從了佛教三藏的「經」（Sutras）、「律」（Vinaya）、「論」（Abhidharma）的框架。[144]

在完整地介紹基督宗教的信仰、戒律與其信仰者的引論後，魏源開展了自身對基督宗教的評論。首先，魏源確立了西域三大教（婆羅門教、天主教、天方教）均旨於「事天」而反對佛教。這些宗教在魏源的理解中，亦即佛經所說的「婆羅門天祠」。然而，魏源卻認為基督宗教的經典並沒有「明心之方」、「修道之事」亦沒有「治曆明時」、「製器利用」的功能，只有事近神異的療病故事。這亦即是說，以魏源「事天」和「治人」兩個標準而言，基督宗教起碼在其經典的層面並非一個「好」的宗教。對魏源來說，基督宗教單憑耶穌自稱為神子而為教主，甚至不及伊斯蘭教的條理。但是，魏源在批評基督宗教的同時，卻對他所理解的基督宗教是否完整深感疑慮。魏源考慮的是，如果基督宗教真如他所理解的淺薄，「何以風行雲布，橫被西海，莫不尊親？豈其教入中土者，皆淺人拙譯，而菁英或不傳歟」？[145] 於是，魏源乃就其質疑提出了八條問題，以下一一引述之：

---

[142] 同上註，原書影印本卷15，頁38-40，總頁960-964。

[143] 同上註，原書影印本卷15，頁40-48，總頁965-980。

[144] 有關「經」、「律」、「藏」作為佛教典籍框架的研究，參Lewis Lancaster, "Buddhist Books and Texts: Canon and Canonization," in Mircea Eliade ed., *Encyclopedia of Religion* (New York, N.Y.: Macmillan; London: Collier Macmillan, 1987), p. 1252；釋睿理、釋睿理、林傳芳等著：《佛學概論》（高雄：佛光出版社，1990），第四章〈佛學的聖典〉。

[145] 魏源：《海國圖志》，原書影印本卷15，頁45-46，總頁974-975。

表5-2 《海國圖志》對基督宗教質疑

問題	關注之處
1. 神天既無形氣，無方體，乃降聲如德之國，勒石西奈之山，殆甚於趙宋祥符之天書。而摩西一人，上山受命，遂傳十誡，則西域之王欽若也？	質疑基督宗教經典的可信性。
2. 印度上古有婆羅門事天之教，天方、天主，皆衍其宗支，益之譎誕，既莫尊於神天，戒偶像，戒祀先，而耶穌聖母之像，十字之架，家懸戶供，何又歧神天而二之耶？	將「神」從「天」的祭祀抽出與儒教信仰的差異。
3. 斥佛氏之戒殺而力言禽獸異於人之靈魂，萬物不可為一體，以濟其口腹庖宰之欲，是上帝果不好生而好殺乎？	基督宗教對佛教戒殺的否定。
4. 人之靈魂最貴，故人不可殺，亦不可自殺，即殉難自殺，亦必陷地獄，則申生扶蘇，召忽屈原，皆地獄中人，反不如臨難苟免之人乎？	禁止自殺與儒教倫理的差異。
5. 謂上帝初造人類時，止造一男一女，故人各一妻，妻即無道，不可議出，即無子不可娶妾，則何以處淫悍不孝，且何又許富貴人婢僕無數，豈陰許其實而陽禁其名乎？	一妻制度與儒教倫理的差異。
6. 謂人一命終，善惡皆定，受報苦樂，永無改易，更無復生輪迴之事，則今生皆初世為人，人皆天主所造，何不但造善信，毋造邪惡乎？	類於神義論（Theodicy）的質疑。
7. 耶穌自身受罪，可代眾生之罪，則佛言歷劫難行苦行，舍頭目腦髓若恒河沙，功德當更不可量，耶穌又曷斥之乎？	耶穌教世的功德與佛陀功德的比較。
8. 謂孔子佛老皆周時人，僅閱二千餘歲，有名字朝代，但為人中之一人，不能宰制萬有，則耶穌詎非西漢末人，又安能代神天以主造化；且聖人之生，孰非天之所子，耶穌自稱神天之子，正猶穆罕默德之號天使，何獨此之代天則是，彼之代天則非乎？[146]	質疑耶穌的可信性。

---

[146] 同上註，原書影印本卷15，頁45-47，總頁974-977。

從魏源的問題可見，1、6、8均為對基督宗教自身的質疑，2、4、5則是從儒教與基督宗教的落差提問，而3、7則從佛教的角度批判。對此默深認為除了像《神理論》所說的世界觀「頗近吾儒上帝造化之旨」，其他基督宗教著述，均可謂「委巷所談，君子勿道」。雖則如此，魏源於正文之末，雅不願盡非「天主教」所傳。於是，乃引董仲舒之說謂：「道之大原出於天」，重申諸教本於「天道」，惟「生於末學」故於「本師宗旨」未能盡明，才會令到同樣「事天」的儒教與婆羅門教的分支（天主教與天方教）的差異較與「本心」的佛教更甚。

魏源清楚說明，「周孔語言文字，西不逾流沙，北不暨北海，南不盡南海，廣谷大川，風氣異宜，天不能不生一人以教治之。群愚服智，群囂訟服正直」，儒教雖優，不能盡一統天下；另一方面，又指基督宗教亦不可能強入中國，乃引文中子之說曰「西方之聖人也，中國則泥」。對魏源來說，即使是聖人教人亦有其限制，默深認同莊子所言：「八荒以外，聖人論而不議；九州以外，聖人議而不辨」。但是，魏源即使對這一觀點亦抱持懷疑的態度。在本段之末，魏源的結論乃是：「或復謂東海西海，聖各出而心理同，則又何說焉？」

如果魏源在《海國圖志》卷十五〈西南洋：西印度之如德亞國沿革〉未能清楚表達他對基督宗教的理解，那麼我們可以嘗試在卷四十四的〈南洋西洋各國教門表〉比對魏源在兩卷之說的異同，重構他的想法。在卷四十四中，魏源從介紹世界宗教概況開始探討其之於基督宗教的理解：

> 敘曰：天祐下民，作之君，作之師，君長一國一時，師長數十國數百世。故自東海以至西海，自北極以至南極，國萬數里，億數人，恒河沙數，必皆有人焉。魁之桀

之，綱之紀之，離之合之。語其縱，則西域自佛未出世以前，皆婆羅門教，以事天治人為本，即彼方之儒。自佛教興而婆羅門教衰，佛教衰而婆羅門教復盛。一盛為耶穌之天主教，再盛為穆罕默德之天方教，皆婆羅門之支變。婆羅門教，遊方之內者也；佛教，遊方之外者也。語其橫，則自中南東三印度，而緬甸，暹羅，而西藏，而青海，漠南北蒙古，皆佛教。自西印度之包社阿丹，而西之利未亞洲，而東之蔥嶺左右，哈薩克、布魯特諸遊牧，而天山南路諸城郭，皆天方教。其大西洋之歐羅巴各國，外大西洋之彌利堅洲各國，則皆天主教。與中國、安南、朝鮮、日本之儒教離立而四。語其支派則佛教分為三：一墨那敏教，即印度國舊教（一名興杜教）；一大刺麻教，即西藏之黃教；一墨魯赫教，即西藏之紅教（一名墨低蘭教）；天方回教分為三：一由斯教，即婆羅門舊教；一馬哈墨教，即穆罕默德所創，行於阿丹者；一比阿厘教，則其兄子所傳，行於巴社都魯機者。

天主教總名為克力斯頓教，亦分三：一加特力教，乃意大裡亞所行天主舊教；一額利教；一波羅特士頓教。則諸國所後起，大都有不供他神，而尚供天主偶像畫像，及禮拜前賢生日者。有一切不供，惟敬天者。有供十字者，有不供十字者。世傳西洋惟英吉利一國獨闢天主教，不知英夷所闢者加特力教。爾故英夷國王將立，則國人必會議約新王背加特力教，而尊波羅特士頓教，始即位。英夷何嘗盡闢克力斯頓教哉。又有道教，散處各國，子身修煉，名巴柳士艮教，歐羅巴、利未亞洲皆有之。特不及各教之紀年建朔云。[147]

---

[147] 同上註，原書影印本卷44，頁1-3，總頁2527-2531。

首先，魏源在此仍認為各國宗教皆出於「天」。然而，由「天」作成的宗教，無論在西域與東土均各有流變。原初的宗教功能兼有「事人」、「治人」二項，於東土而言，則為儒教，於西域而言，乃為婆羅門教，這些均是「方內」之教。然而婆羅門教在佛教興起以後，失其地位，西域轉而崇信「方外」之教。後來，佛教又衰落，婆羅門教又以其「支變」的形式復興。首先是耶穌的「天主教」，其次則是穆罕默德的伊斯蘭教。此後，各教又有不同的發展，姑以下列兩表說明：

表5-3 《海國圖志》不同宗教關係表列[148]

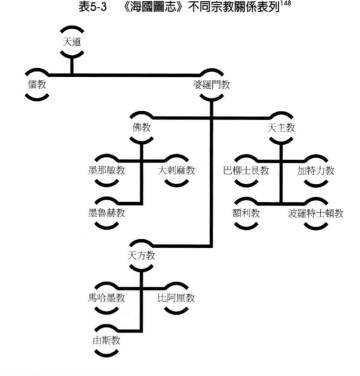

---

[148] 由於筆者未習操作電腦畫製圖表的技術，故此二圖表係邀請倫敦大學亞非學院衛婥怡小姐及多倫多大學生友人余慧思小姐代為整理，特此致意。

表5-4　《海國圖志》各國信仰表列

	儒	佛	墨那敏佛教	剌麻黃教	加特力教	額利教	婆羅特士頓教	回教	比阿厘回教	由斯回教	馬哈墨回教	魯低蘭教
安南	✓	✓										
暹羅		✓										
緬甸		✓										
南掌		✓										
老撾		✓										
日本	✓	✓										
琉球	✓	✓										
小呂宋島					✓							
大瓜哇島								✓				
小瓜哇島								✓				
亞齊島								✓				
西藏				✓								
蒙古				✓								
東印度榜葛剌											✓	
南印度孟邁											✓	
錫蘭山島											✓	
中印度溫都斯坦											✓	
西印度包社									✓			
西印度阿丹											✓	
北印度克什彌爾											✓	
南都魯機						✓			✓	✓		
哈薩克											✓	
布魯特											✓	
巴達克山											✓	
愛烏罕											✓	

	儒	佛	墨那敏佛教	剌麻黃教	加特力教	額利教	婆羅特士頓教	回教	比阿厘回教	由斯回教	馬哈墨回教	魯低蘭教
布哈爾敖罕											✓	
八城回部											✓	
東方伊揖國		✓			✓	✓				✓		
東方阿邁司尼國					✓					✓		
東利末亞八部											✓	
北利末亞四部											✓	
西利末亞二十四部												
南利末亞四部												
中利末亞二十五部											✓	
葡萄亞國					✓							
荷蘭國							✓					
彌爾尼壬					✓							
佛蘭西國					✓							
英吉利國							✓					
意大里國					✓							
耶馬尼國二十七部					✓		✓					
歐塞特厘阿國					✓		✓					
波蘭國					✓							
綏林國							✓					
領墨國					✓							
瑞國					✓							
普魯社國					✓		✓			✓		✓
北都魯機國									✓			
大俄羅斯十七部						✓						
西俄羅斯八部						✓						
東俄羅斯五部						✓						
小俄羅斯三部						✓						

	儒	佛	墨那敏佛教	剌麻黃教	加特力教	額利教	婆羅特士頓教	回教	比阿厘回教	由斯回教	馬哈墨回教	魯低蘭教
南俄羅斯五部						✓						
加厦俄羅斯四部						✓						
西南新藩俄羅斯五部				✓							✓	
北洲彌利堅國二十七部					✓		✓					
北洲智利國					✓		✓					
中國	✓	✓										

　　可以清楚看到的是，魏源的概覽有不少不清之處。例如，佛教以前的婆羅門教與佛教的支派墨那敏佛教，在今人的理解中很可能是同為印度教信仰（魏源亦稱，墨那敏佛教即印度國舊教、興杜教），而魏源未曾明言。另一方面，魏源認為「由斯教」即「婆羅門舊教」，但此婆羅門舊教又是否上古的婆羅門教？此處亦未嘗言。按〈南洋西洋各國教門表〉的內表所載「由斯教」流傳的地區，它更可能是猶太教。而這些宗教與政府的關係，則可見於下一段的引文：

> 自道術分裂。儒分八，墨分三，釋道亦各分數支，同中立異，門諍堅固。於一教中且自相胡越，況欲並包殊族，泯其畛域，會其大同，此必不然之數。廣谷大川異俗，民生其間，剛柔輕重，遲速異齊。皇清能並回部，不能使天山南路舍回教，而被儒服，能服番蒙，不能使西藏漢北舍黃教而誦六經。鄂羅斯兼並西北，英吉利蠶食東南，而不能使白帽黃帽之方盡奉天主。故曰：因其教不異其俗，齊其

政不易其宜。作南洋西洋各國教門表。[149]

雖然以些兩段引文並無深入探討基督宗教的內涵，但我們卻可以看到魏源在原則上認定儒教、佛教、天方教、天主教四者為當世的四大宗教。尤為重要的是，魏源在以上一段認為，即使在同一宗教中，支派之間並「同中立異，鬥諍堅固」，如果說要使各自不同的族群集於一教的教化之下，則必無此可能。魏源認為，不同的水土所生之民，差異甚大，縱然「君」能統而治之，卻不能使異教者信服其信仰之教。因此，魏源對政府處理異教的建議是「因其教，不異其俗，齊其政，不易其宜」。魏源在此並列了大清帝國、大英帝國及俄羅斯帝國的例子，說明他在統治異文化群體後，亦不可能將自身的宗教強加於被統治者身上。這裡指出「政治」與「軍事」的力量與「思想」及「宗教」兩分，強勢的「政治」力量有可能凌駕於異國，但「宗教」的領域卻是屬於不能輕易更易的「俗」與「宜」。甚至，在魏源心中明顯較伊斯蘭教與藏傳佛教為優的儒教，也不可能盡改當地的宗教文化。這一觀點，與梁廷枏認為「泰西人既知讀中國書，他日必將有聰慧之人，翻然棄其所學」的觀點剛好相反，但他們卻都達成了相同「宗教寬容」的結論。

總結而言，魏源理解基督宗教為一以「事天」為核心的宗教，其於西方亦不乏「治人」的成果。然而，就它在中國所呈現的面貌而論，魏源卻認為基督宗教存有不少疑點，亦於「事天」、「治人」（主要是倫理）方面有一定的局限。更有甚者，魏源相信流入中國的基督宗教牽涉於一些傳統中國宗教的法術。但無論如何，魏源在《海國圖志》的不同篇幅均曾重覆談及「廣

---

[149] 魏源：《海國圖志》，原書影印本卷44，頁1-3，總頁2527-2531。

谷大川異俗，民生其間，剛柔輕重，遲速異齊」的觀點，魏源並不認為宗教之間的關係必然是像「家庭之事，不是東風壓了西風，就是西風壓了東風」。

　　筆者認為，雖然學界一直較少留意，魏源這一種觀點源於他認為「宗教」均出於「天道」，現存宗教之間（起碼是儒、佛、天方、天主四大宗教）的差異其實與宗教內部的差異分別不大。正如魏源認為儒教及佛教的內部差異是必然而且必要的結果，世界各地宗教傳統的差異亦可作如是觀之。如上一部分所言，默深認為儒教偏重於德性、政事、文學與佛教的禪、淨、律在於「秉氣」不同，致使人的性向不同。如果這種天賦的差異存在於個人層面，那麼在分距於「東海以至西海」、「北極以至南極」的「億數人」更必有各自不同的「秉氣」，而「天」既然要為「下民」「作之君」、「作之師」，則其所傳所授，亦自有所不同。因此，魏源以為，在即使在一「君」的統治之下，儒教、佛教、天方教及天主教只要在不挑起亂事的情況下，均可共存，亦不同於中國本土的「邪教」，必除之而後快。〈海國圖志敘〉有言：

　　　　《海國圖志》六十卷……何以異於昔人海圖之書？曰：彼皆以中土人譚（談）西洋，此則以西洋人譚西洋也。是書何以作？曰：為以夷攻夷而作，為以夷款夷而作，為師夷長技以制夷而作。……然則執此書即可馭外夷乎？曰：唯唯，否否！此兵機也，非兵本也；有形之兵也，非無形之兵也。明臣有言：「欲平海上之倭患，先平人心之積患。」人心之積患如之何？非水，非火，非刃，非金，非沿海之奸民，非吸煙販煙之莠民。故君子讀《雲漢》、《車攻》，先於《常武》、《江漢》，而知《二雅》詩人之所發憤；玩卦爻內外消息，而知大《易》作者

之所憂患。憤與憂，天道所以傾否而之泰也，人心所以違寐而之覺也，人才所以革虛而之實也。

　　昔準噶爾跳踉於康熙、雍正之兩朝，而電埽於乾隆之中葉，夷煙流毒，罪萬準夷。吾皇仁勤，上符列祖，天時人事，倚伏相乘，何患攘剔之無期？何患奮武之無會？此凡有血氣者所宜憤悱，凡有耳目心知者所宜講畫也。去偽，去飾，去畏難，去養癰，去營窟，則人心之寐患袪其一；以實事程實功，以實功程實事，艾三年而蓄之，網臨淵而結之，毋馮河，毋畫餅，則人材之虛患袪其二。寐患去而天日昌，虛患去而風雷行。傳曰：「勤荒於門，勤治於田，四海既均，越裳是臣。」敘《海國圖志》。[150]

　　《海國圖志》成書自是因清國滑夏之變。魏源明瞭有清國政問題叢多，亦不是一時三刻可以更革，故縱然編成《海國圖志》，亦不能執之以「馭外夷」。但無論如何，《海國圖志》之旨誠，仍在助清國澄清對世界的觀念，以佐國政。那麼，對作者而言，《海國圖志》的重點並不在於呈現他對基督宗教的評析，而其「根源問題」在於他建議清廷如何處理基督宗教。雖然作者著作的目的不妨礙我們探討他對基督宗教的理解，但我們卻可以從他在卷四十四提出的政策建議「於因其教，不異其俗，齊其政，不易其宜」，得知他考慮和閱讀再三後，對基督宗教的最後觀感為何。

　　必須清楚提出的是，提出這一答案對魏源而言是一件艱鉅的決定。魏源自身是具濃烈佛教信仰的儒者，他以儒教的「天道」觀念及對治世的憂患意識詮釋佛典，建立了一套堅定的信仰

---

[150] 同上註，原書影印本，頁1-3，總頁5-8。

觀念。早於其少年時期，魏源在公在私都對「異端」和「邪教」深惡痛絕，對於他認為曾行邪術、毀祖宗神主、毀佛像的基督宗教，提出了聽任自然的建議，絕非一時三刻的簡單決定。在《海國圖志》的目錄中，意欲排去基督宗教的痕跡仍未能盡然抹去。在目錄中，魏源介紹〈東南洋海岸各國第三〉及〈西南洋五印度第五〉時曾言：

> 夷教夷煙，毋能入界，嗟我屬藩，尚堪敵愾。志〈東南洋海岸各國第三〉。……教閱三更，地割五竺，鵲巢鳩居，為震旦毒。述〈西南洋五印度第五〉。[151]

這兩部分，成於《海國圖志》五十卷本之時，默深尚大讚東南洋海岸各國雖是清國藩屬，使「夷教夷煙，毋能入界」，但在六十卷本增益〈西洋各國教門表第十〉時，已改為認為：

> 人各本天，教綱於聖，離合紛紜，有條不紊。述〈西洋各國教門表第十〉。[152]

這一思考過程，與姚瑩將「天子」（也即「天道」的一種呈現）和朝廷接納基督宗教並非邪教，而重新思考基督宗教作為「天道」一端的觀點，同樣是出於公共事務而非個人好惡的思考。在姚瑩和《康輶紀行》的研究中，我們借用了基督宗教神學有關「宗教神學」的框架，分析了不同宗教與「天道」的關係，指出了姚瑩的宗教觀念中有一個完整的階級體系（hierarchy），

---

[151] 同上註，原書影印本，頁2-3，總頁8-9。
[152] 同上註，原書影印本，頁3，總頁10。

第六章

寬容與禁教的條件

從上述梁廷柟、姚瑩和魏源對宗教、基督宗教及宗教寬容的理解可見，三位儒者均對基督宗教抱有一定的反感，並就其自身的世界觀和價值觀提出了一些有理有節（起碼對很多儒教和中國宗教的信仰者而言）的批判。梁廷柟的觀點由經濟需要出發，也樂觀地假定了異文化之間的溝通必然會使優質的宗教得以改造劣者，他的觀點很難會導出暴力禁教的結論。但姚瑩和魏源二人均認爲自身的信仰是源於「天道」的「受啟示」宗教（"revealed" religion），亦經歷了上千年的歷史進程。他們很有可能因「天道」之名提出靖除異端的主張。事實上，美國宗教學學者Charles Selengut就於 *Sacred Fury: Understanding Religious Violence* 提出絕大部分的宗教暴力都是出於自視爲受啟示的信仰。信仰者多有因神明或經典之說，以「照本宣科」的形式發動驅逐異教的行動（Fighting for God: Scriptural Obligations and Holy Wars）。[1]

然而，姚、魏二人俱因不同的原因而認爲即使基督宗教只是「天道」的一端或源於對「天道」誤解，世界各地的信仰者都應依自身的風俗和信仰生活。對姚瑩來說，「人類萬殊」，但「天必不能恝然置之」，雖然「一聖人不能盡天下」，但各爲萬民各有安排，使傳於他們的宗教「皆體天道以立教」，故即使「其教不同，至於清心寡欲，端身淑世，忠信好善而不殺，則一矣」；而魏源的信念更爲明確，他相信不同的宗教適用於不同的風俗，即使某一宗教（例如儒教、佛教）對他來說更能彰顯「天道」，但卻沒有一個宗教在一切地方可以推行。但更重要的是，姚、魏二人並沒有放棄自身的信仰，更沒有因之懷疑儒教之於「事天」和「治人」之優越性，對儒教信仰衍生的道路、理論、制度、文

---

[1] Charles Selengut, *Sacred Fury: Understanding Religious Violence* (New York: Altamira, 2003), pp.17-48.

化饒有自信。

　　這樣的取態，就類同於Bryan Rennie與Philip L. Tite在*Religion, Terror and Violence*的論文集的觀點。這本論文集成書於2001年九月十一日的悲劇後，Philip L. Tite在"Sacred violence and the scholar of religion as public intellectual"一文提出宗教學者具有在宗教恐怖主義襲擊後以客觀分析澄清公眾輿論的責任。而其中一個最重要的關節，就在於反思「宗教」自身的定義及其在社會的定位。[2] 事實上「九‧一一」慘劇與姚、魏經歷的清英戰爭的確有足以類比的地方。與二十一世紀初的美國人一樣，清中葉的儒者對自身的價值觀和世界觀充滿信心，亦對其「大國」政制優越有強烈的信念，但國家之內，竟無端受一群未盡開化的異教信仰者所襲擊，而死傷甚眾。自此一變故起，受襲大國的知識分子幾近必然地對施襲者的文化、信仰力行探討，亦可謂情理之內。

　　從二十一世紀的舞臺開幕至今，不同的學者仍為如何解釋「九‧一一」慘劇中的宗教角色而爭論。一些偏向右翼的學者加強了對上世紀九十年代初Samuel P. Huntington提出的「文明衝突」範式的信仰。「文明衝突論」建立於Samuel P. Huntington於1993年發佈之"The Clash of Civilizations?"一文中有關未來（1993年以後）全球文化及人類文明衝突的理論，講述有關1989年以來美蘇自二次大戰後所造成的冷戰格局的根本變化與將來的世界運行模式。其以為，自中世至1793年，世界經歷了君主的戰爭；在1793年法國人於大革命中弒君後至二次世界大戰的完結，經歷了人民（民族國家）的戰爭；冷戰則為「意識形態」的戰爭。"The Clash of Civilizations?"一文認為，在「意識形態」的戰爭以後，對戰的單位

---

[2]　參Bryan Rennie and Philip L. Tite ed., *Religion, terror and violence: religious studies perspectives* (New York: Routledge, 2008), pp.3-10, 273-290.

將會改爲以宗教、文化、語言、習俗所構成的「文明」。宗教作爲一個思想體系及信仰體系，因其內具不可變的本質，立時便成了作爲暴力衝突的主體。文明間的衝突乃取決於宗教間的異同，當宗教之異同有其不可改易的信念時，作爲文明的一分子之宗教信仰者，乃對異於我體系者發生衝突，成爲宗教／文明戰爭。[3]而一些傾向左翼思想的學者則以爲宗教並非導致衝突的核心，對Samuel P. Huntington力加撻伐。[4]一些宗教學者如William T. Cavanaugh則更提出，將「宗教」（religion）與「暴力」（violence）並列或進而扣上因果關係，只是傳媒與輿論建構的「神話」（myth）。[5]

這一意見分歧的情況，亦見於有清。尤其當兩種信仰所屬的陣營之間鬥爭愈演愈烈，反對的聲音亦自然更加激烈。在被認爲信仰基督宗教的歐美國家攻勢最爲猛烈的光緒十七年，便有湖南有士紳作童謠謂：

> 天豬叫，容易認，只拜耶穌一個豬。天地君親都不敬，一切廟宇不燒香，家中不設祖宗堂。地方倘有人如此，他家就鬼孫子，快快捆起灌他屎。灌他屎，滿屋搜，搜出鬼書火裡丟。地下畫個十字架，畫個妖精加上掛，叫他屙堆屎尿繞他罷。他若不肯屙，送他下沙壩，看他鬼叫怕不怕。[6]

---

[3] 參Samuel P. Huntington, "The Clash of Civilizations?" in *Foreign Affairs* 1993, Vol. 72, No. 3, pp.22-49；此說於二十一世紀的學者多於有關宗教衝突（尤其恐怖主義）的研究引用，如Stephen Vertigans, "British Muslims and the UK government's 'war on terror' within: evidence of a clash of civilizations or emergent de-civilizing processes?" in *British Journal of Sociology*, 2010 Mar, Vol.61(1), pp.26-44.

[4] 較爲典型的例子參Said Shirazi, "Your New Enemies," in www.dissidentvoice.org, November 3, 2002。

[5] William T. Cavanaugh, *The myth of religious violence: secular ideology and the roots of modern conflict* (New York; Oxford: Oxford University Press, 2009).

[6] 呂實強編：《教務教案檔・湖南教務》（臺北：中央研究院近代史研究

　　顯然，對這些士紳而言，基督宗教絕非其同路人，不但未能彰顯「天道」，更是與「天」對立。這裡值得探討的問題是，是否接納了外來宗教亦是「天道」的一端，就會引申出姚瑩和魏源認為不同文化適合不同宗教的觀點？在本書開端介紹的《耶穌教難入中國說》中，我們就看到一個明顯的反例。當梁廷枏指出「包容」基督宗教，是因為經過長期接觸後基督宗教終必會像佛教一樣受到儒教的影響，梁氏提出的「包容」已與姚瑩與魏源的「包容」有所差異。前者的「包容」為策略性的接受；後者則是接受了異教長期存在。在梁廷枏中，異教是有待改進的宗教，不是要對付的對象。但對姚瑩與魏源來說，從外而來的一神信仰並不是良好的思想，即使不對付消滅他們，最少也應該以教化的方式轉化之。如果不處理，推諉「教化」、「一民」的責任，自然也就要提出解釋。這個尷尬的處境，令我們想起作為唯物主義者的中國領導人江澤民在2000及2001年的幾個場合提出的觀點。在2000年的全國統戰工作會議上，江澤民指出：「我們共產黨人是唯物論者，不信仰宗教，但尊重宗教存在和發展的客觀規律」。這一發言，表明了中國共產黨不應把信仰上的差異等同為政治上的對立。[7] 至2001年，江澤民又在全國宗教工作會議上承認從世界的範疇看，宗教一直蔓延發展。即使宗教最終走向消亡，「但這絕對不是短時期內可以達到的。」江氏更表明：「可以說，宗教走向最終消亡可能比階級、國家的消亡還要久遠。」[8] 換句話說，江澤民認為即使共產主義社會已經實現，階級及國家按馬克

所，1977），光緒十七年十一月十一總署收德國公使巴蘭德函附件。

[7]　江澤民：〈進一步開創統一戰線工作的新局面〉（2000年12月4日），中共中央文獻編輯委員會編：《江澤民文選》（北京：人民出版社，2006），卷3，頁150。

[8]　江澤民：〈論宗教問題〉（2001年12月10日），《江澤民文選》，卷3，頁380。

思的說法消亡，那時「也許」仍有宗教的存在。[9]

　　另一值得我們探討的問題是，姚瑩與魏源在清國被視為基督宗教文明的英國征伐後，他們並未主張排斥基督宗教。不能忘卻的是，姚、魏二人不但是主戰派林則徐之友，更親身從軍，參與清英之戰，姚瑩本人更是此戰中唯一得勝的清軍將領。而且，姚、魏二人在戰後亦是當時的強硬派。魏源在《聖武記》及《海國圖志》中，均多述說軍事策略與技術，明顯為了將來可能的戰事而作準備。那麼何以他們未言及以武力除西方傳來的宗教呢？筆者認為，此一差異的原委，當落於他們對清國及其社會與文化的樂觀與信心。在本章的第一部分，我們將會以十六、七世紀的日本德川幕府與明國沿海儒者力倡驅逐基督宗教的史事，與十九世紀的姚瑩和魏源比較，以期解答上言的這一問題。

　　以下，我們將會以十六至十七世紀的日本與明國反基督宗教政策與運動作為比較的對象，以突顯梁、姚、魏對基督宗教的理解，與其處境的關係。如本章的緒論所言，本書相信三位儒者並不主張暴力排教（更甚至主張基督宗教最少在其發源地有其存在的意義），理由在於當時的儒者對清國及其社會與文化甚為樂觀，更對之充滿自信。欲充分解釋這一時代的處境如何影響儒者對外來宗教的理解與態度，我們就不可能將論述停留於此一時代，並需要在不同的時空找出類近的案例，以供比較分析。

　　在本書結尾的這一章，我們將以清英交兵前二百多年日本和明國作為比對的對象，以特顯本書介紹的三位儒者所提出的宗教寬容特色何在。選取這兩個對象的原因在於二者的信仰和政府組

9　邢福增：〈三十年來中國政教關係的回顧與評檢〉，載《鼎》，2008年冬季號，卷28，總第151期《三十年改革開放再議》，見聖神研究中心網頁：http://hsstudyc.org.hk/big5/tripod_b5/b5_tripod_151.html，瀏覽於2014年9月28日。

織與十九世紀大清帝國有所不同，但其文化底蘊卻不乏相類的地方。他們在約略的時間迎來基督宗教（天主教）的傳教士，而日本的政府與明國沿岸的民間儒者和佛教徒均銳意排斥之，在一定情況上，更不惜以武力對付。在此，我們需要得知的是為甚麼他們面對基督宗教時，和梁廷枬、姚瑩及魏源作出了一個不同的選擇，這也就是要問「為甚麼他們要排斥基督宗教？」

　　欲回答此一問題，我們必須簡介十六至十七世紀歐洲力量東漸的歷史，並將之置於歐洲基督宗教發展史的框架探討。在當時，以歐洲為核心的基督教會無論分屬公教，抑或新教，俱自視為唯一掌握「真理」的宗教團體。David J. Bosch於《更新變化的宣教》一書中，指出歐洲基督教會錯誤定義「自我」，使教會自視為天國在人間的代表，其「宣教模式」乃化為「宣教戰爭」。[10] 此一轉變，在日後更使基督宗教遭其他文化視之為「文化侵點」或「文化霸權」。[11] 因此，十六至十七世紀東亞傳教活

---

[10] 有關「對自我的定義」（self-definition）之所指，乃為David J. Bosch著，白陳毓華譯：《更新變化的宣教》一書頁23至29頁中所指出之概念。

[11] 當然，以今天的眼光反思，基督宗教固然不一定具有唯我獨尊的「性格」。David J. Bosch著，白陳毓華譯：《更新變化的宣教》中曾簡述七點當時歐西基督教會的困窘，第七點則為其唯我獨尊之性格：

　1.作為教會千年以來之根本的西方力量日益衰竭，非歐世界極力爭脫其轄制；

　2.世人反對剝削不公制度、種族歧視、性別歧視，然教會俱曾為其載體；

　3.科學現代化之進步觀日遭質疑，「後現代」之思潮日盛；

　4.人愈益發覺與環境之關係當具更多包容與關注；

　5.人發覺其力量（核子屠殺）日大，足以自弒；

　6.一九七三年在曼谷召開「世界宣教與福音廣傳會議」（Commission for World Mission and Evangelsim）宣言：「人類以文化所形成的聲音來回應基督的聲音」，那麼在歐洲所發展設計出的神學，就不比其他地區所發展的神學優越。這也是個新狀態，因為一千年來人們一直理所當然地把西方神學視為獨霸全球；

　7.基督徒自視較別教為高，然自由、人權思想愈來愈與之對立。

動的背景必須從西歐教會歷史的脈絡析出。

　　自基督教會與羅馬政權交好起始，西歐使用拉丁文的基督宗教便擁有濃厚的政治性格。當是時，君士坦丁大帝（Constantine the Great；274-337）成為了「第十三位聖徒」與「一切教會之宗主」，基督教由邊緣宗教而為多元的一分子，再成為羅馬的國教，教會日益得著世俗的地位。[12] 至羅馬於二世紀受蠻族屢侵而亡，羅馬全境秩序失衡，歐洲各地商旅不行，作為商業中心的城市自是凋零。在政治與商貿勢力衰退以後，庶民仍生活於其境之中，教會遂成為中世紀城市秩序的維護者。[13] 十二世紀以後，雖有民族國家之苗芽初生，卻仍係以地方教會為歐洲文化復興之核心因素。[14] 法國史家基佐（François Pierre Guillaume Guizot）稱：

> 基督教會而不是基督教……以其機構、官員與力量有力地抵抗了帝國的內部崩潰和蠻族風尚，征服了蠻族而成為羅馬世界與蠻族世界之間的紐帶、媒介和文明的原則。[15]

參David J. Bosch著，白陳毓華譯：《更新變化的宣教》（臺北：中華福音神學院，1996），頁247-248。本段亦參David J. Bosch, *Transforming Mission. Paradigm Shifts in Theology of Mission* (Orbis Books Maryknoll, 1991), pp. 181-238。

[12] C. Warren Hollister, Medieval Europe (New York: McGraw-Hill, Inc., 1994), p.18.

[13] 「從九世紀起，civitas（城市）一詞之意義的變化清楚地說明了這一事實。這個詞變成了主教管區和主教管轄城市的同義詞。civitas Paris一語既指巴黎主教管區也指主教駐節的巴黎市本身。」，見亨利‧皮雷納（Henri Pirenne）著，陳國樑譯：《中世紀的城市》（北京：商務印書館，2006），頁40。

[14] 詳見亨利‧皮雷納著，陳國樑譯：《中世紀的城市》，第四至八章，頁50-146。

[15] 基佐（François Pierre Guillaume Guizot）著，程洪達、沅芷譯：《歐洲文明史》（北京：商務印書館，2003），頁34-35。

　　教會既兼天國之導引與人間的管治者，事實上在中世紀之
中，成為了歐洲的名義上的統治者。雖然拉丁教會教皇不可能干
預一切地方事務，但歐洲諸國的政府，起碼在法國大革命以前對
基督宗教有當然的責任。[16] 基督宗教既然自視為「文明世界」的
唯一，則其「宣教」自然是為「教化四夷」、「開化文明」的善
事，「四夷」或有不從，則其必為逆天而行。為了未開化的民族
的來生救贖，以至今生得以過一「文明」的生活，對他們略施壓
力，完全是情理之中，而對彼等加以武力，亦無可厚非。

　　歐洲基督宗教進入（更準確的說法是重入）東亞的肇始，
正是上述政教合一理念的顛峰。十六世紀末乃為大航海時代鼎沸
之時，亦係宗教改革初見成效，對羅馬公教會帶來甚大壓力的時
期。宗教改革的標誌性文件《九十五條論綱》張貼於1517年，而
耶穌會則成立於1540年。[17] 在這二十三年之間，路德教派與加爾
文主義活躍於德意志境內，更大有流及全歐之勢。教廷的威信遽
跌，彼乃加速「抗改革」（counter-reformation）的進行。[18] 由是
觀之，耶穌會之成立，乃係應宗教改革洪濤之運而生。

　　耶穌會草創於原西班牙軍人之手，採《厄弗所書》六章十至
十七節為銘。耶穌會矢志作「基督的精兵」（soldier of Christ），
亦以「戰爭」作為宣教的「隱喻」（metaphor），[19] 甚為符合上
引《更新變化的宣教》一書中之說。當東亞進入傳教者的視域
時，西班牙及葡萄牙均對之懷有濃厚興趣，二者相爭多年，終於

---

[16]　Jeffrey Burton Russell; Douglas W. Lumsden, *A History of Medieval Church Prophecy & Order* (New York: Peter Lang Publishing, Inc., 2000), p.74.

[17]　彼德・克勞斯・哈特曼（Peter Claus Hartmann）著，谷裕譯：《耶穌會簡史》（北京：宗教文化出版社，2003），頁23。

[18]　王曾才：《西洋近世史》（臺北：正中書局，2005），頁28-81。

[19]　參Harro Höpfl, *Jesuit Political Thought: The Society of Jesus and the State, C.1540-1630* (Cambridge: Cambridge University Press, 2004).

教皇斡旋下簽定《托爾德西里亞斯條約》，東亞歸西班牙之所有，而由西班牙退役軍官創立的耶穌會自是乃大力東赴亞洲。[20]至1549年（日本天文十八年；明國嘉靖二十八年），耶穌會士沙勿略（Francis Xavier, S.J.; 1506-1552）首次踏足東國九洲鹿兒島，一般乃以之為日本基督宗教史之開端。[21]

從安土、桃山到江戶的禁教政策

在基督宗教流入日本六十五年後（1614年；日本慶長十九年；明國萬曆四十二年），德川政權竟在與豐臣政權決戰的大阪之戰，國內政治未穩的同年，堅決驅逐傳教士，並處決國內數十萬基督宗教信仰者。有關的禁令於德川家康（1543-1616）、德川秀忠（1579-1632）及德川家光（1604-1651）三代將軍多次重申，單係三代將軍德川家光一朝，已有五次禁令。在1614年，德川家康在大阪之戰後下令除平戶、長崎兩地以外日本全境禁教，傳教士全數驅入二港，全國各地之教堂充公、折除，亦禁制國民奉行基督宗教儀式。兩年後，大御所德川家康去世，早於1605年業已繼任將軍的德川秀忠在掌實權後的四個月再次發佈「禁教令」。1616年，又有史稱「元和二年禁教令」，重申了禁教指令，並將對傳教士禁留日本本土的命令擴充至所有外國船隻，特別是對傳教最為熱心的西班牙商船，一律不得離開平戶、長崎二地。

---

[20] 曹增友：《基督教與明清中國社會：中西文化的調適與衝撞》（北京：作家出版社，2006），頁18。

[21] Miyazaki Kentaro 宮崎賢太郎, "Roman Catholic Mission in pre-modern Japan," in Mark R. Mullins ed. *Handbook of Christianity in Japan* (Leiden・Boston: Brill, 2003), p.5；有關沙勿略與當時東亞海域與世界政局的關係，亦參宮崎正勝：《ザビエルのポルトガル「海の帝國」と日本》（東京：原書房，2007）。

　　自二代將軍始，德川幕府的禁教措施從被動改為主動。在德川家康的一代，幕府並不會主動搜捕日本的基督徒，只要他們不公開宣稱自己的基督教身分，他們的「宗教信仰」仍然保有自由。[22] 然而，在二代將軍治下，幕府乃有主動搜捕的慣例。在1632年德川秀忠去世前，禁教措施可見下表：

表6-1　江戶幕府禁教措施

紀年	措施
元和六年庚申（1620）	禁日人及武器藉外國船出國
元和八年壬戌（1622）	不分種族處決在日教士
元和九年癸亥（1623）	禁止葡萄牙人赴日或留日
元和十年／寬永元年甲子（1624）	禁止西班牙人赴日或留日

　　在禁教日益制度化的德川秀忠一代，江戶幕府更將搜捕基督徒的工作制度化，一則勒令國民向其所「信奉」的佛寺登記戶口，以證明其非基督徒的身分；二則研發出聞名東西洋的「踏繪」（踏み絵），即要求國民以足踐踏聖母或天主像，證明身分。1632年，德川家光依祖父之遺命繼任江戶幕府三代將軍，對禁教的措置發揮至極。在德川家光一代，「禁教」、「排外」與「鎖國」三者合而為一。1633年、1634年、1635年、1636年四度發出「鎖國令」，1639年又復因1637年的基督徒大暴動「島原之亂」，下達第五次，亦係最後一次的禁教令。

　　前後五次的禁教令，理論上禁絕了荷蘭與清國以外的一切外國船入港，並破除「朱印狀」與「朱印船」（即政府特許船隻）制度。除禁絕日人出國外，並禁在海外之日人歸國。外國人與日

---

[22] 「宗教信仰自由」不同於「宗教自由」，後者的重點在於信仰是否擁有思想、言論、出版、行為的表述自由。

本人的混血兒，復又不允留於日本，有違者不論年齡全數處死。最後一次的禁教令，更將禁絕國外教會，尤其羅馬公教，與在日教民的聯繫。以上的措施，世稱「鎖國體系」。自江戶幕府1614年禁教至此，日本基督徒死者不下三十萬。案日本於1630年代人口約有一千二百萬，三十萬之數當為全國人口之6.3%。[23]

　　既說明江戶幕府三代將軍禁教之激烈徹底，我們當可以轉問：德川幕府的禁教，究竟當定義為東西文化之爭？宗教之爭？抑或政治之爭？學者乃有不同說法。認定「禁教令」與種族、東西文化之爭無關的經典之作，可見日本著名史學大家丸山真男的見解。在丸山氏去世後數年間出版的《丸山真男講義錄》（全7卷）可見，丸山氏早於1966年已將「禁教令」解釋為近代政治體系與中世紀神權政治的鬥爭，亦即江戶幕府與延自室町時代之宗教勢力干政（神權政治）的革新之一。此說以為，「禁教令」不因基督教為外來宗教而被排擠，而係以其宗教干預政治之身分而遭幕府打壓。[24]

---

[23] 本部分史料參考自不同書籍，由於不是本書討論的核心，亦是學界普遍的觀點，故因篇幅之故，不一一說明出處。有關戰國晚期至江戶早期基督教史，可見Higashibaba Ikuo 東馬場郁生, *Christianity in Early Modern Japan: Kirishitan Belief and Practice* (Leiden: Brill, 2001)；有關江戶幕府鎖國措置，可參康拉德・希諾考爾（Conrad Schirokauer）、大衛・勞端（David Lurie）、蘇珊・蓋伊（Suzanne Gay）著，袁德良譯：《日本文明史》（北京：群言出版社，2008），頁121-125；Louis M. Cullen, *A history of Japan, 1582-1941: internal and external worlds* (Cambridge, UK; New York, N.Y.: Cambridge University Press, 2003)；另外，James L. McClain, John M. Merriman, and Ugawa Kaoru 鵜川馨, *Edo and Paris* (Ithaca and London: Cornell University, 1994) 一書集中討論了江戶城在鎖國時代的市民生活及城市發展史料，當中不乏「隱性基督徒」（隱れキリシタン）的敘述。熟悉日文的讀者則應參考宮崎賢太郎：《カクレキリシタンの実像：日本人のキリスト教理解と受容》（東京：吉川弘文館，2014）；津山千惠：《日本キリシタン迫害史：一村總流罪3,394人》（東京：三一書房，1995）；古野清人：《隱ねキリシタン》（東京：至文堂，1966）。

[24] 丸山真男：〈第六卷・日本政治思想史：1966〉，收入《丸山真男講義

　　丸山氏之說確有史料支持。早於1563年，德川家康已於三河
國領土與一向宗徒決裂，並與「一向一揆」力戰半載。在這一
年，三河國佐崎城主管沼定顯向勝鬘寺徵發領米，卻為一向宗徒
以教門寺院的「治外法權」為由，無視城主之權威，並以武人不
得入佛門的傳統將之逐出寺門。當是時三河國正值大飢，而寺院
卻儲有大量米糧，管沼定顯遂改為向之借糧至秋收歸還，然仍未
得以解決。二者的衝突因之爆發。德川家康堅持內戰半年，至
佛門退讓方休。[25] 德川家康的長期盟友織田信長亦以「佛敵」聞
名，其火燒千年聖山比叡山、炮擊石山本願寺、力戰各佛教宗
派勢力及大名，織田信長因而被稱為「佛敵」（仏敵（ぶって
き））與「第六天魔王」（天魔（てんま））。本能寺之變後，
豐臣秀吉繼承了織田信長對佛教信仰的禁制，發布了著名的「刀
狩令」，限定寺院及民間不得藏有兵器。[26] 將幕府的「禁教令」
置於安土桃山政權的脈絡觀察，的確有延續戰國晚期世俗政權對
宗教力量限制的意味。然而，此一說法卻有一定的限制。

　　綜觀德川家康一生，宗教向來為治理國政的必要手段，而
德川家康自幼已為虔誠的淨土信仰者，我們不能強行以歐洲的政
教分離概念置於德川家康身上。養育德川家康成人的祖母，在
其六歲以前已教育其淨土信仰。德川家康畢生致力於興建神社
和寺院，在個人修行的層面，亦每日口唱佛號並日書「南無阿
彌陀佛」數百遍。自1563年與佛門作戰後，為重新吸納佛教並統

　　錄》（東京：東京大學出版會，2000），頁119-120。

[25] 參新行紀一：《一向一揆の基礎構造：三河一揆と松平氏》（東京：吉
　　川弘文館，1937）；亦見Carol Richmond Tsang, *War and faith: Ikkō ikki in late
　　Muromachi Japan* (Cambridge, Mass.: Harvard University Asia Center: Distributed
　　by Harvard University Press, 2007)。

[26] William E. Deal, *Handbook to Life in Medieval and Early Modern Japan* (New York:
　　Infobase Publishing, 2006).

一淨土信仰與武家權威，德川軍將軍旗改為「厭離穢土、欣求淨土」，更在每次作戰後為戰死沙場的士兵憑弔及超度。德川家康亦慣以佈施神社、寺廟為爭取新領土民心的手段。1591年，德川家康更一次捐贈關東二百幾十家神社；1598年，亦即湯顯祖寫成《牡丹亭》的一年，復又以豐臣秀吉七年忌為由，捐贈一萬石與豐國神社。[27] 更為重要的是，在德川家康去世後，江戶幕府尊之為東照大神君，幕府以神道治國，為統治建立「治統」（legitimacy）的意欲明明可見，無可推諉。[28] 藉以上觀之，丸山氏認為德川幕府旨於建立政教分離的世俗政壇而下達「禁教令」之說並不合理。「禁教令」並不是廣義的政教之爭。

欲探討基督宗教之為德川幕府禁絕的原因，乃當先從德川幕府的成立背景及欲對治之時勢疏理。基督教於十六世紀末流入日本。其時，日本政局極為動盪。1467年時室町幕府因自身的繼承問題而引致軍隊出現派系衝突，誘發應仁之亂。自後，京都的征夷大將軍已無從控制各地氏族，甚至連普通百姓，亦以「一揆」（暴動）或「一向一揆」（以佛教一向宗的僧人主持的暴動）推翻地方長官，如加賀地方的一向一揆乃將其守護富堅氏完全消滅。1493年後，全國以地位僅次於征夷大將軍的關東公方及關東管領相爭，足利氏、上杉氏及地方豪族伊豆相模國的北條氏三國相爭數十年；近畿的美濃國落入與國主正室通姦的商人手中；西國的毛利氏、大內氏混戰多年，無視幕府屢次下詔議和的權威。[29]

---

[27] 山岡莊八及史家桑田忠親搜集了不少德川家康日課唸佛及其家族宗教信仰的史料。在《德川家康全傳》可參考到其華文翻譯。參山岡莊八著，何黎莉、丁小艾譯：《德川家康全傳：附冊・歷史對談》（臺北：遠流出版社，1994），頁91-100。

[28] 南開大學日本研究中心編：《日本研究論集》2002年卷，頁382。

[29] Ike Susumu 池進, "Competence over Loyalty: Lords and Retainers in Medieval Japan," in John A. Ferejohn; Frances McCall Rosenbluth eds., *War and State Building*

從應仁之亂而至於戰國末年德川氏開幕，日本社會由「治」至乎「亂」而又復於「治」。我們可以參考涂爾幹（Emile Durkheim）有關「失範社會」（anomie）的概念解讀當時的社會。涂爾幹以為，在舊的標準崩潰而新的標準未曾確立的時候，人的生活和行為必會失去尺度。當這一種衝擊夠大的時候，社會便會反思秩序如何可能的問題。[30] 在戰國之世，日本社會的規範全數失落，在安土桃山時代以前，天皇的女御竟淪為妓女，以應付皇室的開支；庶民如豐臣秀吉亦可成「天下人」（統治者）。社會不單是為「下剋上」，更可稱之為全然的動亂。

因此，德川幕府的展開，實際上是要重構日本社會在政治上、倫理上的社會秩序。在開幕之初，德川家康已提出了《公家法度》、《武家法度》、《寺院法度》等等新的倫理規範。[31]「禁教令」的發布，與上述的三條法度，屬同一時期，筆者認為，將禁教視為德川幕府重建日本社會秩序的其中一個措施，更能正確地理解十六世紀末至十七世紀初日本基督教與日本的關係。

眾所周知，歷史上的日本文化向來鮮有大規模排斥外來文化。五四時代的中國知識分子，更戲稱日本為「拿來主義」。這一觀點，當然是無視了日本對異地文化改造調適的努力。但相對來說，中國的儒、道二教，印度的佛教大量流入日本而沒有與日

---

in Medieval Japan (Stanford: Stanford University Press, 2010), pp.53-70; 亦參 Yamamura Kozo 山村耕造 ed., The Cambridge history of Japan, Vol.3 (New York: Cambridge University Press, 1988).

[30] Emile Durkheim, Suicide (London: Routledge and Kegan Paul, 1979), p.160.

[31] 安德魯・戈登（Andrew Gordon）《二十世紀日本：從德川時代到現代》一書清楚介紹了有關制度的建立與理念。安德魯・戈登（Andrew Gordon）著，李朝津譯：《二十世紀日本：從德川時代到現代》（香港：中文大學出版社，2006），頁3-16。

本本土文化造成衝突，我們不得不追問何以「基督教」在日本引起軒然大波？一說以爲，基督宗教的「一神信仰」侵犯了崇尚「多元」的日本社會。事關「多元」的日本宗教唯一不能容忍的信仰就是提倡「單一」或「唯我得救」的基督宗教。[32] 然而，此一論點卻在仔細分析日本「基督教」後難以確立。

Ann M. Harringtonc "The Kakure Krishitan and Their Place in Japan's Religions Tradition" 一文在仔細研究日本基督徒的重要儀軌後，發現在水禮、聖餐禮、安息禮等重要禮儀中，日本的基督徒加入了大量的本土特色以至原有的宗教元素。他們對待一神宗教態度比其他宗教差異並非想像之大。[33] 另一方面，本土的宗教亦不見得完全和平地接納其他宗教。日本佛教的僧兵自平安時代起已多有參與宗教戰爭，即使在江戶時代早期，日蓮宗與一向宗之間的鬥爭亦不見得稍有停止。[34] 由是觀之，江戶幕府所力禁的「基督教」並非以其侵蝕日本本國宗教信仰之故。

據本書理解，江戶幕府所欲禁的「基督教」，可說是「前朝」遺留下來的一個「地雷」。雖然，豐臣秀吉曾因歐人輸出日人爲勞工，下令禁絕天主教，但秀吉從來沒有真正對付與之友好經商的傳教國家的意思。山本博文"The Edo Shogunate's View of Christianity in the Seventeenth Century"中，更以「建前」（たてまえ，粵語可以強解爲「做樣」）的概念說明秀吉只係爲了對佛

---

[32] Miyanaki Kentraro,"Roman Catholic Mission in pre-modern Japan,"in Mark R. Mullins ed. *Handbook of Christianity in Japan*, p.1-2.

[33] Ann M. Harrington, "The Kakure Krishitan and Their Place in Japan's Religions Tradition," in *Japanese Journal of Religious Studies*, 7/4 December 1980, pp.318-336; Mikael S. Adolphson, *The Teeth and Claws of the Buddha: Monastic Warriors and Sōhei in Japanese History* (Honolulu: University of Hawai'i Press, 2007).

[34] 參 Mikael S. Adolphson, *The Teeth and Claws of the Buddha: Monastic Warriors and Sōhei in Japanese History*。

教大名有所交代，而申此禁令。[35] 事實上，豐臣家與天主教的親厚關係到江戶幕府的年代卻成為了天主教的死亡之吻。在戰國末年，基督教大名幾乎全數位於西國（即京都以西地區，包括主要中國、四國、九洲等等）。九洲的大村純忠、大友義鎮與有馬晴信，近畿的高山右近，都是與豐家親厚的基督教信仰者。在德川家康決戰豐家的大阪之役中，豐臣一族更曾有招天主教士以西班牙軍艦入大阪灣炮擊德川軍的設想。[36] 可見，德川家康眼中所禁的，不單是作為宗教的基督教，更係作為前朝勢力支持者，懷有不可告人的目的粗暴地干預別國內政的外國勢力。

　　除了作為政敵的支持者外，不得不以暴力破除基督教的原因，亦與德川幕府（自許的）的「政治任務」、「歷史任務」相關。德川幕府在江戶早期其中一個主要任務，乃在於「治統」的確立。這一「名分」、「秩序」、「義」的建立，不特見於廟堂的德川幕府，亦為當時學界之共識。以學問而言，當時極為流行的思想即為學者以日本獨有的「言靈」取代「漢文」的「文字」的神聖地位，日本亦由之建立其獨有的身分認知：「和魂」。[37] 可見此一建構「秩序」的思想，乃係當時的潮流。然而對德川家而言，外來的宗教並不一定需要排斥。反之，當外來的宗教或思想有利於治統的建立時，德川幕府則會極力支持之。以明國遺民朱舜水傳入的「朱子學」為例，便因其於社會秩序的建立大有裨

---

[35]　Yamamoto Hirofumi 山本博文, "The Edo Shogunate's View of Christianity in the Seventeenth Century," in M. Antoni J. Ucerler, S.J., eds. *Christianity and Cultures: Japan and Cina in Comparion: 1543-1644* (Roma: Institutum Histoericum Societatis Iesu, 2009), pp.255-268.

[36]　Miyazaki Kentaro, "Roman Catholic Mission in pre-modern Japan," in Mark R. Mullins ed. *Handbook of Christianity in Japan*, p.1-18.

[37]　王小林：《從漢才到和魂：日本國學思想的形成與發展》（臺北：聯經出版事業股份有限公司，2013），章1，頁35-70。

益，德川幕府乃有御三家之首，副將軍水戶藩主拜之爲師，延以爲藩學之主之事例。[38]

正如上文所言，基督教於江戶幕府遭禁，非因其宗教教義之異於日本。甚至我們可以看到德川幕府並不徹底反對基督徒對基督宗教的「信」。例如，幕府要求基督徒必須在放棄基督宗教時立下誓詞，稱如其對被逼棄教有任何不滿，則使「我們受到聖父、聖子、聖靈和聖母瑪利亞以及一切天使和魔鬼的懲罰」。[39] 這一誓言反映，幕府真正關懷的並非基督徒的「信仰」，而係其於幕府治下社會的「行爲」，是否會干擾重構社會秩序的工作。不同學者亦對此一觀點表示認同，康拉德‧希諾考爾（Conrad Schirokauer）等人所著的《日本文明史》（A Brief History of Japanese Civilization）以爲：

> 日本人是將基督教看做是一種具有潛在顛覆力的宗教，它不僅會破壞政治秩序，也會破壞社會的基本結構，因爲這種宗教威脅著很多大眾普遍接受的價值觀和信仰。[40]

此一說法，將禁教的措置置於德川幕府的整體治國理念與思想之中檢視，筆者頗爲認同。從以上分析，我們可以確見基督教之成江戶幕府的眼中釘，乃因其與整個「秩序」重構的工作有所違背。因而，幕府乃有以上種種的暴力禁教政策。

---

[38] 徐興慶：〈朱舜水與德川水戶藩的禮制實踐〉，收入《臺大文史哲學報》第七十五期，2011年11月，頁161-179。

[39] Charles Ralph Boxer, *The Christian century in Japan, 1549-1650* (Berkeley: University of California Press, 1967), p.441.

[40] 康拉德‧希諾考爾等著：《日本文明史》，頁122-123。

粗暴禁教的儒者

對大清帝國的儒者而言，充滿作亂潛能的宗教，同樣需要以暴力移除，儒者和官員更往往將並無任何罪證的民間信仰視為潛在的叛亂分子。在重視教化、視教化為治國之要務的儒者眼中，傳揚異端乃破壞秩序的萌芽。據歐大年（Daniel Overmyer）對十八世紀長生教的考察，即使沒有任何暴力行為，並與暴力組織風馬牛不相及，因聚眾過多，亦會為政府所殲。當時官員謂：

> 該教恐有私相聯絡、惑眾為匪事情，其經版圖像係左道異端，他們燒香聚眾，夜眾曉散，佯修善事，雖無別項為匪事情，實係左道異端。故須嚴加懲處，為首者絞，為從者各杖一百，流三千里。[41]

現代人恐怕難以理解在官員指明「雖無別項為匪事情」的情況下，教徒仍遭處刑。在探討儒者對待教門的嚴苛時，我們必須同時注視的是，清國立國以來民間信仰極為興旺，不同的教門獲得極為廣泛的認同及信眾。而以經濟及社會變動更革、人口暴增之故，教門內外的暴力事件亦日益增多。在十八世紀末以來，幾近每年發生暴動，至嘉慶年間，更發生持續多年的川楚教亂，甚至禍及皇宮。[42] 這些背景，我們在介紹姚瑩與魏源的生平時已詳

---

[41] Daniel Overmyer, *Folk Buddhist Religion: Dissenting Sects in Late Traditional China*, pp.7-11.
[42] 詳參戴玄之：《中國秘宗教與秘密會社》（二冊本）（臺北：商務印書館，1991）及喻松青：《明清白蓮教研究》。二者俱按教門考據各自之歷史背景及致成暴力變革的原因。

盡介紹。

　　清國社會的秩序，被教門或儒者口中筆下的「教匪」徹底破壞。經濟、社會等變動造成的動盪，顛覆了帝國的傳統價值。乾嘉儒者正以匡正風俗為己任，力圖重建失範社會之秩序。不同的儒家學派俱希望將其信仰普及於全國以救時弊，經學考據之學人更力圖將經典的研讀改為現世實務的研究，當時的社會菁英熱衷於整理有關「時務」的議論，以救治當時之時弊。魏源協同賀長齡等整理《皇朝經世文編》固然不在話下，姚瑩在任臺灣兵備道時，「猶不忘整頓臺南的海東書院」，更「拿出家藏書目，供在院肄業諸生學習」。在戰亂之中，姚瑩尚且花費大量時間，「整剔海東書院規約，時與諸生相討，考核名實」。[43] 學者更不能忘記，即使思想極為開明的梁廷枏，也是自壯年起參與廣東的教育工作。對這些儒者而言，社會秩序的重建，儒教的澄清，正是匡時濟俗的必經之途。

　　如果對宗教的整理為當時「經世」、「經濟」的「時務」，「重建秩序」自然就是對治經濟、社會問題的要務。從上文之論述可知，儒者以為十八世紀末以來的社會有待重建秩序，而從他們的觀點之中，匡正救濟之法，首在「正俗」。以現今的學術用語而言亦即重建當時之秩序與價值體系。較為後期的儒者徐致祥於甲午兵敗後曾言：

　　　　天下之治亂，存乎人心。人心之邪正，存乎學術……未有學術正而天下人心不正，人心正而天下不治。[44]

[43] 施立業：《姚瑩年譜》，頁170-172。

[44] 徐致祥：〈請舉行經筵折〉，載氏著：《嘉定先生奏議》，轉載於蕭功秦：《儒家文化的困境：近代士大夫與中西文化碰撞》（桂林：廣西師範大學出版社，2006），頁106。

此論亦非為單一之說，清初李顒著，門人王心敬匯編而刊於嘉慶十五年之《二曲集》亦有云：

> 天下之治亂，由人心之邪正，人心之邪正，由學術之明晦，學術之明晦，由當事之好尚，所好在正學，則正學明，正學明，則人心正，人心正，則治化淳，所好在詞章，則正學晦，正學晦，則人心不正，人心不正，則治化不興。蓋上之所好，下即成俗，感應之機，捷於影響。[45]

為此之故，其時之儒者於異己之思想體系乃極之敵視。與日本江戶早期的情況相近，當建制欲重建、統一秩序之時，作為異己的信仰乃為首要之清理對象。然而，不同於安土桃山末期熱衷政治而為新政府構成極大威脅之天主教徒，十九世紀初的基督徒並未為現世之政權帶來重大之威脅，儒者於基督宗教之批判亦主要為教義與思想的攻詰，而非具體的排除方案。對姚瑩、魏源和梁廷枏而言，包容基督宗教的前提是，這個外來宗教根本不能為清國的秩序帶來重大的挑戰。在姚瑩的宗教神學體系中，我們可以清楚看到基督宗教較中國的民間信仰接近「天道」的完整呈現；梁廷枏更相信基督宗教的信仰者只要藉著對話，就會開悟而轉投「聖教」；即使極度厭惡民間信仰的魏源，亦沒有以「教匪」、「邪教」等著色辭彙（coloured expression）描繪基督宗教表現。

但在此我們當留意的是，在其他時空中的儒者對於基督宗教的排擠，與他們對傳統秩序的保護，並非單有「文攻」，或皆

---

[45] 李顒：《二曲集》（據清康熙三十三年高爾公刻後印影本），卷12，〈匡時要務〉，頁4，收入《續修四庫全書》（上海：上海古籍出版社，1995），卷1410，頁208a。

姚、魏、梁等人的平心氣和。在十六世紀中，馬尼拉陷歐洲人之手後，當時的江南儒者亦有擔心以南京為根據地的基督宗教傳教士及改宗的華人信仰者終必粗暴干預明國的內政，以至作為外國勢力侵略的先兵，故提出具體計劃將西人驅之夷之。曾參與日本與西國於呂宋爭議[46]的福建巡撫許孚遠之子許大受以為：

> 且讀《黎蘆咺言》云：「愚以為黔中之續，則粵中之澳門是也。嘉靖間，澳門諸夷，不過漸運木石駕屋，若聚落爾，久之獨為舶藪。今且高築城垣，以為三窟，且分遣間諜，峨冠博帶，闖入各省直地方，互相交結。即中國之縉紳章縫，折節相從，數千里外，問候不絕。得其饋遺者甚夥。頻年結連呂宋、日本，以為應援。凡我山川厄塞去處，靡不圖之於室。居恆指畫某地兵民強弱，幣藏多寡，洞如觀火，實陰有覬覦之心。時時煉兵器、積火藥，適且鼓鑄大銃無虛日，意欲何為？此豈非窺伺中國，睥睨神器之顯狀耶？」[47]

黃廷師亦於〈驅夷直言〉論及此事。[48]以西人危及國土安全者，有鑑於自利氏入華以來，耶穌會士在中國成效日大，十八省

---

[46] 中島樂章：〈朝鮮侵略與呂宋貿易：十六世紀末加藤清正的「唐船」派遣計劃〉，東吳大學歷史學系：《全球化下明史研究之新視野論文集（二）》（臺北：東吳大學歷史學系，2007），頁13-24。

[47] 本書所依據的《破邪集》有兩版本，一為鄭安德編《明末清初耶穌會思想文獻彙編》第五卷第五十七冊，下稱「鄭本」；一為夏瑰琦校訂《聖朝破邪集》崇禎十二年（1639）初刻於浙江，日人源齊昭翻刻安政乙卯年（1855），根據日本安政乙卯本為底本編輯而成（香港：建道神學院，1996），下稱「夏本」。兩版文字有少量差異，故以下引文並列兩個版本之出處，以供讀者參考。有關此書的由來下詳。許大受之引文見「夏本」，頁227；「鄭本」，頁176。

[48] 原文為：「嘉靖初年，此番潛入呂宋，與酋長阿牛勝詭借一地，託名貿易，漸誘呂宋土番各從其教，遂吞呂宋，皆以天主之說搖惑而並之也

內只有貴州、雲南、四川不見其蹤。[49] 顏壯（?-?）其更以「江統憂」、「賈生哭」[50] 將比喻當時艾儒略於閩、浙一帶傳教的成功情況。[51] 儒者將外國人比喻為匈奴、亡國之禍，足見其以為基督教是可促成國土安全的問題。而在十九世紀中期以後的一系列教案與反教文獻中，士紳亦提出不同的方案搜捕教士與教眾，如本章開始時引用的湖南士紳所作童謠。當中向聖像「屙屎」（湖南士紳原文）以驗證基督徒身分的辦法，與日本的「踏繪」幾近如出一轍；而當信仰者拒絕「屙」或「踏」時則處決之，亦足見在特定的情況下，即基督教信仰及其信仰者對建制者的秩序（無論文化權力抑或政治）有足夠的挑戰時，儒者亦可會傾向以暴力排

……由是觀之，彼所謂天主者，即蔡氏也。蔡氏乃其祖，而敢紿我中國曰天主，是欲加我無禮如呂宋也。衙險機深，漸不可長。神宗聖上，弘柔遠之量，命撫按驅之歸國。不意只歸我廣鷺，或藏匿諸奸細家中。旋即夤緣而起，或掌星曆，或進鉅銃，假此使得復開教於各省郡。今其黨據雞籠、淡水等處，其意何叵測也？奈之何尚有被其所餌、被其所惑者？豈部科諸公之疏參，海內紳士之辨駁，無有耳而目之者乎？孟夫子曰：『吾聞用夏變夷，未聞變於夷者也。』謹揭之以防猾夏之漸。」見「夏本」，頁174-177；「鄭本」，頁120-121。

[49] 黃貞於〈請顏壯其先生闢天主教書〉描述了當時基督教傳播之狀況：「艾氏言：『會友二十人來中國開教，皆大德一體也。今南北兩直隸、浙江、湖廣、武昌、山東、山西、陝西、廣東、河南、福建、福州、興泉等處，皆有天主教會堂。獨貴州、雲南、四川未有耳。』嗚呼！堂堂中國，鼓惑乎夷邪，處處流毒，行且億萬世受殃。而今日縉紳大老、士君子入其邪說，為刊刻天主教書義，撰演天主教序文……。」見「夏本」，頁151-152；「鄭本」，頁102。

[50] 「夏本」，頁144；「鄭本」，頁96。

[51] 江統，字應元，晉陳留圉人，為中國排外論之要者。著〈徙戎論〉謂：「關中之人百餘萬口，率其少多，戎狄居半……人面獸心……非我族類，其心必異，戎狄志態，不與華同。」見房玄齡等撰：《晉書》（北京：中華書局，1962），卷56，〈江統列傳第二十六〉，頁1529-1549；賈生則指賈誼，漢初名臣，著有〈治安策〉，起首即謂：「臣竊惟事勢，可為痛哭者一，可為流涕者二，可為長太息者六」，皆指足以亡國之事。見班固：《漢書》，卷48，〈賈誼傳第十八〉，頁2221-2267。

擠異己的宗教。

在十六世紀末至十七世紀初的福建地方儒者就為此中的表表者。以下，我們可以比對萬曆至崇禎年間閩、浙儒者的《破邪集》及《闢邪集》與姚、魏、梁三人之見，以說明不同的處境對儒者的影響。耶穌會士在1549年初傳日本，兩年後沙勿略離開日本赴上川島，開展了中國傳教歷程。[52] 五十九年後，利瑪竇在1610年賜葬北京時，明國之中已有穩定之傳教基地。[53] 然而，由於種種原委，東南沿岸由南京至揚、浙、閩一帶官紳僧俗與傳教士，在1616年夏天爆發了衝突。南京禮部侍郎沈榷（?-?）兵臨南京教堂，釀成天主教與儒者交往以來之首次重大衝突。[54]

雖然，南京教案中之官方宗教衝突，由前翰林院檢討，著名華人基督徒徐光啟（1562-1633）上疏稍止，[55] 惟民間反教之情緒已由是結集。萬曆、天啟、崇禎數朝，閩、浙反教之聲蜂起，至而黃貞（?-?）的出現，更開啟了官紳的反教浪潮。黃貞，字天香，福建漳州人，如魏源一樣乃崇信佛教的儒者。黃貞曾與艾儒略辯論，又由閩赴浙，鳩合同志，呼號官紳、僧人合擊「邪教」。[56] 這一閩、浙反基督宗教的傳統延及崇禎年間，徐昌治、鍾始聲編成《破邪集》及《闢邪集》[57] 將數朝反教文字編輯成

---

[52] 王治心：《中國基督教史綱》（上海：上海古籍出版社，2011），頁55。

[53] 上海博物館編：《利瑪竇行旅中國記》（北京：北京大學出版社，2010），頁233。

[54] 參李春博：〈南京教案與明末儒佛耶之爭——歷史與文獻〉，復旦大學碩士學位論文。

[55] 孫尚揚、鍾鳴旦：《1840年前的中國基督教》（北京：學苑出版社，2004），頁260-262。

[56] 龐乃明：〈「南京教案」所表現的明人天主教觀〉，頁185-195。

[57] 鍾始聲（1599-1665），字振之，祖籍蘇州。早年從儒，「誓滅釋老」，十七歲閱《自知錄序》及《竹窗隨筆》悔悟，七年後晤憨山大師，後從雪嶺剃度，命名智旭，時人稱之為蕅益智旭，與蓮池祩宏、紫柏真可、憨山德清四人，被後世推為明末佛教四大師。《闢邪集》之文皆為佛徒

書，當中又以《破邪集》為首及最大規模之集成。

　　《破邪集》又名《聖朝破邪集》或《皇明聖朝破邪集》，由徐昌治（?-?）編成。徐昌治，字觀周，號無依道人。一說為浙江海鹽人，[58] 一說為江蘇武源人。[59] 徐昌治少為諸生，後為密雲圓悟的弟子和費隱通容的弟子，[60] 在1639年初刻《破邪集》於浙

反教文章，本書旨於探討耶儒關係，故乃不論。《闢邪集》初版於癸未（明崇禎十六年，1643年）秋，最初只有鍾始聲所著《天學初徵》與《天學再徵》兩篇，並附有《附鐘振之居士寄初征與際明即時師東》等四封書信及程智用的〈跋〉。後來，《闢邪集》傳入日本，養鸕徹定（號杞憂道人）在文久元年（清咸豐十一年，1861年）翻刻《闢邪集》時，又收錄了釋如純的《天學初辟》、費隱通容的《原道辟邪說》等二十二篇文章，仍以《闢邪集》為名。詳參鍾始聲編：《闢邪集》，收入鄭安德編《明末清初耶穌會思想文獻彙編》第五卷第五十八冊及鍾始聲編：《闢邪集》（明崇禎刻本）》，收入周燮藩主編：《中國宗教歷史文獻集成‧五十九‧東傳福音‧冊九》。

58　「鄭本」，頁5。

59　佛光大辭典編修委員會編：《佛光大辭典》（臺北：佛光出版社，1988），頁4104。

60　徐氏著有《四書旨》、《周易旨》、《通鑒爛》。徐昌治行狀可見《五燈全書》。《五燈全書》主要根據北宋法眼宗道原《景德傳燈錄》、北宋臨濟宗李遵勗《天聖廣燈錄》、北宋雲門宗惟白《建中靖國續燈錄》、南宋臨濟宗悟明《聯燈會要》、南宋雲門宗正受的《嘉泰普燈錄》及禪宗不同宗脈史書編集而成。康熙年間北京聖感寺住持釋超永編。本書所載俱佛門大德，對徐昌治之紀載如下：「鹽官無依道人徐昌治孝廉，因聽楞嚴，心意豁然，遂棄上公車，依容自金粟天童徑山福嚴者二十年。一日粥次，容（即乃師費隱容）舉三不是話：『畢竟是個什麼？』士（指徐昌治）曰：『無位真人。』容曰：『如何是無位真人？』士曰：『吃粥底不是。』又問：『如何是西來意？』士舉如意曰：『這是如意。』容曰：『者不喚如意作麼生。』士曰：『喚作什麼？』容拍桌一下，士唯唯，呈偈曰：『昔年贈我無依號，而今信我樂天真，桌頭一拍須彌碎，萬法齊收日用親。』容頷之，特授拄杖表信。士著有《祖庭指南》二卷行世。（費隱容嗣）」釋超永編：《五燈全書》，卷79，收入《卍新纂續藏經》，冊82，No. 1571，見CBETA電子佛典V1.34普及版，見中華電子佛典協會：http://www.cbeta.org/result/normal/X82/1571_079.htm，瀏覽於2014年9月28日。其生平亦見《無依道

江。該書十萬餘言，是十七世紀反天主教的主要著作。1855年，「源齊昭」[61] 翻刻《破邪集》，該書由是於近代再廣傳。本書所依的夏瑰琦校本及鄭安德編《明末清初耶穌會思想文獻彙編》皆依日本安政乙卯本爲底本編輯而成。

人錄》，當中有中有載徐昌治學佛及受佛門受託，編「闢邪集一帙」，摘錄見：「余自少至壯，日以佞佛禮僧爲第一義，而未嫻於法。迨戊辰……法道初闢，予雖聞提撕，茫茫不知落處……己卯，密老人以天童事故出山，抵白下。予致書寧波馬總臺爲之婉達諸當道（語載致馬書中）事既調攝，老人擬歸天童，路經禾于餘隨本師往迎，蒙入金粟山，聚談數日，受命輯闢邪集一帙。老人蓋深知昌之衷曲素直，故以此書委託如此。庚辰，冊務浩繁……老人喜而賜杖，且銘諸杖曰：『覿體現前，描畫不得，妙運超方，了無群惑，指點人間，疏通正脈。』又書贈曰：『立地頂天一丈夫，儒宗釋典旨相符，年來體道深深喜，宜把瞿曇擔乎扶。』余婉笑辭曰：『高天厚地之恩，敢同木石，竊念閉門造車，出門合轍，謬許肩荷，幸脫羅籠。』老人欣然曰：『不惟其名，惟其實，便是竿頭更進處。』遂贈一號，號無依道人。嗣後益蒙垂注，辭之不得。至丙申春仲於虞山，維摩室中受付囑焉。」參徐昌治著，釋超悟錄：《無依道人錄》，收入嘉興大藏經（新文豐版），冊23，No. B127。臺北版電子佛典集成：http://taipei.ddbc.edu.tw/sutra/JB127_001.php，瀏覽於2014年9月28日。

[61] 源齊昭當爲日德川幕府水戶藩主德川齊昭。當時日本武家姓名一般包括五部分，分別爲：家名‧苗字→氏（シ）；通稱‧あざな→別名、字；氏（ウヂ）→姓（セイ）、本姓；姓（カバネ）→爵位；諱（イミナ）→名。「家名‧苗字」類同中國之「姓氏」；而「通稱‧あざな」則近於華文之「名字」；日語又有「本姓」（ウヂ），即氏族（氏名），包括源氏、平氏和藤原氏，在中國則類似孔子的姓爲孔，但本家可以上朔至殷商的祖先「契」；「姓」（カバネ）則爲爵位、官位，如左兵衛、大御所、掃部頭、山城守等等；最後的是「諱」亦即華文中的名或字。上文的「源齊昭」，全名即爲「德川‧贈正一位‧權大納言‧清和源‧朝臣‧齊昭」，順序分別爲。亦即家名（苗字）→通稱（あざな）→氏（ウヂ）→姓（カバネ）→諱（イミナ）。見丹羽基二：《日本姓氏事典》（東京：新人物往來社，1991）。德川齊昭爲幕末時代注名「名君」，精於儒學，倡議「尊王攘夷」之說，對西方事物極力排斥。夏本《破邪集》載其親筆所序，惜未明其字體，未能解讀。然就筆者所見，學界對此一安政年間由德川幕府領袖重印，與德川氏及排教之關係，未有研究，指「源齊昭」與「德川齊昭」爲同一人的說法，亦未見於前人之說。筆者於日本近世出版史學識有限，未敢斷言。姑備淺說如上以供讀者參考。

　　《破邪集》共八卷，彙集了時人反基督教文字。當中卷一、二的內容主要為1616年南京教案，包括沈榷等官紳各種官方記錄文字及1634年福建排教告示；卷三至八是儒者與佛教徒反基督宗教文章的彙編。其中，卷三至六主要是儒教反教文章的彙編，包括了朝廷官員和民間儒生的觀點；卷七、八是佛教立場的文章。《破邪集》反映了福建士紳及僧俗的文化身分認知。當天主教來華時，中國宗教對的論辯，反映了當時中下層知識分子對儒、佛、三教之認識及中、外關係之理解。對《破邪集》之研究可反映明末耶儒衝突中儒者及佛子之護法、破邪思維及宗教衝突模式。此處旨趣在於分析第三時期初儒者與基督徒衝突之原由，並與不同宗教衝突理論相較，故討論之文本將集中於《破邪集》卷三至六之儒學反教思維及宗教衝突模式，對卷七、八之耶佛之爭則不予討論。

　　於當時儒教立場而言，反基督宗教的理由有二。其一為教士妄解中國典籍；其二為基督宗教有歪人心。當時儒者對於祭祖、太極圖、天文曆學等項的理解皆與基督徒有所差異。仔細檢閱當中論述，便可見耶儒衝突如何觸及到儒者「信仰」的禁忌，亦即儒者所稱為「邪」的所在。本書亦因篇幅所限，不宜深入論。從最簡單的面向看來，《破邪集》的標題本身已以說明了明儒以善惡二分的方式理解基督宗教與中國宗教的關係。反之，本書所探討的幾位儒者，卻以相對客觀和超然的角度，以研究和考證的心態應對基督宗教。由於梁廷枏、姚瑩和魏源以研究者的身分自任，他們遂能理解到世界各地的風俗文化差異難以輕易抹除（魏源的世界觀更從「秉氣」的信念發展出差異是為必然的概念），因而呈現了一種多元的世界觀。而二分「正」、「邪」的明儒，卻持有較為單一的世界觀。李璨〈劈邪說〉有謂：

　　余不才，後孔孟數千年，後周程朱數百年，以至我明，又
後陽明先生百餘年而生。未面質於同堂，竊心痛乎如綫，
忝居儒列，難諉斯文。況當邪說橫流之際，敢辭佐正好辯
之擔？[62]

　　因「忝居儒列，難諉斯文」之故而反教，可見儒者當時的暴
力排教的信念，對他們而言實本其信仰之內容。觀黃貞〈破邪集
自敍〉更可知其儒教之暴力面向。黃貞解說了其始起事之心思與
經歷，並述說了其與不同反對反教者之理據與其駁斥，綜而言之
可爲以下八點：1. 雖食祿者不爲而爲之；2. 雖一人而誓必爲之；
3. 破邪不懼殺頭；4. 破邪時不我待；5. 邪書流惑不可不破；6. 破
邪上合天意；7. 雖非孟子而願爲孟子；8. 破邪者多多益善。[63]

---

[62] 「夏本」，頁270-271；「鄭本」，頁202。

[63] 「夏本」，頁167-170；「鄭本」，頁113-116：「貞嘗泣而言之矣……
時每自嗟曰：『如此大患，今天下無一人出力掃除之，何耶？』又自思
曰：『萬曆間，宗伯沈仲雨驅逐之疏霹靂。未幾而此夷旋踵復入，千倍
於昔，天下爲其所惑，莫知其詳。則今日雖再驅之，安知後來不如今日
之爲其所惑而莫知其詳乎？』況予草野愚拙，微寒孤立，其何能爲？因
憤鬱胸熱如火，累夜難鳴不寐，得一計焉。曰：『我今日當起而呼號、
六合之內，共放破邪之炬，以光明萬世，以消此滔天禍水。』……於是
不論儒徒佛徒，是我非我，惟極力激勸，乞同扶大義，乃奔吳越之間。
幸得沈仲雨等諸公舊疏於沉晦之秋，遂募刻播聞。然始也，保守身家者
多，敢鬧者少，求之既如逆浪行舟……或笑我曰：『此乃食祿者事，何
須子爲？』應之曰：『政緣食祿者不肯爲此，故我飲水者爲之。』或計
我曰：『子一人耳，縱爲公卿亦不能與之敵，況韋布耶？子一人耳，
縱富千萬，亦不能與之敵，況微寒耶？子枉費心力。』應之曰：『我一
人誓必爲之。』或危我曰：『彼奸黨聲勢，自卿相以至士庶，自兩京以
至各省郡，誰能計算？子一人獨不爲首領計耶？且誰聽之而從子之舉
乎？』予曰：『我今日首領尚存，政好出頭；縱今天下無一人聽我，我
一人亦決當如此做。況主上聖明，政恨無人入告耳。』或辭我曰：『我
只管明明德，彼自消滅，子何須如此？』予曰：『我恐奸謀遂時，把一
刀了爾七段八段，消滅在彼之先耳。』或析我曰：『彼教無父無君，決

　　黃貞的首五點說明反教的必要，及後則言他作為儒者的義務。在此一「破邪」的「大義」下，黃氏等儒者甚至可以包容「儒徒佛徒」、「是我非我」，以祈合乎「天意」、仿傚聖哲。尤當注意者為，卷三至六中之反教儒者大抵可分為兩類。其一為非其教而矜其人之溫和派；其二為反其教且逐其人之激進派。構成二者差異的主要原因，乃在於他們自視自身宗教的地位何如（亦即其「宗教觀」），及於己身宗教典籍理解的差異。而無論溫和派與激進派俱自認為其行為乃仿傚「聖人」而為，[64] 並引用孟子曾對異端如楊朱、墨子辯駁、拒斥。[65]

　　不能行，不足慮也。』答曰：『邪書毀堯、舜、孔、孟者，今現百餘種流惑天下，蔓延於後，禍世無窮。試觀今日何處非耶穌之堂、叛逆之教也乎？』或慰我曰：『此係天意，子將奈何？』答曰：『天地今日亦被誣為耶穌所造，且號於人曰，天地如宮殿，不宜祭拜，祭拜則背耶穌天主。天主怒，置之地獄。上天之意甚欲昭明，故生貞也不肖，日以破邪為務，天意其政在斯。』或限我曰：『子非孟子，胡能距得楊墨？』予應聲喝之曰：『孟子原不是孟子，我原不是我。』或止我曰：『子設破邪之計，呼朋作辟，蓋所以發明至道而砥柱狂瀾，昭揭患害而維持邦家也，狗歟偉哉！處處行金結人，誰不貪；日月用術惑世，誰不惑者？凡予求得吾儕之作辟章也，便有許多辨說心力在。凡吾儕之俯從予請也，便有許多利害明白在，良知感激在，而此後便不為夷黨所惑。此撥亂微機，難以言說。況正人君子之文章，可以培植人心，多多益善乎。』嗚呼！七年以來，一腔熱血，兩盡愁眉。此身不管落水落湯，此集豈徒一字一血。談之脣焦木罄，錄之筆禿難完。今幸集成，謹拜手稽首以白天後世曰：『此國夷眾，生生世世，奪人國土，亂人學脈，不可使其半人半日在我邦內也。此破邪之集，良存華明道之至計。諸聖人之授靈於小子者，其尤當世世流行而不可廢也夫！』

64　如自謂「善學孟子」，參「夏本」，頁140；「鄭本」，頁93。或曰「吾儒之有孟子，猶禪釋之有達磨，皆直指人心見性、孟子學孔子，吾輩只宜學孟子，學孟子而天下之能事畢矣」，參「夏本」，頁147；「鄭本」，頁99。

65　見《孟子‧滕文公下》：「公都子曰：『外人皆稱夫子好辯，敢問何也？』孟子曰：『予豈好辯哉？予不得已也。聖王不作，諸侯放恣。處士橫議，楊朱、墨翟之言盈天下。天下之言，不歸楊，則歸墨……楊、墨之道不息，孔子之道不著，是邪說誣民，充塞仁義也。我亦欲正人

有趣的是，同樣的事跡卻引伸出兩套不同之理論。於溫和派而言：

> 未幾（筆者案：指南京教案），當道檄所司逐之，毀其像，拆其居，而株擒其黨，事急乃控於予。予適晤觀察曾公，曰：「其教可斥，遠人則可矜也。」曾公以為然，稍寬其禁。而吾漳黃君天香以《破邪集》見示，則若以其教為必亂世，而亟為建鼓之攻，又若以予之斥其教而緩其逐，為異於孟子距楊墨之為者。予謂：「孟夫子距邪說甚峻，然至於楊墨逃而歸則受之，而以招放豚為過。今亦西土逃而歸之候矣。愚自以為善學孟子，特不敢似退之所稱功不在禹下耳。以中國之尊，賢聖之眾，聖天子一統之盛，何所不容？……予因以此意廣黃君。而復歎邪說之行，能使愚民為所惑，皆吾未能明先王之道之咎，而非邪說與愚民之咎也。白蓮、聞香諸教，入其黨者駢首就戮，意竊哀之。然則黃君破邪之書，其亦哀西士而思以全之歟？即謂有功於西士可矣。[66]

反教儒者中的溫和派則以為孟子對願入歸儒教之外人，理當接納；而即使外人未開悟，問題在於儒者教化不力，而不當對之驅逐，禁教可也。而激進者則以為根本無需視夷狄為人，必當驅之而後國靖：

心，息邪說，距詖行，放淫辭，以承三聖者。豈好辯哉！予不得已也。能言距楊、墨者，聖人之徒也。』」破邪之說，由此所襲，而明儒亦多引錄。收入朱熹編：《四書章句集注》，頁270-273。

[66] 「夏本」，頁270-271；「鄭本」，頁139-141。

孟子待橫逆妄人，以為與禽獸奚擇，於禽獸何難？爨
（學生案：本篇之作者）愚，每謂：「視天主教與從其教
者，只宜視如禽獸，不當待以夷狄之禮。」何則？夷狄猶
靦然人也，而諸君子猶慇慇焉引聖賢與之析是非，此不亦
待之過厚？與佛慈悲等，而非吾孟子所以自處乎？

爨又謂：「吾儒之有孟子，猶禪釋之有達摩，皆直指
人心見性、孟子學孔子，吾輩只宜學孟子，學孟子而天下
之能事畢矣。」孟子……曰：「楊墨之道，無父無君是禽
獸，而率獸食人。」其言痛切，幾於一字一淚。則以禽
獸視天主教與從其教者，誠非刻，而可以佐天香闢邪之本
心矣。

……即佛慈悲，尚判五逆、七遮，不通懺悔，況吾儒
治世者手？倘謂其天文尚可用，則不主休咎，已明絕吾儒
恐懼修省一脈。且彼以堯、舜、周、孔皆入煉清地獄矣，
其毀吾聖賢、慢吾宗祖至此，而尚為寬大不較、羈縻勿絕
之語，此之謂失其本心，而違禽獸不遠也！[67]

不論在具體立場上儒者如何相異，他們俱自視為對孟子之
模仿。重覆孟子拒斥外教，可理解為信仰者模仿神話中聖人對
混沌世界的對抗。Victor Turner認為這種對聖哲或典範的重覆行
為可被視為social dramas或儀式。而舉凡儀式皆有其liminality，參
與者參與儀式後，其自我與身分理解必有所更革，從而得著「更
新」。在本章的例子中，明儒雖非參與亞伯拉罕宗教一類牽涉神
明與信仰者直接接觸的儀式，但他們因著宗教信念而作的行為，
也有類同於儀式的功效。當儒者參與反教時，他們實則上確立及

---

[67] 「夏本」，頁147-148；「鄭本」，頁99。

強化了自身之身分。[68] 儀式－神話學（ritual-mythology）於解釋同一「孟子」在不同詮釋下導致不同模式之反教行為尤為有力。儀式－神話學的關懷並不在「實證性」之真偽，亦非欲探討孟子之「不義」，而係探討對信仰者而言，儀式與神話之象徵意義。於信仰者而言，此一象徵意義亦代表了唯一的「真實」，並影響著他們一切的行為與決擇。

在這裡，參與者追求的並非現今學術意義下之「孟子思想」，而是因孟子拒斥異教，而將之化為一抵抗混沌與失序之英雄。「孟子」之意義與價值，乃如神話一般為信仰者提供了仿傚之「典範」（paradigm）或理型。然而，如果我們在此回視魏源對「異端」的論述時，就會發現《默觚》中的孟子與《破邪集》的孟子有莫大差異。魏源更認為，假使孟子問世，必會聘用墨子、楊朱佐政。這是因為對魏源來說，儒教對天道掌握較他者為高，無庸置疑，而即使用「教外」者之見，其說實仍出於「天道」，其所異者，不過因「方內之聖」與「方外之聖」秉性不同。更有甚者，魏源和姚瑩指出了在某些時空中，儒教未必適用於世，如默深認為漢初必用黃老無為之治，而石甫則以為「天道」向四方遣使，而成不同宗教，各教乃識用於不同「根器」之族群。

由是觀之，不同時期的儒者對「孟子非異端」的神話有完全不同的詮釋，這一詮釋的差異，所限於詮釋者的處境，亦受限於詮釋的目的。明儒認為基督宗教對他們的秩序和社會有壞滅性的破壞力，遂主張以暴力驅之；姚、魏認為基督宗教的挑戰，實則上不會帶來重大危機，亦不見得適用儒教的中國會因此出現變亂，故採取因之任之的態度。但是，這並不代表姚、魏無條件地

---

[68] Victor Turner, *Dramas, Fields, and Metaphors: Symbolic Action in Human Society* (Ithaca and London: Cornell University Press, 1974), pp.13-35.

接納和放任異端的存在。對白蓮教、青蓮教等民間信仰，他們絕對可以感受到明儒之於基督宗教而產生的危機感。因此，他們乃主張武力驅除，而其於民間信仰的描繪，便轉為「教匪」、「邪教」一類的語言。

回顧日本的案例，我們就可以進一步印證上述的說法。對江戶幕府而言，基督宗教並不因其教義而被禁制，而是因作為外國宗教的基督宗教，具有強烈的叛逆潛能，更可能勾結外國勢力，使幕府憂慮基督宗教信仰者會破壞了幕府重構社會秩序的工作。筆者認為，是否倡議以武力對待宗教，實則上並不因宗教的信仰和教條。在上文的比較中，我們可以清楚看到明清儒者對「孟子」作出了完全不同的詮釋，以為支持其論點之用。我們難以抽空將「儒教」作為一個主體，述說儒教和基督宗教如何交流，亦不能以某一時期（例如先秦時期）的儒者和他們的經典代表了一個「正統」（orthodox）或「原初」（primitive）的儒教，並以他們的思想作為整個儒教的代表。

事實上，我們可以清楚看到儒者對基督宗教的理解和他們提出的應對辦法，受到他們的成長背景、學習歷程、信仰、世界觀、價值觀及他們對時局、政治、社會、經濟的審視所影響。大明政府治下的閩、浙儒者並未遭遇戰火，但卻明顯表現了他們的危機感；但作為大清帝國骨幹的姚瑩、魏源等儒者，卻經歷了道光年間最嚴重的危機。當清廷首次因戰敗而以土地、金錢賠償戰勝國時，他們仍對自身的信仰和國家充滿信心。仔細研究下去，我們固然可以深入分析其原委。但反過來說，這已充分證明信仰同一宗教並不代表他們的世界觀必須相同；而他們身處的時代與處境亦不代表他們必然會有某種思想和感受。這些儒者的最大公因數（Highest Common Factor），恐怕亦只有他們曾自命為儒者和共同尊崇儒教的聖人和經典。

　　至此，我們回顧本書第一章「研究現狀」所述的柯文、謝和耐、陶飛亞、呂實強等先生的研究時，我們就不得不質疑他們的研究以「儒教」和時代概括不同的儒者，是否忽略了儒者之間的差異性和他們複雜的信仰體系。最顯明的例子，就是我們在第一章介紹過的柯文。在*China and Christianity: The Missionary Movement and the Growth of Chinese Antiforeignism, 1860-1870*所指十九世紀五十年代儒者視基督宗教為威脅與挑戰的情況，根本不能在本書的任何一個例子中發現。當然，我們不是要說柯文所言的情況完全不曾出現，但他的論述亦明顯具一定局限。進而，如果我們體認到儒者各自的宗教信仰與世界觀對他們理解外來宗教和事物有重大影響時，當我們希望探討一些牽涉他們的史學作品，如某一時代或地域的中國基督宗教史、中國伊斯蘭教史，或某一時代的中國政府的宗教政策時，我們就必須逐一探討這些理解者的宗教信仰與世界觀，並將他們對外來宗教的研究置於他們自身的思想史研究當中。

　　在本書的最後部分，我們可以嘗試歸納本書的論點和它們之於日後相關研究的含義和影響。

為甚麼我在包容基督徒？

　　走筆至此，筆者希望回顧全文之旨。正如本書開端所說，中國基督宗教史在過去一個世紀發展良多，學者卻往往注見於基督宗教信仰者的部分。雖然傳教士研究與本土信仰者探討均日見精微，惟獨不曾改宗基督宗教的華人卻一直為學界忽視。在不少論著當中，他們被化約為反教的民族英雄或頑固落後的「死硬派」。這些研究顯然與事實有所差異。故此，上文嘗試探討十九世紀儒者對基督宗教的理解，及其背後的原由。

　　「為甚麼我在包容基督徒？」這對十九世紀中葉的儒者來說是一個極為複雜（甚或是有點尷尬）而且難以形象化的問題。這本小書的封面就此作了一個簡單的嘗試。本書封面的畫作名為 *View of the Canton Factories*（1805-1810），是英國皇家院士威廉・丹尼爾（William Daniell, RA; 1769-1837）的作品。威廉在1786年從英國航行至黃埔，開展了他長年在遠東地區（主要是印度）的遊歷。在威廉的畫作中，廣州十三行的歐式建築上飄揚著丹麥、西班牙、美國、瑞典、英國、荷蘭等國的旗幟，珠江面上也舶著不同類型的船隻。這一幅畫作，是十九世紀初大清帝國多元共融與十八世紀早期全球化最清晰的圖像。先不說敏感的信仰問題，「為甚麼包容異國人建歐式建築、公然掛上本國國旗？」，這已經可以是一個值得討論的問題。本書開首引用漢元帝說的「一民」，[69] 是不是可以說在帝制時代的晚期被儒者遺忘了呢？當思考及深受儒教影響的官僚體系有關「教化」與維持帝國境內「倫理」的責任時，這樣的「多元」就需要特別去解釋了。

　　一位二十一世紀初的政治家曾說：「多元是現實，包容則是選擇（Diversity is a fact; Inclusion is a choice）。」[70] 這一個觀點大概也會為本書介紹的幾位儒者所認同。在梁廷枏的認識中，威廉・丹尼爾筆下的廣州貿易乃是帝國的重要財源。每年大量入口的白銀與貨物，奠定了包容異國信仰的前提。而當大英帝國與清廷簽訂城下之盟，作為「事實」的「多元」就更清楚地呈現在姚

---

[69] 班固：《漢書》，卷73，頁3116。

[70] Stéphane Dion, "Diversity is a Fact; Inclusion is a Choice," Keynote Speech for the Conference *Inclusive Societies? Canada and Belgium in the 21st century*, co-organised by the Université libre de Bruxelles and Katholieke Universiteit Leuven, Palais des Académies, Brussels, 22nd September, 2017, accessed 6th February, 2018, http://www.canadainternational.gc.ca/germany-allemagne/highlights-faits/2017/2017-09-26-diversity_fact-diversite_fait.aspx?lang=en.

瑩與魏源的眼前了。那麼「包容」外來宗教豈不是純粹的逃避「國家道德責任」嗎？我們要明瞭的是，本書討論的「包容」（Inclusion）與「宗教寬容」（Religious Toleration）並不是單純地對異己妥協。梁廷枏、姚瑩和魏源的貢獻在於他們在面對「多元」的現實後，反思了帝國與儒教的定位。這些有關政治、宗教與國際關係的再思考，起點就在於思量「為甚麼我在包容基督徒？」這一切身的問題。

關於這些思考，筆者認為這本小書最大的發現是這三位儒者發展出了一套不同於歐美宗教寬容思想的概念。在歐美自由主義的傳統中，宗教寬容的三個主要前提分別是：1. 人生而平等；2. 人皆應有「良知的自由」（freedom of conscience）；3. 國家應為世俗化，且不具干預宗教事務的合法性。這一系列的概念在洛克（John Locke; 1632-1704）、霍布斯（Thomas Hobbes; 1588-1679）等具基督宗教信仰的政治家的手上得以長足發展，他們將宗教寬容建基於人生而平等自然有一定理由。畢竟，政教分離與威斯特伐利亞體系（Westphalia System）本來就源於各國希望結束天主教與新教之間維持數十年的戰爭。慮及這一段因果，當時的歐洲人自然就不會提出一套普世通行的方案。[71] 但梁、姚、魏三人的宗教寬容論述卻反自由主義的基礎概念而行之。首先，三位儒者菁英都不認為人生而平等，宗教之間的差異本來就因為人的差異而出現。這可能是「天道」的安排，也可能是地理、風俗、人種的分別。如在姚瑩的概念中，人皆受「天道」的祝福，但不同群體所受的祝福卻有不同。其次，自由主義的宗教寬容從個人層面出發，確保個人「良知的自由」不為國家侵犯。但對大清帝國

---

[71] Anthony Simon Laden; David Owen eds., *Multiculturalism and Political Theory* (Cambridge: Cambridge University Press, 2007), pp.4-11.

的菁英來說，宗教寬容反而是因為國家的繁榮安定逼使儒者重新定位自身的道德教化責任。而這一責任，對儒者來說何嘗不是自身「良知的自由」的發揮？而最重要的是，十九世紀大清帝國出現的宗教寬容並不建構於政教分離的政權。而國家在「寬容」的同時，詮釋道德、倫理的權力仍握在帝國統治集團的手中。相對於歐美自由主義傳統發展出來的宗教寬容，十九世紀中葉儒教的宗教寬容論述其實更類近於鄂圖曼帝國的經驗。Bruce Masters解說基督徒與猶太人鄂圖曼帝國的生活時，指出非穆斯林在先知穆罕默德的年代已被接納於「烏瑪」（Umma）之中，但前提卻是他們需要接納伊斯蘭政權的統治。在鄂圖曼帝國的宗教寬容政策中，這一概念得以傳承，故基督徒與猶太人在尊重國家宗教的情況下也被容許參與帝國主要的政治、經濟生活。[72]與大清帝國相比，鄂圖曼帝國的寬容只限於「有經者」（People of the Book）與一神信仰，但以接納國家宗教、政治權威為寬容的前提卻極為類近。但無論如何，我們可以清楚看到本書討論的三位儒者所談及的宗教寬容論述，也在世界政治思想的發展中佔了一個獨有的位置。這些思考，很值得關心政治與宗教關係的學者深入探討。

那麼，還有更多的儒者或其他階層的中國對基督宗教抱有類同的想像嗎？他們背後的想法又有何不同？這些題目，均必須要以更多的個案研究為基礎方能回應，而不能單將「儒教」／「中國」和「基督宗教」作為標籤簡單比對討論。這裡提出的研究方法，當然是源於Jean-Francois Lyotard（1924-998）等學者對「宏大敘述」（grand narrative）的批判。

---

[72] Bruce Masters, *Christians and Jews in the Ottoman Arab World: The Root of Sectarianism* (Cambridge: Cambridge University Press, 2004), pp.16-40.

雖然就整體而言，筆者對「現代性」（modernity）、「後現代主義」（post-modernism）的理解較傾向哈伯馬斯（Jürgen Habermas; 1929-?）否定的觀點，[73] 但我們卻不能否認Jean-Francois Lyotard對「宏大敘述」的批判值得人文學科的學者反思。Jean-Francois Lyotard認為「宏大敘述」往往建基於抹殺敘述對象之間的差異。抹殺差異的結果是構築起一幅和諧的圖像連貫的故事。如Beatrice Skordili在*Encyclopedia of Postmodernism*中引伸說明「婦女賦權」（women empowerment）在歐美和孟加拉有截然不同的意義。[74] 同樣，對不同的儒者來說，「儒教」、「基督宗教」、「教門」、「天道」等等均具有極不同的意涵。我們不能單從「基督宗教」的概念和一些化約與抽空建構而成的概念，如「儒教」、「儒學」以至「中國文化」，之比對和分析，得出有意義和反映真實的結論。

當然，正如Jean-Francois Lyotard自己所言，對「宏大敘述」無限制的批判和預言其終結，亦是「宏大敘述」的一種（"the great narrative of the end of great narratives"）。[75] 而不少學者亦指出對「框架」（framework）、「範疇」（category）、「類別」（typology）的不加區別的否定，在事實上否定了任何理解和分析的可能。[76] 筆者亦希望指出，本書並不志在否定作為概念的

---

[73] Jürgen Habermas, Frederick Lawrence trans., *The Philosophical Discourse of Modernity* (Cambridge: Cambridge University Press, 1987 [1985]).

[74] Beatrice Skordili, "grand narrative" and "little narrative," Victor E. Taylor; Charles E. Winquitst ed., *Encylopedia of Postmodernism* (London and New York: Routledge, 2001), pp.164-166, 230-232.

[75] Jean-François Lyotard, Georges Van Den Abbeele trans., *The Differend* (Minneapolis: University of Minnesota Press, 1988), p.135.

[76] Jacques Derrida, Christine Irizarry trans., *On Touching, Jean-Luc-Nancy* (Stanford: Stanford University Press, 2005); Anthony Elliott; Larry Ray ed., *Key contemporary social theorists* (Oxford, UK; Malden, MA: Blackwell Publishers, 2003), pp.210-215.

「儒教」／「中國」，而是希望指出在大清帝國的儒教具有多元的信仰內容和演繹方式，而學者亦必須在牽涉儒教的研究中重視這種多元性。探討中國基督宗教史的學者，當然亦在此限之列。

那麼我們如何去研究「儒教」和「儒者」呢？黃進興在2012年復旦大學光華人民傑出學者講座的第一講曾提出了幾點對儒教研究的反思。當中，黃進興指出儒教研究向來過於偏重「經典」和「文本」。我們可以說儒教即使是宗教，都是一個具知識分子性格的信仰，故儒者的基本條件，就是對經典的掌握。然而，我們卻絕不會以對《大藏經》和《道藏》的掌握判斷誰是佛教和道教的信仰者。與黃進興一樣，筆者無意否定「經典」和「文本」的重要性，但我們必須同時注意到「儒教」信仰的真正實踐。[77] 上文清楚顯示，即使是菁英儒者，他們之於事物的看法仍可以有重大的差異。儒教的「經典」為儒者的想像和思想留下了龐大的詮釋空間。而本書希望指出的是，不同詮釋所產生的世界觀，很多時候並不妨礙儒者繼續成為儒者的身分。這裡所說的空間，甚至廣大得可以包容異教的信仰元素。

當我們注意到儒教為儒者建構世界觀時留下的龐大發揮空間，再回到儒者理解基督宗教的研究時，我們就會發現不單信納與反對之間存在著差異，甚至傾向「包容」基督宗教的儒者之間，亦有極為不同的論述。姚瑩、魏源和梁廷枏的比較，就充分說明了此點。論述的差異，實反映了世界觀或個人經歷的不同。

我們必須在此重申，儒者對基督宗教的判斷並不是單憑化約的簡化（reductionist simplification，如華夷觀、正邪觀、正統與異端），而是涉及了不同儒者的學派、地域、事業、經驗等，既與他們身處的政治環境和個人的價值體系相關，亦包括了他們立言

---

[77] 這一系列的講座內容，收於黃進興：《皇帝、儒生與孔廟》。

的目的在於「經世」抑或純粹表達個人的好惡。更重要的是，儒者對超越世界的想像和信仰，至為重要地影響他們對某一特定宗教教義的理解。當我們看到反基督宗教的明儒和姚瑩、魏源同樣引用「天道」和孟子的概念以為理由時，我們就需要承認，探討中國基督宗教史（尤其指帝制中國的部分）的擴展，不能不仔細爬梳中國思想史和宗教史。

　　儒者批判某一宗教為異端、左道時，往往指其有違天道，聲言該教「不敬天地，不祀神明」；但當另一些儒者欲接納某一宗教時，他們則視之為「天道」之一端，雖然他們一般不可能獲得與儒教等同的地位，但卻被視為本質相同，同為「天道」的延伸，有利於生民。這一對宗教的理解，類同於基督宗教神學家Karl Rahner宗教包容論的主張（Religious Inclusivism）。[78] 反過來說，研究儒者對外來（尤其未被包入「中國宗教」體系的）宗教的理解，亦有助於我們釐清儒者的宗教觀／宗教神學（understanding of religions / religions theology）及晚期帝制中國宗教（Late Imperial Chinese Religion）與其他宗教相遇的回應範式。

　　雖然我們沒有看到晚期帝制中國的官僚以「神喻」（Oracle）施政，但信仰（faith）對政治的影響卻無可推諉。與姚瑩和魏源身處同一時代之法國政治思想家Alexis de Tocqueville（1805-1859）謂：

---

[78] 即認為不同的宗教雖然有其差異，卻有共同的源頭和本質，均來於某一神聖力量的啟示。在伊斯蘭、印度教信仰中都有類同的信仰，基督宗教的神學家Karl Rahner 有關Anonymous Christian 的論述，可為當代流行最廣的觀點之一。參Stephen Clinton, *Peter, Paul, and the Anonymous Christian: A Response to The Mission Theology of Rahner and Vatican II* (presented in October, 1998 The Orlando Institute, Leadership Forum; November, 1998 Evangelical Theological Society), see http://www.toi.edu/Resources/Anonomous2.pdf, 2/8/2014.

宗教在美國於法律及公眾意願之細節並無重大影響，但宗教卻主導了其信仰團體之風俗與價值，亦由是而使國家的政策改變。（"...in the United States religion exercises but little influence upon the law and upon the details of public opinion; but it directs the customs of the community, and, by regulating domestic life, it regulates the state..."）

Alexis de Tocqueville將十九世紀初的美國與當時歐洲對比，稱美國之基督教為與天主教相對的Democratic and Republic Christianity。他指出，在歐洲飽受政治、宗教機構合一之害的美國人，捨棄了宗教對日常（或世俗）事務的直接監控，而是藉宗教信仰塑造國民性格，而國策亦由之而改變。[79] 作為大清帝國官僚體系普遍信仰的儒教，亦同樣在不同的層面影響了國家的政策。本書所關注的層面，乃是儒教如何影響了需要不斷與「化外之民」交往的清帝國之政治決策。如自清中葉以來牽涉宗教的起事或內戰的判斷（如帝國西北部伊斯蘭信仰者）、與具有不同信仰之外國人的外交政策（如信仰基督宗教的歐美政府、商人、傳教士），均與上述儒教宗教觀相關。

就此，在一定程度上這些「化外之民」成為了以儒教為中心的國家體系之「他者」（Others）。而像Emmanuel Levinas（1906-1995）所言，「他者」往往是界定自我的客觀性標準，人類本身就是透過比較自己與他人的異同而逐漸構築自身的本體。[80] 「儒

---

[79] 參Alexis de Tocqueville, Arthur Goldhammer trans., *Democracy In America* (New York: Library of America : Distributed to the trade in the U.S. by Penguin Putnam, 2004), Chapter XVII: Principal causes which tend to maintain the democratic republican in the United States。

[80] 有關Emmanuel Levinas思想的扼要介紹，可參Elisabeth Louise Thomas, *Emmanuel Levinas: ethics, justice, and the human beyond being* (New York: Routledge, 2004)。

者」、「儒教」、「中國」等觀念在十九世紀及其後的演化，與這些「他者」的關係難以簡單否定。儒者對基督宗教的理解與他們的世界觀有密不可分的關係，但由於理解的目的在於「經世」，他們亦會在一些情況下基於現實考慮或新資訊的出現而暫時放棄自身的觀感，並進而修正他們的世界觀。

本書希望說明十九世紀中葉的儒者並非單純以自身的信仰批判基督宗教，亦非純粹以帝國官員的立場，由管治和外交原則應對異國的宗教。對他們而言，理解基督宗教的過程就是世界觀、新資訊與現實考慮三者互動的結果。進一步的成果，有賴於對更多儒者和他們如何理解其他宗教的研究。

以上所說是一種綜合式的概要和引伸。正如本書不斷重覆，我們不能將儒者對基督宗教的論述抽空處理，而必須個別地檢查每一個儒者的思想背景，宗派傳承，看他的論述究竟有甚麼用心，或是否有超乎論述的目的。

參考資料

華文與日文參考資料

1. David J. Bosch著，白陳毓華譯：《更新變化的宣教》。臺北：中華福音神學院，1996。

2. 〈非法社團幹事等的罰則〉（1）。《香港法例》第151章《社團條例》。見電子版香港法例網站，https://www.elegislation.gov.hk/hk/cap151!en-zh-Hant-HK?SEARCH_WITHIN_CAP_TXT=%E8%87%AA%E7%A8%B1，瀏覽於2018年10月10日。

3. 《世宗皇帝御製文集》（三十卷本），收入《景印文淵閣四庫全書》。臺北：臺灣商務印書館，1983。

4. 《長阿含經》。大正新脩大藏經本。

5. 上海博物館編：《利瑪竇行旅中國記》。北京：北京大學出版社，2010。

6. 中共中央文獻編輯委員會編：《江澤民文選》。北京：人民出版社，2006。

7. 中國湖南省博物館網站藏品數據庫：http://www.hnmuseum.com/hnmuseum/index_gb.jsp，瀏覽於2014年9月28日。

8. 中國理塘縣人民政府網：http://gzlt.gov.cn/Article/ShowArticle.asp?ArticleID=22，瀏覽於2014年9月28日。

9. 中國第一歷史檔案館編：《清中前期西洋天主教在華活動檔案史料》。北京：中華書局，2003。

10. 中島樂章：〈朝鮮侵略與呂宋貿易：十六世紀末加藤清正的「唐船」派遣計劃〉，收入東吳大學歷史學系編：《全球化下明史研究之新視野論文集（二）》。臺北：東吳大學歷史學系，2007，頁13-24。

11. 丸山真男：〈第六卷·日本政治思想史：1966〉，收入《丸山真男講義錄》。東京：東京大學出版會，2000。

12. 丹羽基二：《日本姓氏事典》。東京：新人物往來社，1991。

13. 乙瑛碑拓本寫真。見京都大學人文科學研究所所藏石刻拓本資料網頁，http://kanji.zinbun.kyoto-u.ac.jp/db-machine/imgsrv/takuhon/type_a/html/kan0021x.html，瀏覽於2014年9月28日。

14. 亨利・皮雷納（Henri Pirenne）著，陳國樑譯：《中世紀的城市》。北京：商務印書館，2006。

15. 任繼愈主編：《儒教問題爭論集》。北京：宗教文化出版社，2000。

16. 伊利亞德（Mircea Eliade）著，楊素娥譯：《聖與俗——宗教的本質》。臺北：桂冠圖書，2001。

17. 佚名輯：《清代粵人傳》。北京：全國圖書館文獻縮微複製中心，2011。

18. 何淑宜：《明代士紳與通俗文化的關係：以喪葬禮俗為例的考察》。臺北：臺灣師大史研所，2000。

19. 何紹基著，龍震球、何書置校點：《何紹基詩文集》。長沙：嶽麓書社，1992。

20. 余英時：《中國近世宗教倫理與商人精神》。臺北：聯經出版事業公司，2018[1987]。

21. 余英時：《歷史與思想》。臺北：聯經出版社，1976。

22. 余英時：《論天人之際：中國古代思想起源試探》。臺北：聯經出版社，2014。

23. 余英時：《論戴震與章學誠》。臺北：東大圖書公司，1996。

24. 余英時等著：《五四新論：既非文藝復興・亦非啟蒙運動》。臺北：聯經出版事業股份有限公司，2014。

25. 余英時著，劉述先主編：《現代儒學論》。River Edge, New Jersey：八方文化創作室，1996。

26. 余英時著，程嫩生、羅群等譯、何俊編：《人文與理性的中國》。上海：上海古籍出版社，2007。

27. 佛光大辭典編修委員會編：《佛光大辭典》。臺北：佛光出版社，1988。

28. 佛山大學文史研究室、廣東省文史館編：《冼玉清文集》。中山：中山大學出版社，1995。

29. 來木臣著，蔡德貴、劉宗賢點校：《易經大全會解》。西安：陝西師範大學出版社，2010。

30. 劉兆祐註譯，國家教育研究院主編：《校讎通義今註今譯》。臺北：台灣學生書局，2012。

31. 劉常山：〈陶澍與兩淮鹽務的改革〉。《逢甲人文社會學報》，11期，2005年12月，頁223-251。

32. 劉平：〈剖析明清「邪教」〉。《江蘇教育學院學報（社會科學版）》，2004年11月第20卷第6期，頁63-66。

33. 劉廣京：〈魏源之哲學與經世思想〉，收入近世中國經世思想研討會（1983）：《近世中國經世思想研討會論文集》。臺北：中央研究院近代史研究所，1984。

34. 劉永華：〈亦禮亦俗：晚清至民國閩西四保禮生的初步分析〉。《歷史人類學學刊》第二卷，第二期（2004年10月），頁53-82。

35. 劉靜貞：〈略論宋儒的宗教信仰──以范仲淹的宗教觀為例〉。《中國歷史學會史學集刊》第15期，頁153-164。

36. 勞思光：《中國哲學史》。桂林：廣西師範大學出版社，2005。

37. 南開大學日本研究中心編：《日本研究論集》。

38. 古野清人：《隠れキリシタン》。東京：至文堂，1966。

39. 史革新：《晚清理學研究》。臺北：文津出版社，1994。

40. 司馬遷：《史記》。北京：中華書局，1959。

41. 吉成名：〈論劉晏鹽法改革〉。《鹽業史研究》，2002年，期4，頁24-27。

42. 吳哲夫：《四庫全書纂修之研究》。臺北：國立故宮博物院，1980。

43. 吳哲夫：《清代禁燬書目研究》。臺北：嘉新水泥公司文化基金會，1969。

44. 吳義雄：《開展與進展──華南近代基督教史論集》。桂林：廣西師範大學出版社，2011。

45. 呂妙芬：《孝治天下：《孝經》與近世中國的政治與文化》。臺北：聯經出版事業股份有限公司，2011。

46. 呂實強：《近代中國知識分子反基督教問題論文集》。基督教宇宙光全人關懷機構出版，2006。

47. 呂實強編：《教務教案檔・湖南教務》。臺北：中央研究院近代史研究所，1977。

48. 呂思勉：《中國近代史八種》。上海：上海古籍出版社，2008。

49. 周振甫：《周易譯解》。香港：中華書局（香港）有限公司，2011。

50. 周啓榮Chow, Kai Wing, Ng, On Cho 伍安祖, and Henderson, John B. edited. *Imagining boundaries: Changing Confucian doctrines, texts, and hermeneutics.* Albany: State University of New York Press, 1999.

51. 唐君毅：《中國文化之精神價值》。臺北：正中書局，1979。

52. 喻青松：《明清白蓮教研究》。成都：四川人民出版社，1987。

53. 基佐（François Pierre Guillaume Guizot）著，程洪達、沅芷譯：《歐洲文明史》。北京：商務印書館，2003。

54. 夏劍欽、熊焰：《魏源研究著作述要》。長沙：湖南大學出版社，2009。

55. 夏瑰琦校訂：《聖朝破邪集》（源齊昭翻刻安政乙卯年（1855年）底本編輯）。香港：建道神學院，1996年。

56. 天下第一傷心人：《辟邪紀實》。出版地點不詳；出版者不詳；同治辛未[1871]本，香港中文大學崇基學院牟路思怡圖書館藏顯微資料。

57. 姚濬昌：《年譜》，收於沈雲龍主編：《近代中國史料叢刊》，輯6。臺北：文海出版社，1974。

58. 姚瑩：《中復堂全集》，收入沈雲龍主編：《近代史料叢刊續編》。臺北：文海出版社有限公司，1974。

59. 姚瑩：《康輶紀行》。香港中文大學藏同治六年丁卯（1867年）單行刻本。

60. 姚瑩：《後湘續集》，載《中復堂全集‧東溟奏稿》，收入沈雲龍主編：《近代中國史料叢刊續編》。臺北：文海出版社有限公司印行，1974。

61. 姚瑩：《東溟外集》（清同治六年姚濬昌安福縣署刻《中復堂全集本》影印），收入《清代詩文集彙編》。上海：上海古籍出版社，2010。

62. 姚瑩：《東溟文外集》（清同治六年姚濬昌安福縣署刻《中復堂全集本》影印），收入《清代詩文集彙編》。上海：上海古籍出版社，2010。

63. 姚瑩：《東溟文後集》，收入《清代詩文集彙編》，冊549，複印清同治六年姚濬昌安福縣署刻《中復堂全集本》。上海：上海古籍出版社，2010。

64. 姚瑩：《東溟文後集》（清同治六年姚濬昌安福縣署刻《中復堂全集本》影印），收入《清代詩文集彙編》。上海：上海古籍出版社，2010。

65. 姚瑩：《東溟文集》（清同治六年姚濬昌安福縣署刻《中復堂全集本》影印），收入《清代詩文集彙編》。上海：上海古籍出版社，2010。

66. 孔尚任：《出山異數記》（據昭代叢書世楷堂藏板影印），收入《叢書集成續編》。臺北：新文豐出版公司，1989。

67. 孔德懋：《孔府內宅軼事：孔子後裔的回憶》。天津：天津人民出版社，1982。

68. 孔繼汾：《闕里文獻考》（乾隆二十七年歲次壬午仲夏上澣孔子七十二代孫光祿大夫襲封衍聖公昭煥序本影印）。臺北：中國文獻出版社，1968。

69. 孔飛力（Philip A. Kuhn）著，陳兼、陳之宏譯：《中國現代國家的起源》。香港：香港中文大學出版社，2014。

70. 孟森：《清史講義》。北京：中華書局，2010。

71. 季平子：《從鴉片戰爭到甲午戰爭》。臺北：知書房出版集團，2001。

72. 孫尚揚、鍾鳴旦：《1840年前的中國基督教》。北京：學苑出版社，2004。

73. 孫廣海：〈阮元研究回顧〉。《漢學研究通訊》，25:3（總99期），2006年8月，頁1-14。

74. 孫文良：《中國官制史》。臺北：文津出版社，1993。

75. 孫詒讓：《周禮正義》，光緒二十五年八月楚學社孫詒讓敘本影印。

76. 學愚：〈佛教在民間——以僧伽大師弘化事蹟為例〉。譚偉倫編：《民間佛教研究》。北京：中華書局，2007），頁97-116。

77. 安德魯・戈登（Andrew Gordon）著，李朝津譯：《二十世紀日本：從德川時代到現代》。香港：中文大學出版社，2006。

78. 宮崎正勝：《ザビエルのポルトガル「海の帝國」と日本》。東京：原書房，2007。

79. 宮崎賢太郎：《カクレキリシタンの実像：日本人のキリスト教理解と受容》。東京：吉川弘文館，2014。

80. 容肇祖：《容肇祖集》。濟南：齊魯書社，1989年。

81. 小島毅：〈新書評介：張壽安《以禮代理：凌廷堪與清中葉儒學思想轉變》〉，《近代中國史通訊》，第24期（1997年9月），頁112-116。

82. 小島毅：《東アジアの儒教と礼》。東京：山川出版社，2017[2004]。

83. 小島毅著，張文潮譯：〈明代禮學的特點〉，收入林慶彰、蔣秋華主編：《明代經學國際研討會論文集》。臺北：中央研究院中國文哲研究所籌備處，1996），頁393-409。

84. 尼古拉・阿多拉茨基（Nikolai Gorodtskij；或譯高連茨基）著，閆國棟、蕭玉秋譯：《東正教在華兩百年史》。廣州：廣東人民出版社，2007。

85. 山口久和，王標譯：《章學誠的知識論：以考證學批判為中心》。上海：上海古籍出版社，2006。

86. 山口久和：《章學誠的知識論：以考證學批判為中心》。上海：上海古籍出版社，2006。

87. 山岡莊八著，何黎莉、丁小艾譯：《德川家康全傳：附冊・歷史對談》。臺北：遠流出版社，1994。

88. 平野聰著，林琪禎譯：《大清帝國與中華的混迷》。新北：八旗文化，2018。

89. 康拉德・希諾考爾（Conrad Schirokauer）、大衛・勞端（David Lurie）、蘇珊・蓋伊（Suzanne Gay）著，袁德良譯：《日本文明史》。北京：群言出版社，2008。

90. 廖毅：〈梁廷枏基督教觀研究〉，發表於2007年11月17-18日「中山大學歷史學系第一屆『中國近現代史』本科生學術研討會」，http://jpkc.sysu.edu.cn/2005/jindai/index.htm，瀏覽於2013年3月30日。

91. 廣東炎黃文化研究會編：《嶺嶠春秋：嶺南文化論集（二）》。北京：中國社會科學出版社，1995年。

92. 龐乃明：〈「南京教案」所表現的明人天主教觀〉。《明史研究》第八輯，2003年，頁185-195。

93. 張代芬：〈姚瑩《康輶紀行》述論〉，《西藏民族學院學報（哲學社會科學版）》第26卷第5期，2005年9月，頁22-26。

94. 張兵：《洪範詮釋研究》。濟南：齊魯書社，2007。

95. 張廷玉等撰：《明史》。北京：中華書局，1974。

96. 張懷通：〈「以數為紀」看《洪範》的性質與年代〉。《東南文化》，2006年，第3期，頁51-57。

97. 張玉書、陳廷敬等纂：《御定康熙字典》（欽定四庫全書），收入《四庫全書》。上海：上海古籍出版社，1987。

98. 張玉書：《張文貞公文集》（乾隆五十七年春鑴松蔭堂藏版），收入《清代詩文集彙篇》。上海市：上海古籍出版社，2010。

99. 張玉書：《張文貞公文集》（乾隆五十七年春鑴松蔭堂藏版），收入《清代詩文集彙篇》。上海市：上海古籍出版社，2010。

100. 張瓏，沈節甫輯：《諭對錄》（萬曆三十五年（1607）刊）。臺北：臺灣商務印書館，1969。

101. 張載：《張載集》。北京：中華書局，1978。

102. 彼德・克勞斯・哈特曼（Peter Claus Hartmann）著，谷裕譯：《耶穌會簡史》。北京：宗教文化出版社，2003。

103. 徐昌治著，釋超悟錄：《無依道人錄》，收入嘉興大藏經（新文豐版），冊23，No. B127。臺北版電子佛典集成：http://taipei.ddbc.edu.tw/sutra/JB127_001.php，瀏覽於2014年9月28日。

104. 徐興慶：〈朱舜水與德川水戶藩的禮制實踐〉，收入《臺大文史哲學報》第七十五期，2011年11月，頁161-179。

105. 愛新覺羅胤禎：〈聖祖仁皇帝實錄序〉。《大清聖祖仁皇帝實錄》。臺北：華聯出版社，1964。

106. 戴玄之：《中國秘宗教與秘密會社》（二冊本）。臺北：商務印書館，1991。

107. 房玄齡等撰：《晉書》。北京：中華書局，1962。

108. 托津等修、姚祖同等纂：《欽定平定教匪紀略》。臺北：成文出版社，1971。

109. 新行紀一：《一向一揆の基礎構造：三河一揆と松平氏》。東京：吉川弘文館，1937。

110. 施立業：《姚瑩年譜》。合肥：黃山書舍，2004。

111. 曹增友：《基督教與明清中國社會：中西文化的調適與衝撞》。北京：作家出版社，2006。

112. 曹紅軍：〈《古今圖書集成》版本研究〉。《故宮博物院院刊》，2007年，第3期，頁53-66。

113. 朱熹：《四書章句集注》。北京：中華書局，2010年。

114. 朱熹著，黎靖德編：《朱子語類》。上海：上海古籍出版社；合肥：安徽教育出版社，2002年。

115. 李光地：《榕村全集》。清道光九年（1829）刻本。

116. 李光雄：〈近代村儒社會職能的變化：翁仕朝（1874-1944）個案研究〉，香港中文大學研究院歷史學部博士論文，1996。

117. 李孝悌：《清末的下層社會啟蒙運動（1901-1911）》。臺北：中央研究院近代史研究所，2003。

118. 李崇智：《中國歷代年號考》。北京：中華書局，2004年。

119. 李志剛：《基督教與近代中國人物》。桂林：廣西師範大學出版社，2012年。

120. 李新達：《中國科舉制度史》。臺北：文津出版社，1995。

121. 李春博：〈南京教案與明末儒佛耶之爭——歷史與文獻〉，復旦大學碩士學位論文。

122. 李柏榮：《魏源師友記》。長沙：嶽麓書社；湖南省新華書店，1983。

123. 李柏榮：《魏源師友記》（初版於1947年），收入湖湘文庫編輯委員會：《船山師友記·魏源師友記》。長沙：嶽麓書社，2009。

124. 李漢武：《魏源傳》。長沙：湖南大學出版社，1988。

125. 李漢武：《魏源傳》。長沙：湖南大學出版社；湖南省新華書店經銷，1988。

126. 李瑚：《魏源研究》。北京：朝華出版社，2002。

127. 李瑚：《魏源研究》。北京：朝華出版社，2002。

128. 李瑚：《魏源詩文繫年》。北京：中華書局：新華書店北京發行所發行，1979。

129. 李紱：《穆堂別稿》。清道光十一年（1831）刻本。

130. 李豐楙：〈禮生、道士、法師與宗族長老、族人：一個金門宗祠奠安的圖像〉，收入王秋桂主編：《金門歷史、文化與生態國際學術研討會論文集》。臺北：施合鄭基金會，2004，頁215-247。

131. 李豐楙：〈禮生與道士：臺灣民間社會中禮儀實踐的兩個面向〉，收入王秋桂、莊英章、陳中民主編：《社會、民族與文化展演國際研討會論文集》。臺北，漢學研究中心，2001，頁331-364。

132. 李顒：《二曲集》（據清康熙三十三年高爾公刻後印影本），收入《續修四庫全書》。上海：上海古籍出版社，1995。

133. 杜贊奇：〈中國世俗主義的歷史起源及特點〉。《開放時代》，2011

年，第6期，頁118-131。

134. 松井如流：《漢乙瑛碑》。東京：二玄社，1960。

135. 松浦章：《中國的海賊》。北京：商務印書館，2011。

136. 林啟彥、朱益宜編著：《鴉片戰爭的再認識》。香港：中文大學出版社，2003。

137. 林慶彰、蔣秋華主編：《明代經學國際研討會論文集》。臺北：中央研究院中國文哲研究所籌備處，1996。

138. 林治平主編：《近代中國與基督教論文集》。臺北：宇宙光出版社，1981。

139. 林滿紅：《銀線：十九世紀的世界與中國》。臺北：國立臺灣大學出版中心，2014[2011]。

140. 林聰舜：《漢代儒學別裁——帝國意識形態的形成與發展》。臺北：國立臺灣大學出版中心，2014 [2013]。

141. 柯若樸（Philip Clart）：〈「民間儒教」概念之試探：以臺灣「儒宗神教」為例〉。《近代中國史研究通訊》第34期（2002年9月），頁31-33。

142. 梁廷枏：《粵海關志》。道光年間粵東省城龍藏街業文堂承刊本。

143. 梁廷枏撰，邵循正點校：《夷氛紀聞》。北京：中華書局，2008[1959]。

144. 梁廷枏撰，駱寶善、劉路生點校：《海國四說》。北京：中華書局，2006[1993]。

145. 梁啟超，朱維錚導讀：《清代學術概論》。上海：上海古籍出版社，1998。

146. 梁章鉅撰，陳鐵民點校：《浪跡叢談》。北京：中華書局，2007。

147. 楊布生：《嶽麓書院山長考》。上海：華東師範大學出版社，1986。

148. 楊照：《尚書：追尋永恆的天命》。臺北：聯經出版事業有限公司，2014。

149. 歐陽兆熊、金安清：《水窗春囈》。北京：中華書局，2007。

150. 歐陽脩：《新唐書》。北京：中華書局，1975。

151. 歐陽脩：《歐文忠公文集》（四部叢刊初編）。臺北：臺灣商務印書館，1967。

152. 段玉裁：《說文解字注》，收入阮元輯：《皇清經解四書類彙篇》。臺北：藝文印書館，1986。

153. 殷慧：〈祭之理的追索——朱熹的鬼神觀與祭祀思想〉。《湖南大學學報（社會科學版）》，2012年1月，第26卷，第1期，頁28-33。

154. 江堤、彭愛學編著：《嶽麓書院》。長沙：湖南文藝出版社，1995。

155. 沈兼士：《中國考試制度史》。臺北：考試院考試技術改進委員會，1971。

156. 沈兼士：《中國考試制度史》。臺北：考試院考試技術改進委員會，1971。

157. 津山千惠：《日本キリシタン迫害史：一村總流罪3,394人》。東京：三一書房，1995。

158. 洪亮吉：《春秋左傳詁》。北京：中華書局，1987。

159. 潘光哲：《晚清士人的西學閱讀史（1833-1898）》。臺北：中央研究院近代史研究所，2014。

160. 熊焰：〈魏源宗族源流考略〉。《邵陽學院學報（社會科學版）》，2014年第02期，頁2-3。

161. 牟宗三、徐復觀、張君勱、唐君毅合撰：〈為中國文化敬告世界人士宣言——我們對中國學術研究及中國文化與世界文化前途之共同認識〉。唐君毅著：《說中華民族之花果飄零》（臺北：三民書局股份有限公司，1989（1974）），頁140-150。

162. 牟宗三：《中國哲學十九講：中國哲學之簡述及其所涵蘊之問題》。臺北：臺灣學生書局，2002。

163. 牟宗三：《才性與玄理》。長春：吉林出版集團有限公司，2010。

164. 王充：《論衡》（四部叢刊初編縮印明通津草堂刊本），收入《四部叢刊初編》。臺北：臺灣商務印書館，1967。

165. 王先謙撰，沈嘯寰、王星賢點校：《荀子集解》。北京：中華書局，1988。

166. 王向清，李浩淼：〈魏源《默觚·學篇》哲學思想探析〉。《湖湘論壇》，2014年4期，總第157期，頁80-90。

167. 王夫之：《讀通鑑論》。同治四年湘鄉曾氏刊于金陵節署。

168. 王守仁撰，吳光、錢明、董平、姚延福編校：《王陽明全集》。上海：上海古籍出版社，2011。

169. 王家儉：《魏源對西方的認識及其海防思想》。臺北：大立出版社，

1984。

170. 王家儉：《魏源年譜》（中央研究院近代史研究所專刊（21））。臺北：中央研究院近代史研究所，1967。

171. 王小林：《從漢才到和魂：日本國學思想的形成與發展》。臺北：聯經出版事業股份有限公司，2013。

172. 王引之：《王文簡公文集》（無序跋，出版資料不詳）。中國哲學書電子化計劃網站影印資料，見http://ctext.org/library.pl?if=gb&res=3972，瀏覽於2014年9月28日。

173. 王振忠：〈明清以來徽州的禮生與儀式〉。譚偉倫主編：《中國地方宗教儀式論集》。香港：香港中文大學出版社，2011，頁589-635。

174. 王曾才：《西洋近世史》。臺北：正中書局，2005。

175. 王柯：《消失的「國民」：近代中國的「民族」話語與少數民族的國家認同》。香港：香港中文大學出版社，2017。

176. 王樹槐：《基督教與清季中國社會的教育與社會》。桂林：廣西師範大學出版社，2011。

177. 王汎森：《思想是生活的一種方式：中國近代史的再思考》。臺北：聯經出版事業股份有限公司，2017。

178. 王汎森：《權力的毛細管作用：清代的思想、學術與心態》。臺北：聯經出版事業股份有限公司，2014。

179 王治心：《中國基督教史綱》。上海：上海古籍出版社，2011。

180 王澈：《康熙十九年南書房記注（一）》，《歷史檔案》1996年第3期。

181 王燕緒編校：《周禮注疏》，《摛藻堂四庫全書薈要‧經部》影印本。

182 王爾敏：《20世紀非主流史學與史家》。桂林市：廣西師範大學出版社，2007。

183 王爾敏：《明清社會文化生態》。臺北：臺灣商務印書館，1997。

184 王爾敏：《近代經世小儒》。桂林：廣西師範大學出版社，2008。

185 王秋桂、莊英章、陳中民主編：《社會、民族與文化展演國際研討會論文集》。臺北，漢學研究中心，2001。

186 王秋桂主編：《金門歷史、文化與生態國際學術研討會論文集》。臺北：施合鄭基金會，2004。

187 王立新：〈後殖民理論與基督教在華傳教史研究〉。《史學理論研究》，

2003年第一期，頁31-37。

188 王見川、蔣竹山編《明清以來民間宗教探索——紀念戴玄之教授論文集》。臺北：商鼎文化，1996年。

189 王金鋒：《梁廷枏》。廣州：廣東人民出版社，2005。

190 王鍾翰點校：《清史列傳》。北京：中華書局，1987。

191 班固：《漢書》。北京：中華書局，1962。

192 班固：《漢書》。臺北：鼎文書局，1986。

193 甘肅省圖書館、天津圖書館編：《四庫全書研究論文篇目索引》。北京：國家圖書館出版社，2013。

194 皮錫瑞著，周予同注釋：《經學歷史》。北京：中華書局，2012。

195 盧坤、鄧廷楨主編，王宏斌等校點：《廣東海防彙覽》。石家莊：河北人民出版社，2009。

196 科大衛、劉志偉：〈「標準化」還是「正統化」？——從民間信仰與禮儀看中國文化的大一統〉。載《歷史人類學學刊》，第6卷，第1、2期合刊（2008年10月），頁1-21。

197 秦寶琦、孟超：《秘密結社與清代社會》。天津：天津古籍出版社，2008年。

198 程樹德撰，程俊英、蔣見元點：《論語集注》。北京：中華書局，1990年。

199 程頤：《二程集》。北京：中華書局，1981。

200 羅振玉輯印：《高郵王氏遺書》。南京：江蘇古籍出版社，2000。

201 聶資魯：〈百餘年來美國的基督教在華傳教史研事〉。《近代史研究》，2000年第3期，頁255-296。

202 臺灣中央研究院歷史語言研究所明清檔案工作室「明清檔案人名權威資料查詢」網站，http://archive.ihp.sinica.edu.tw/ttsweb/html_name/search.php，瀏覽於2014年9月28日。

203 范曄：《後漢書》。北京：中華書局，1965。

204 蕭一山：《清代通史》。上海：商務印書館，1928-1931。

205 蕭公權著，張皓、張升譯：《中國鄉村：論19世紀的帝國控制》。臺北：聯經出版事業股份有限公司，2014。

206 蕭功秦：《儒家文化的困境：近代士大夫與中西文化碰撞》。桂林：廣

西師範大學出版社，2006。

207 蕭子顯：《南齊書》。北京：中華書局，1972。

208 蘇萍：《謠言與近代教案》。上海：上海遠東出版社，2001年。

209 許大齡：〈清代捐納制度〉，《明清史論集》。北京：北京大學出版社，2000，頁3-173。

210 許大齡：《明清史論集》。北京：北京大學出版社，2000。

211 許嵩：《建康實錄》，收入《四庫全書》，冊370。上海：上海古籍出版社，1987。

212 許慎：《說文解字》（欽定四庫全書），收入《四庫全書》。上海：上海古籍出版社，1987。

213 詹惠媛〈《古今圖書集成》研究回顧（1911-2006）〉。《漢學研究通訊》，第27卷，第3期，2008年，頁16-29。

214 謝國楨：《明末清初的學風》。北京：人民出版社，1982。

215 譚世寶，胡孝忠：〈韓愈與大顛關係及成因新考〉。《韶關學院學報》，2007年，卷28（10），頁69-74。

216 譚偉倫：〈建立民間佛教研究領域芻議〉。譚偉倫編：《民間佛教研究》。北京：中華書局，2007），頁3-12。

217 譚偉倫主編：《中國地方宗教儀式論集》。香港：香港中文大學出版社，2011。

218 譚偉倫編：《民間佛教研究》。北京：中華書局，2007。

219 譚偉倫編：《民間佛教研究》。北京：中華書局，2007。

220 譚嗣同：《仁學》，收入氏著，蔡尚思、方行編：《譚嗣同全集》。北京：中華書局，1998。

221 費正清編：《劍橋晚清史》。北京：中國社會科學院出版社，1985。

222 賀廣如：〈論《默觚》之著成年代〉。《中國文學研究》12，1998年5月，頁55-72。

223 賀廣如：《魏默深思想探究——以傳統經典的詮說為中心》。臺北：國立臺灣大學出版委員會出版；國立臺灣大學文學院發行，1999。

224 賀長齡、盛康編《清朝經世文正續編》。揚州：廣陵書舍，2011年。

225 賀長齡輯、魏源編、曹堉校勘：《皇朝經世文編》，收入《魏源全集》。長沙：嶽麓書社，2004。

226 趙園：《明清之際的思想與言說》。香港：三聯書店（香港）有限公司，2008。

227 趙爾巽等撰：《清史稿》。北京：中華書局，1977。

228 趙爾巽等撰：《清史稿》。北京：中華書局，1986。

229 趙爾巽等撰：《清史稿》（1928年清史館鉛印本影印），收入《續修四庫全書》。上海：上海古籍出版社，1995。

230 趙爾巽等撰：《清史稿》（1928年清史館鉛印本影印），收入《續修四庫全書》。上海：上海古籍出版社，1995。

231 邢福增：〈三十年來中國政教關係的回顧與評檢〉。《鼎》，2008年冬季號，卷28，總第151期《三十年改革開放再議》，見聖神研究中心網頁：http://hsstudyc.org.hk/big5/tripod_b5/b5_tripod_151.html，瀏覽於2014年9月28日。

232 邢福增：〈恩典與善行──基督教救贖論與中國文化的衝突〉，《建道學刊》，第19期（2003年1月），頁39至58（修訂後收於邢福增：《衝突與融合──近代中國基督教史研究論集》，臺北：宇宙光出版社，2006）。

233 邢福增：〈恩典與德行──基督教救贖論與中國文化的衝突〉，宣讀於世界循道衛理宗華人教會聯會主辦的第四屆神學研討會「衛斯理約翰的恩典觀」2011年6月1至3日）。

234 邢福增：《當代中國政教關係》。長洲：建道神學院基督教與中國文化研究中心，2005[1999]。

235 郭伯恭：《四庫全書纂修考》。北平：國立北平研究院史學研究會，1937。

236 鄧顯鶴總纂：《道光寶慶府志》。臺北：中國地方文獻學會，1975。

237 鄭大華、鄒小站主編：《西方思想在近代中國》。北京：社會科學文獻出版社，2005。

238 鄭大華、陸寶千、王家儉、呂實強著：《包世臣・龔自珍・魏源・馮桂芬》。臺北：臺灣商務印書館股份有限公司，1999。

239 鄭永華：《清代秘密教門治理》。福州：福建人民出版社，2003。

240 釋契嵩：《鐔津文集》（中國廣西壯族自治區圖書館藏清光緒二十八年（1902）揚州經院刻本影印），收入潘琦主編：《契嵩集》。桂林：廣西師範大學出版社，2012。

241 釋睿理、釋睿理、林傳芳等著：《佛學概論》。高雄：佛光出版社，1990。

242 釋超永編：《五燈全書》，卷79，收入《卍新纂續藏經》，冊82，No. 1571。CBETA電子佛典V1.34普及版，中華電子佛典協會：http://www.cbeta.org/result/normal/X82/1571_079.htm，瀏覽於2014年9月28日。

243 錢穆：《中國學術思想論叢》。臺北：東大圖書有限公司，1990。

244 錢穆：《中國近三百年學術史》。臺北：聯經出版事業公司，1996。

245 錢穆：《國史大綱》。臺北：臺灣商務印書館股份有限公司，2008。

246 錢穆：《國學概論》。香港：國學出版社，1966。

247 錢穆：《宋明理學概述》。北京：九州出版社，2011。

248 鍾雲鶯：《清末民初民間儒教對民間儒學的吸收與轉化》。臺北：臺大出版中心，2008年。

249 鍾始聲編：《闢邪集》，收入鄭安德編《明末清初耶穌會思想文獻彙編》，卷5，冊58。北京：北京大學宗教研究所，2003。

250 鍾始聲編：《闢邪集》（明崇禎刻本），收入周燮藩主編：《中國宗教歷史文獻集成·五十九·西傳福音·冊九》。合肥：黃山書社，2005。

251 長島總一郎：《日本史のなかのキリスト教》。東京：PHP研究所，2012。

252 關漢華：〈梁廷枏《粵海關志》文獻價值初探〉。《圖書館論壇》，2009年，第6期，頁278-280。

253 阮元：《擘經室三集》。道光三年癸未阮元自序本。

254 阮元校刻：《重刻宋本周易注疏附校勘記》（嘉慶二十年江西南昌府學開雕本影印），收入《重刻宋本十三經注疏附校勘記》（用文選樓本校定）。臺北：藝文印書館，1965。

255 阮元校刻：《重刻宋本孟子注疏附校勘記》（嘉慶二十年江西南昌府學開雕本影印），收入《重刻宋本十三經注疏附校勘記》（用文選樓本校定）臺北：藝文印書館，1965。

256 阮元校刻：《重刻宋本禮記注疏附校勘記》（嘉慶二十年江西南昌府學開雕本影印），收入《重刻宋本十三經注疏附校勘記》（用文選樓本校定）。臺北：藝文印書館，1965。

257 阮元校刻：《重刻宋本論語注疏附校勘記》（嘉慶二十年江西南昌府學開雕本影印），收入《重刻宋本十三經注疏附校勘記》（用文選樓本校

　　　定）。臺北：藝文印書館，1965。

258 陳康祺：《郎潛二筆》（據光緒乙酉暨陽梓本影印），收於《續修四庫全書》。上海：上海古籍出版社，1995。

259 陳恩維、汪高鑫：〈梁廷枏《粵海關志》及其海關史研究〉。《史學史研究》，2009年，第3期，頁72-80。

260 陳恩維：〈梁廷枏與地方海防通史《廣東海防匯覽》〉。載《中國地方志》，卷10，2010年，頁50-56。

261 陳熙遠編：《中央研究院第四屆國際漢學會議論文集：覆案的歷史》（上冊）。臺北：中央研究院，2013。

262 陳耀南：《魏源研究》。香港：九龍昭明出版社，1979。

263 陳耀南：《魏源研究》。香港：九龍昭明出版社，1979。

264 陳耀南：《魏源研究》。香港：乾惕書屋，1979。

265 陳舜臣：《儒教三千年》。桂林：廣西師範大學出版社，2009。

266 陳開科：《嘉慶十年：失敗的俄國使團與失敗的中國外交》。北京：社會科學文獻出版社，2014。

267 陶飛亞：〈晚清知識分子非基督教傾向的文化原因〉。《世界宗教研究》1988年第3期。

268 陶飛亞：《衝突的解析》。桂林：廣西師範大學出版社，2011。

269 陸九淵：《陸九淵集》。北京：中華書局，2008。

270 陸寶千：《清代思想史》。臺北：廣文書局，1978。

271 韋思諦（Stephen C. Averill）編、陳仲丹譯：《中國大眾宗教》。南京：江蘇人民出版社，2006年。

272 章學誠：《文史通義》。廣州：粵雅堂叢書，1831。

273 魏寅：《魏氏軼聞》，收入莊玉圖、魏氏大族譜編輯部編：《魏氏大族譜》。臺中市：正義出版社，1973。

274 魏寅：《魏源傳略》。北京：光華書局，1990。

275 魏收：《魏書》，收入《四庫全書》。上海：上海古籍出版社，1987。

276 魏源：《古微堂內外集》。臺北縣永和鎮：文海出版社，1968。

277 魏源：《書古微》。咸豐五年正月邵陽魏源高郵州序本影印本。

278 魏源：《海國圖志》（道光（二十七年）丁未（1847）仲夏古微堂鐫板）。臺北：成文出版社，1967。

279 魏源：《聖武記》。道光二十二年元默攝提格（壬寅）孟秋（七月）江都絜園敘本。

280 魏源全集編輯委員會編校：《魏源全集》。長沙：嶽麓書社，2004。

281 魏源著，國營青雲儀器廠北京第六機床廠工人理論組編：《魏源集》。北京：中華書局，1975。

282 黃啟江：《北宋佛教史論稿》。臺北：臺灣商務印書館，1997。

283 黃宗羲：《明夷待訪錄》（據清道光十九年歲次己亥金山錢熙祚錫之甫校梓刻本影印），收入《續修四庫全書》。上海：上海古籍出版社，1995。

284 黃正謙：《東海西海：「心」「理」相通》。香港：中華書局（香港）有限公司，2012。

285 黃進興：〈作為宗教的儒教：一個比較宗教的初步探討〉，《亞洲研究》第23期（1997年），頁184-223。

286 黃進興：《優入聖域：權力、信仰與正當性》。臺北：允晨文化實業股份有限公司，1994。

287 黃進興：《優入聖域：權力、信仰與正當性》（修訂版）。北京：中華書局，2010。

288 黃進興：《皇帝、儒生與孔廟》。北京：生活・讀書・新知三聯書店，2014。

289 黃雁鴻：〈才性論與魏晉思潮〉。《中國文化研究》，2008年，第一期，頁75-82。

290 黎志添：〈「神道設教」──從廣州府地方廟宇碑刻文獻探索明清士大夫對民間神祠廟宇的立場〉。收入陳熙遠編：《中央研究院第四屆國際漢學會議論文集：覆案的歷史》（上冊）。臺北：中央研究院，2013），頁315-355。

291 黎志添：〈香港新界建醮儀式中道教與民間神祇祭祀〉。氏編：《宗教的和平與衝突：香港中文大學與北京華大學宗教研究學術論文集》。香港：中華書局（香港）有限公司，2008，頁115-130。

292 黎志添編：《宗教的和平與衝突：香港中文大學與北京華大學宗教研究學術論文集》。香港：中華書局（香港）有限公司，2008。

293 龔自珍著，王佩諍校：《龔自珍全集》。香港：中華書局香港有限公司，1974。

英文參考資料

1. Adler, Joseph A.. "Confucianism as Religion / Religious Tradition / Neither: Still Hazy After All These Years." Published in 2006 Annual Meeting of the American Academy of Religion in Washington, D.C.Minzu University of China June 23, 2010, accessed 28th September, 2014,

2. Alexis de Tocqueville, *Democracy In America, translated by* Arthur Goldhammer. New York: Library of America: Distributed to the trade in the U.S. by Penguin Putnam, 2004.

3. Ballhatchet, Kenneth; Ballhatchet, Helen. "Asia." In *The Oxford Illustrated History of Christianity,* p.504, *edited by* John McManners. Oxford; New York: Oxford University Press, 1990.

4. Berthrong, John H. and Berthrong, Evelyn Nagai. *Confucianism: a short introduction.* Oxford: Oneworld, 2000.

5. Berthrong, John H.. *Transformations of the Confucian way.* Boulder, Colo: Westview Press, 1998.

6. Bosch., David J.. *Transforming Mission. Paradigm Shifts in Theology of Mission.* Orbis Books Maryknoll, 1991.

7. Boxer, Charles Ralph. *The Christian century in Japan, 1549-1650.* Berkeley: University of California Press, 1967.

8. Carsun Chang 張君勱, Tang Chun-I 唐君毅, Mou Tsung-san 牟宗三, and Hsu Fo-kuan 徐復觀. "Manifesto For A Reappraisal Of Sinology And The Reconstruction Of Chinese Culture." In William Theodore de Bary and Richard Lufrano, *Sources of Chinese Tradition,* Vol. 2, pp.550-555. New York: Columbia University Press, 2000.

9. Cavanaugh, William T.. *The myth of religious violence: secular ideology and the roots of modern conflict.* New York; Oxford: Oxford University Press, 2009.

10. Chen, Yong. *Confucianism as religion: controversies and consequences.* Leiden; Boston: Brill, 2013.

11. Chow, Kai Wing 周啟榮. "Writing for Success: Printing, Examinations, and Intellectual

Change in Late Ming China." In *Late Imperial China* 17.1 (1996), pp.120-157.

12. Clinton, Stephen. *Peter, Paul, and the Anonymous Christian: A Response to The Mission Theology of Rahner and Vatican II*. Presented in October, 1998 The Orlando Institute, Leadership Forum; November, 1998 Evangelical Theological Society), see http://www.toi.edu/Resources/Anonomous2.pdf, 2/8/2014.

13. Cohen, Paul A.. *History in Three Keys: The Boxers as Event, Experience, and Myth*. New York: Columbia University Press, 1997.

14. Cullen, Louis M.. *A history of Japan, 1582-1941: internal and external worlds*. Cambridge, UK; New York, N.Y.: Cambridge University Press, 2003.

15. Daniel L. Pals. *Eight theories of religion*. New York: Oxford University Press, 2006.

16. de Ferdinandy, Michael. 'Charles V,' in *Encyclopædia Britannica*, accessed 4th of June, 2017, https://www.britannica.com/biography/Charles-V-Holy-Roman-emperor.

17. Deal, William E.. *Handbook to Life in Medieval and Early Modern Japan*. New York: Infobase Publishing, 2006.

18. Derrida, Jacques. *On Touching, Jean-Luc-Nancy*. Translated by Christine Irizarry. Stanford: Stanford University Press, 2005.

19. Dion, Stéphane. "Diversity is a Fact; Inclusion is a Choice." Keynote Speech for the Conference Inclusive Societies? Canada and Belgium in the 21st century, co-organised by the Université libre de Bruxelles and Katholieke Universiteit Leuven, Palais des Académies, Brussels, 22nd September, 2017, accessed 6th February, 2018, http://www.canadainternational.gc.ca/germany-allemagne/highlights-faits/2017/2017-09-26-diversity_fact-diversite_fait.aspx?lang=en.

20. Dittmer, Lowell; Kim, S. Samuel 김순기. "Rites or Beliefs? The Construction of a Unified Culture in Late Imperial China." In *China's Quest for National Identity*, pp.80-113, edited by Lowell Dittmer, and Kim S. Samuel. New York, NY: Cornell University Press, 1993.

21. Durkheim, Emile. *Suicide*. London: Routledge and Kegan Paul, 1979.

22. Ebrey, Patricia Buckley. *Confucianism and family rituals in imperial China: a social history of writing about rites*. Princeton, N.J.: Princeton University Press, 1991.

23. Eliade, Mircea. *Myth and Reality, translated by* Willard R. Trask. New York: Harper & Row, 1963.

24. Eliade, Mircea. *Myths, Dreams and Mysteries*. New York: Harper & Row, 1967.

25. Elliott, Anthony; Ray, Larry edited. *Key contemporary social theorists*. Oxford, UK; Malden, MA: Blackwell Publishers, 2003.

26. Elman, Benjamin A.. "The Hsueh-hai T'aing and the Rise of New Text Scholarship in Canton." In *Ch'ing-shih wen-t'i*, 4, no.2 (1979.12).

27. Elman, Benjamin A.. *From philosophy to philology: intellectual and social aspects of change in late imperial China*. Cambridge, Mass.: Council on East Asian Studies, Harvard University Press, 1984.

28. Entenmann, Robert. "Chinese Catholics and their Relations with the state during the campaign against White Lotus." In *Contextualization of Christianity in China: An Evaluation in Modern Perspective*, pp.227-242, edited by Peter Chen-main Wang. Sankt Augustin: Institate Monumenta Serica, 2007.

29. Fairbank, John King edited. *Cambridge History of China, Vol. 10 Late Ch'ing, 1800-1911, Part 1*. New York: Cambridge University Press, 1978.

30. Goodrich, Luther Carrington. *The literary inquisition of Ch'ien-Lung*. New York: Paragon Book Reprint Corp., 1966[1935].

31. Goossaert, Vincent edited. *Critical readings on Chinese religions*. Leiden, Leiden: Brill, 2013.

32. Greengrass, Mark. *Christendom Destroyed: Europe 1517-1648*. London: Penguin Books, 2015.

33. Guy, R. Kent. *The Emperor's Four Treasuries: Scholars and the State in the Late Ch'ien-lung Era*. Cambridge, Mass.: Harvard University Press, 1987.

34. Habermas, Jürgen. *The Philosophical Discourse of Modernity, translated by* Frederick Lawrence. Cambridge: Cambridge University Press, 1987 [1985].

35. Hanes, W. Travis; Sanello, Frank. *Opium Wars: The Addiction of One Empire and the Corruption of Another*. Naperville, Ill.: Sourcebooks, 2002.

36. Hansen, Valerie. *Changing Gods in Medieval China, 1127-1276*. Princeton: Princeton University, 1990.

37. Harrington, Ann M.. "The Kakure Krishitan and Their Place in Japan's Religions Tradition." In *Japanese Journal of Religious Studies*, 7/4 December 1980, pp.318-336.

38. Hartmut, Walravens. "The Ti-li Pei-k'ao [Jose Martinho Marques, 1810-1867,

Chinese translator for the Portuguese government in Macao]." In *Ch'ing-shih wen-t'i*, Vol.2.6, pp.55-58.

39. Hick, John. *A Christian Theology of Religions: The Rainbow of Faiths*. Louisville, KY: Westminster John Knox Press, 1995.

40. Higashibaba, Ikuo 東馬場郁生. *Christianity in Early Modern Japan: Kirishitan Belief and Practice*. Leiden: Brill, 2001.

41. Ho, Ping-ti 何炳棣. "The Salt Merchants of Yang—Chou: A Study of Commercial Capitalism in 18th Century China" in *Harvard Journal of Asiatic Studies*, 1954 (17).

42. Hoe, Susanna; Roebuck, Derek. *The Taking of Hong Kong: Charles and Clara Elliot in China Waters*. Hong Kong: Hong Kong University Press, 2009.

43. Hollister, C. Warren. *Medieval Europe*. New York: McGraw-Hill, Inc., 1994.

44. Höpfl, Harro. *Jesuit Political Thought: The Society of Jesus and the State, C.1540-1630*. Cambridge: Cambridge University Press, 2004.

45. https://www2.kenyon.edu/Depts/Religion/Fac/Adler/Writings/Still%20 Hazy%20-%20Minzu.pdf.

46. Hu, Minghui 胡明輝. "Cosmopolitan Confucianism: China's road to modern science." Ph.D Thesis, University of California, Los Angeles, 2004.

47. Huang, Chin-shing 黃進興. *Philosophy, philology, and politics in eighteenth-century China: Li Fu and Lu-Wang school under the Ch'ing*. New York: Cambridge University, 1995.

48. Hung Tak Wai 孔德維, "Marginalized Christianity and Western Learning in Early 19th Century Confucians' Understanding of Western Knowledge in Huangchao jingshi wenbian." In *Sino- Christian Studies*, no.23 (2017), pp.41-80.

49. Hung, Tak Wai. "Redefining heresy: governance of Muslims and Christians in the Qing Empire, from the eighteenth century to the mid-nineteenth century." Thesis (Ph.D.)—The University of Hong Kong, 2018.

50. Huntington, Samuel P.. "The Clash of Civilizations?" in *Foreign Affairs*, 1993, Vol. 72, No. 3, pp.22-49.

51. Ike, Susumu 池進. "Competence over Loyalty: Lords and Retainers in Medieval Japan." In *War and State Building in Medieval Japan*, , pp.53-70, edited by John A. Ferejohn; Frances McCall Rosenbluth. Stanford: Stanford University Press, 2010.

52. Ingraham, L.. *Busting the Barricades: What I Saw at the Populist Revolt.* New York: All Points Books, 2017.

53. Jacques Gernet. *China and the Christian Impact: A Conflicts of Cultures,* translated by Janet Lloyd. Cambridge: Cambridge University Press, 1987.

54. Jacques Gernet. *Chine et christianisme: action et réaction.* Paris: Editions Gallimard, 1982.

55. James D. Frankel. Rectifying God's name: Liu Zhi's Confucian translation of monotheism and Islamic law. Honolulu: University of Hawai'i Press, 2011.

56. Johnathan Z. Smith. "Religion, Religions, Religious." In Mark C. Taylor, *Critical Terms for Religious Studies,* pp.269-284. Chicago: University of Chicago Press, 2008.

57. Katz, Paul R.. "Orthopraxy and Heteropraxy beyond the State Standardising Ritual in Chinese Society." In *Modern China,* Vo. 33, no.1, January 2007, pp.72-90.

58. Kenneth Scott Latourett. *Beyond the ranges: an autobiography.* Grand Rapids: Eerdmans, 1967.

59. Kenneth Scott Latourette, *A History of Christian Missions in China.* London: Society for Promotion Christian Knowledge, 1929).

60. Kuhn, Philip A.. *Origins of the modern Chinese state.* Stanford: Stanford University Press, 2002.

61. Laden, Anthony Simon; Owen, David edited. *Multiculturalism and Political Theory.* Cambridge: Cambridge University Press, 2007.

62. Lagerwey, John. *China: a religious state.* Hong Kong: Hong Kong University Press, 2010.

63. Lancaster, Lewis. "Buddhist Books and Texts: Canon and Canonization." In *Encyclopedia of Religion, edited by* Mircea Eliade. New York, N.Y.: Macmillan; London: Collier Macmillan, 1987.

64. Law, Timothy M.. *When God spoke Greek: the Septuagint and the making of the Christian Bible.* New York: Oxford University Press 2013.

65. Leonard, Jane Kate. *Wei Yuan and China's rediscovery of the maritime world.* Cambridge, Mass: Harvard University press, 1984.

66. Liu, Kwang-Ching 劉廣京. *Orthodoxy in Late Imperial China.* Berkeley; Los Angeles; Oxford: University of California Press, 1990.

67. Lovell, Julia. *The Opium War: drugs, dreams and the making of China.* London:

Picador, 2011.

68. Lyotard, Jean-François. *The Differend, translated by* Georges Van Den Abbeele. Minneapolis: University of Minnesota Press, 1988.

69. Masters, Bruce. *Christians and Jews in the Ottoman Arab World: The Root of Sectarianism.* Cambridge: Cambridge University Press, 2004.

70. McClain, James L.; Merriman, John M.; and Ugawa Kaoru 鵜川馨. *Edo and Paris.* Ithaca and London: Cornell University, 1994.

71. Meyer-Fong, Tobie S.. "The Printed World: Books, Publishing Culture, and Society in Late Imperial China." In *The Journal of Asian Studies,* 2007, Vol.66(3), pp.787-817.

72. Mikael S. Adolphson, *The Teeth and Claws of the Buddha: Monastic Warriors and Sōhei in Japanese History.* Honolulu: University of Hawai'i Press, 2007.

73. Miles, Steven Bradley. "Local matters: Lineage, scholarship and the Xuehaitang academy in the construction of regional identities in south China, 1810-1880." Thesis (Ph.D.)—University of Washington, 2000.

74. Miles, Steven Bradley. *The Sea of Learning: Mobility and Identity in Nineteenth-Century Guangzhou.* Cambridge, Mass.: Harvard University Asia Center: Distributed by Harvard University Press, 2006.

75. Mitchell, Peter MacVicar. "The Limits of Reformism: Wei Yuan's Reaction to Western Intrusion." In *Modern Asian Studies,* Vol.6, No. 2 (April 1972), pp.175-204.

76. Mitchell, Peter MacVicar. "Wei Yuan and Westerners: Notes on the Sources of the Hai-kuo t'u-chih." In *Ch'ing-shih wen-t'I,* Vol. 2, No. 4 (November 1970), pp.1-20.

77. Mitchell, Peter MacVicar. *Wei Yuan (1794-1857) and the early modernization movement in China and Japan.* Indiana: Indiana University, 1970.

78. Miyakawa, Hisayuki 宮川尚志. "The Confucianisation of South China." In *The Confucian Persuasion,* pp.21-46, edited by Arthur F. Wright. Stanford: Stanford University Press, 1960.

79. Mullins, Mark R. edited. *Handbook of Christianity in Japan.* Leiden・Boston: Brill, 2003.

80. Murray, Dian H.. *Pirates of the South China coast, 1790-1810.* Stanford: Stanford University Press, 1987.

81. Napier, Priscilla. *Barbarian Eye: Lord Napier in China, 1834, the prelude to Hong*

Kong. London: Brassey's, 1995.

82. Nivison, David S.. *The Life and Thought of Chang Hsüeh-Ch'eng, 1738-1801*. Stanford, Calif.,: Stanford University Press, Stanford Studies in the Civilization of Eastern Asia, 1966.

83. Nivison, David S.. *The Life and Thought of Chang Hsüeh-Ch'eng, 1738-1801*. Stanford: Stanford University Press, Stanford Studies in the Civilization of Eastern Asia, 1966.

84. Overmyer, Daniel L.. *Folk Buddhist religion: dissenting sects in late traditional China*. Cambridge, Mass.: Harvard University Press, 1976.

85. Paul A. Cohen. *China and Christianity: The Missionary Movement and the Growth of Chinese Antiforeignism 1860-1870*. Cambridge, Mass: Harvard University Press, 1963.

86. Paul A. Cohen. *China Unbound: Evolving Perspectives on the Chinese Past*. London; New York: RoutledgeCurzon, 2003.

87. Paul A. Cohen. *Discovering History in China: American Historical Writing on the Recent Chinese Past*. New York: Columbia University Press, 1984.

88. Paul Jakov Smith and Richard von Glahn edited. *The Song-Yuan-Ming Transition in Chinese History*. Cambridge: Harvard University Asia Center, 2003.

89. Paul S. Ropp. *Dissent in Early Modern China: Ju-lin wai-shih and Ch'ing Social Criticism*. Ann Arbor: University of Michigan Press, 1981.

90. Rennie, Bryan; Tite, Philip L. edited. *Religion, terror and violence: religious studies perspectives*. New York: Routledge, 2008.

91. Russell, Jeffrey Burton; Lumsden, Douglas W.. *A History of Medieval Church Prophecy & Order*. New York: Peter Lang Publishing, Inc., 2000.

92. Sanello, Frank; Hanes, W. Travis, III. *Opium wars: the addiction of one empire and the corruption of another*. Naperville, Ill.: Sourcebooks, 2002.

93. Schmitt, Eric; Kahn, Joseph. "The China Trade Vote: A Clinton Triumph; House, in 237-197 Vote, Approves Normal Trade Rights for China." In *The New York Times*, 25th May, 2000, accessed 28th September, 2014, https://www.nytimes.com/2000/05/25/world/china-trade-vote-clinton-triumph-house-237-197-vote-approves-normal-trade-rights.html.

94. Seiwert, Hubert. *Popular religious movements and heterodox sects in Chinese history*. Leiden; Boston: Brill, 2003.

95. Selengut, Charles. *Sacred Fury: Understanding Religious Violence*. New York: Altamira, 2003.

96. Shirazi, Said. "Your New Enemies" (3rd November 2002), accessed in 28th of September, 2018, www.dissidentvoice.org.

97. Smart, Ninian. *Buddhism and Christianity: Rivals and Allies*. Honolulu: University of Hawaii Press, 1993.

98. Smart, Ninian. *Religion and the Western Mind*. London: Macmillan; New York: New York University Press, 1986.

99. Smart, Ninian. *Worldviews: Crosscultural Explorations of Human Beliefs*. Englewood Ciffs, New Jersey: Prentice-Hall, Inc., 1995.

100. Spence, Jonathan D.. *Treason by the book*. New York: Penguin Books, 2002.

101. Standaert, Nicolas; Tiedemann, R. G.. *Handbook of Christianity in China, Volume 2*. Boston: Brill, 2009.

102. Stark, Rodney. *Reformation Myths: Five centuries of misconceptions and (some) misfortunes*. London: Society for Promoting Christian Knowledge, 2017.

103. Sutton, Donald S. edited., "Special Issue on 'Standardization, Orthopraxy, and the Construction of Chinese Culture—A Critical Reappraisal of James L. Watson's Ideas." In *Modern China: An International Quarterly of History and Social Science* 33,1 (January 2007).

104. Sutton, Donald S.. "Ritual, Cultural Standardization, and Orthopraxy in China—Reconsidering James L. Watson's Ideas." In *Modern China* 33,1: (January 2007), pp.1-19.

105. Szonyi, Michael. "Making Claims about Standardisation and Orthopraxy in Late Imperial China." In *Modern China*, Vo. 33, no.1, January 2007, pp.47-71.

106. Szonyi, Michael. "The Illusion of Standardising the Gods: The Cult of the Five Emperors in Late Imperial China." In *The Journal of Asian Studies*, Vol.56, no.1, February 1997, pp.113-135.

107. Taylor, Victor E.; Winquist, Charles E. edited. *Encylopedia of Postmodernism*. London and New York: Routledge, 2001.

108. Teiser, Stephen F.. 'The Spirits of Chinese Religion.' In Religions of China in Practice, pp.3-42 , edited by Donald S. Lopes, Jr.. Princeton, New Jersey: Princeton University Press, 1996.

109. Thomas, Elisabeth Louise. *Emmanuel Levinas: ethics, justice, and the human beyond being*. New York: Routledge, 2004.

110. Tsang, Carol Richmond. *War and faith: Ikkō ikki in late Muromachi Japan*. Cambridge, Mass.: Harvard University Asia Center: Distributed by Harvard University Press, 2007.

111. Tu Weiming 杜維明 and Mary Evelyn Tucker edited. *Confucian Spirituality*, Vol. 1. New York: The Crossroad Publishing Company, 2003.

112. Turner, Victor. *Dramas, Fields, and Metaphors: Symbolic Action in Human Society*. Ithaca and London: Cornell University Press, 1974.

113. Vertigans, Stephen. "British Muslims and the UK government's 'war on terror' within: evidence of a clash of civilizations or emergent de-civilizing processes?" In *British Journal Of Sociology*, 2010 Mar, Vol.61(1), pp.26-44.

114. Vioux, Marcelle. 'Francis I,' in *Encyclopædia Britannica*, accessed 4th of June, 2017, https://www.britannica.com/biography/Francis-I-king-of-France.

115. von Glahn, Richard. "The Enchantment of Wealth: The God Wutong in the Social History of Jiangnan," *Harvard Journal of Asiatic Studies*, Vol. 51, No. 2 (Dec., 1991), pp. 651-714.

116. Vroom, Hendrik M.. *A Spectrum of Worldviews: an Introduction to Philosophy of Religion in a Pluralistic World*, translated by Morris Greidanus and Alice Greidanus. Amsterdam: Rodopi, 2006.

117. Wang, Erh-Ming 王爾敏. "Book Review of *China and Christianity: The Missionary Movement and the Growth of Chinese Antiforeignism, 1860-1870* by Paul A. Cohen." In *Bulletin of the School of Oriental and African Studies*, University of London, Vol. 28, No. 1 (1965), pp. 184-185.

118. Watson, James L.; Rawski, Evelyn S.. *Death Ritual in Late Imperial and Modern China*. Berkeley: University of California Press, 1988.

119. Watson, James L.. "Standardizing the Gods: The Promotion of T'ien Hou ("Empress of Heaven") Along the South China Coast, 960-1960." In *Popular Culture in Late Imperial China, pp.292-324, edited by* Andrew J. Nathan, Evelyn S. Rawski, David George Johnson. Berkeley: University of California Press, 1985.

120. Wei, Betty Peh-T'i 魏白蒂. *Ruan Yuan, 1764-1849: the life and work of a major scholar-official in nineteenth-century China before the Opium War*. Hong Kong: Hong Kong University Press; London: Eurospan distributor, 2006.

121. Wilbur C. Harr edited. *Frontiers of the Christian world mission since 1938; essays in honor of Kenneth Scott Latourette*. New York: Harper & Brothers, 1962.

122. William James. *Pragmatism*. Buffalo, N.Y.: Prometheus, 1991.

123. William T. Rowe, *China's Last Empire: The Great Qing*. Cambridge, Massachusetts, London: The Belknap Press of Harvard University Press, 2012.

124. William T. Rowe. *Crimson Rain: Seven Centuries of Violence in a Chinese County*. Standford: Stanford University Press, 2007.

125. Wylie, Alexander. *Memorials of Protestant Missionaries to the Chinese, Giving a List of Their Publications, and Obituary Notices of the Deceased*. Shanghai: American Presbyterian Mission Press, 1867.

126. Yamamoto, Hirofumi 山本博文. "The Edo Shogunate's View of Christianity in the Seventeenth Century." In *Christianity and Cultures: Japan and Cina in Comparion: 1543-1644*, , pp.255-268, edited by M. Antoni J. Ucerler, S.J.. Roma: Institutum Histoericum Societatis Iesu, 2009.

127. Yamamura, Kozo 山村耕造 edited. *The Cambridge history of Japan*, Volume 3. New York: Cambridge University Press, 1988.

128. Yu, Anthony C. 余國藩. *State and Religion in China: Historical and Textual Perspectives*. Chicago and La Salle, Illinois: Open Court, 2005.

129. Zhang Xuecheng 章學誠. *On Ethics and History: Essays and Letters of Zhang Xuecheng*, translated by Philip J. Ivanhoe. Stanford, California: Stanford University Press, 2010.

130. Zito, Angela. *Of body & brush: Grand sacrifice as text/performance in eighteenth-century China*. Chicago: University of Chicago Presswsws, 1997.

讀歷史94　史地傳記類　PC0803

為甚麼我在包容基督徒？
——十九世紀中葉儒者的宗教寬容

作　　者/孔德維
責任編輯/鄭伊庭
圖文排版/楊家齊
封面設計/楊廣榕

發 行 人/宋政坤
法律顧問/毛國樑　律師
出版發行/秀威資訊科技股份有限公司
　　　　　114台北市內湖區瑞光路76巷65號1樓
　　　　　電話：+886-2-2796-3638　傳真：+886-2-2796-1377
　　　　　http://www.showwe.com.tw
劃撥帳號/19563868　戶名：秀威資訊科技股份有限公司
　　　　　讀者服務信箱：service@showwe.com.tw
展售門市/國家書店（松江門市）
　　　　　104台北市中山區松江路209號1樓
　　　　　電話：+886-2-2518-0207　傳真：+886-2-2518-0778
網路訂購/秀威網路書店：https://store.showwe.tw
　　　　　國家網路書店：https://www.govbooks.com.tw

2019年3月　BOD一版
定價：360元
版權所有　翻印必究
本書如有缺頁、破損或裝訂錯誤，請寄回更換

國家圖書館出版品預行編目

為甚麼我在包容基督徒?：十九世紀中葉儒者的宗教寬容 /
孔德維著. -- 一版. -- 臺北市：秀威資訊科技, 2019.03
　　面；　公分. -- (史地傳記類)
BOD版
ISBN 978-986-326-668-6(平裝)

1. 基督教思想史　2. 寬容

240.9   108002534

讀者回函卡

感謝您購買本書，為提升服務品質，請填妥以下資料，將讀者回函卡直接寄回或傳真本公司，收到您的寶貴意見後，我們會收藏記錄及檢討，謝謝！如您需要了解本公司最新出版書目、購書優惠或企劃活動，歡迎您上網查詢或下載相關資料：http:// www.showwe.com.tw

您購買的書名：_____

出生日期：_____年_____月_____日

學歷：□高中 (含) 以下　　□大專　　□研究所 (含) 以上

職業：□製造業　□金融業　□資訊業　□軍警　□傳播業　□自由業
　　　□服務業　□公務員　□教職　　□學生　□家管　　□其它_____

購書地點：□網路書店　□實體書店　□書展　□郵購　□贈閱　□其他

您從何得知本書的消息？

　　□網路書店　□實體書店　□網路搜尋　□電子報　□書訊　□雜誌

　　□傳播媒體　□親友推薦　□網站推薦　□部落格　□其他_____

您對本書的評價：(請填代號　1.非常滿意　2.滿意　3.尚可　4.再改進)

　　封面設計____　版面編排____　內容____　文／譯筆____　價格____

讀完書後您覺得：

　　□很有收穫　□有收穫　□收穫不多　□沒收穫

對我們的建議：_____

_____

_____

_____

11466
台北市內湖區瑞光路 76 巷 65 號 1 樓

秀威資訊科技股份有限公司　　　收

BOD 數位出版事業部

....

（請沿線對折寄回，謝謝！）

姓　　名：＿＿＿＿＿＿＿＿＿　　年齡：＿＿＿＿＿　　性別：□女　□男

郵遞區號：□□□□□

地　　址：＿＿＿＿＿＿＿＿＿＿＿＿＿＿＿＿＿＿＿＿＿＿＿＿＿＿

聯絡電話：(日) ＿＿＿＿＿＿＿＿＿＿＿＿　(夜) ＿＿＿＿＿＿＿＿＿＿＿＿

E-mail：＿＿＿＿＿＿＿＿＿＿＿＿＿＿＿＿＿＿＿＿＿＿＿＿＿＿